重构 REFACTORING
数字化转型的逻辑
THE LOGIC OF DIGITAL TRANSFORMATION

○ 安筱鹏 著

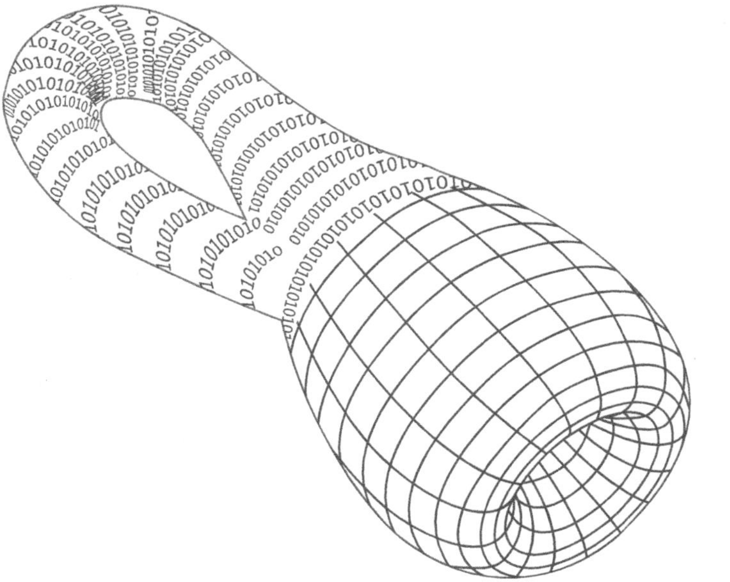

電子工業出版社
Publishing House of Electronics Industry
北京 • BEIJING

图书在版编目（CIP）数据

重构：数字化转型的逻辑 / 安筱鹏著．—北京：电子工业出版社，2019.3
ISBN 978-7-121-35909-5

Ⅰ．①重…　Ⅱ．①安…　Ⅲ．①智能制造系统—制造工业—研究　Ⅳ．① F407.4

中国版本图书馆 CIP 数据核字（2019）第 004221 号

策划编辑：董亚峰
责任编辑：刘小琳　　特约编辑：白天明　李　丹
印　　刷：北京虎彩文化传播有限公司
装　　订：北京虎彩文化传播有限公司
出版发行：电子工业出版社
　　　　　北京市海淀区万寿路 173 信箱　邮编 100036
开　　本：710×1 000　1/16　印张：20.5　字数：294 千字
版　　次：2019 年 3 月第 1 版
印　　次：2023 年 1 月第 16 次印刷
定　　价：79.00 元

凡所购买电子工业出版社图书有缺损问题，请向购买书店调换。若书店售缺，请与本社发行部联系，联系及邮购电话：（010）88254888，88258888。

质量投诉请发邮件至 zlts@phei.com.cn，盗版侵权举报请发邮件至 dbqq@phei.com.cn。

本书咨询联系方式：（010）88254538，liuxl@phei.com.cn。

序 一
PREFACE

制造业是经济发展的脊梁，制造业是大国崛起的支柱。

自工业革命以来，制造业已成为科学和技术进步成果的主要载体，制造业已成为创新的重要发源地。

300 多年科学技术和产业的发展，积累了一场新的变革，似乎这场变革依然选择了制造业为试验场。

这场变革，肇始于信息技术，从通用目的技术向大众技术转变，信息资源从理论概念转变为渗透到经济社会发展所有领域、各个环节不可须臾或缺的基本要素。

这场变革发轫于感知、物联、移动，大数据、人工智能这些信息技术新领域推动了比特与原子的融合，信息技术和工业技术的融合，工业基础设施与信息基础设施的融合。融合的新技术体系和基础设施，有能力改变工业革命以来形成的产业形态、技术路径、商业模式。

这场变革加速于 2008 年金融危机。金融危机的发生推动了学术界、产业界、政界的思考，为什么，走向何方，如何在变革中保持企业和国家的竞争力？

这场变革来得如此迅猛、广泛和深刻。2008 年，全球市值前 5 名没有一家互联网公司；2018 年，前 5 名被互联网企业包揽。网络跨越了国界，渗透到经济、社会、军事、文化、生活的各个角落，咿呀学语的幼童会用手机、行动不便的老人用手机购买服务。知识普及、能力提升以从来没有过的速度前行，从物质产品匮乏到大规模产能过剩，中国只用了 40 年时间。

制造业正在系统经历由此带来的变革。先进制造业、智能制造、工业 4.0、互联网 + 制造、工业互联网、两化深度融合、数字化转型、网络制造、绿色制造、极限制造、柔性制造、定制生产、循环制造、数字制造，制造业历史上从来没有像今天一样，在短短的时间内，为如此多的技术、概念、模式包围。

制造业正在尝试突出重围、引领变革。一道道工艺、一个个产品、一条条生产线、一个个企业、一串串供应链正在将数字、技术、平台融合，从相对落后的昨天，向网络化、数字化、智能化的明天转变；感知、物联、数字孪生、信息物理系统正以制造业的实践诠释数字如何与原子融合，工业技术、信息技术、智能技术融合起来为制造业带来了更高的效率。这些探索，为经济社会各个领域在新技术体系下的发展，提供了参考模板。

安筱鹏博士以官员的身份观察、推动这场变革，以学者的睿智思考、归纳这场变革。其近作《重构：数字化转型的逻辑》一书，正是这种双重视野的结晶。

全书共三个部分，从智能制造、工业互联网、数字经济出发，以经典的实例为引导，以经济学理论为根基，对变革的技术特征、路径特征、商业模式特征、理论特征做了系统而又具体地分析和总结，不失为关注、参与到这场变革中的学者、技术人员、企业家、政府官员一本难得的参考读物。

杨学山

2018 年 10 月 31 日

于北京到福州的航班上

序二

PREFACE

当前，新一代信息技术、新材料技术、新能源技术正在带动群体性技术突破，新的商业组织形态和商业模式层出不穷。特别是新一代信息技术和先进制造技术深度融合，柔性制造、网络制造、智能制造日益成为全球制造业发展的重要方向。我国是制造业大国，也是互联网大国，拥有完备的产业体系、坚实的制造基础和吸收新技术的巨大国内市场，在新兴科技和产业领域已取得一定突破，具有抓住这次科技和产业革命机遇的有利条件。面对这一新的历史机遇，我们必须牢牢把握技术变革的内在发展规律，顺势而为、前瞻部署，抢占新一轮产业竞争的制高点。

回顾工业革命近三百多年发展史，每次技术变革都将带来社会生产过程确定性的大幅提高，从提高动力输出确定性的内燃机，到提高产品精度确定性的可编程逻辑控制器，再到提高企业管理运营确定性的软件系统，确定性是不变的追求。而每次确定性的提升都伴随着更大范围不确定性的涌现，不确定性是永恒的主题。近几年来，随着工业互联网的蓬勃发展，产品、机器、数据等实现互联互通和综合集成，促进设备运行、车间配送、企业生产、市场需求之间的实时信息交互，原材料供应、零部件生产、产品集成组装等全生产过程变得更加精准协同。同时，个性化定制、网络化协同、智能化生产、服务化延伸等新模式、新业态的涌现为制造业带来了更大范围、更深层次、更广领域的复杂不确定性，也为社会生产发展提供了更多的路径选择。

在新一轮产业革命背景下，万物互联、数据驱动、软件定义、平台支撑、智能主导的发展特征日益凸显，数据已成为这个时代的核心资源。基于数据的生产，将推动制造业智能化升级。如果说传统的自动化、数字化、网络化给生产制造提供了“肢体”“感官”和“神经”，大数据和人工智能的应用则给生产制造配上了“大脑”，使之能灵活应对各种业务场景，实现真正的智能。通过整合、分析制造设备数据、产品数据、订单数据及生产过程中产生的数据，能够使生产控制更加及时准确，生产制造的协同度和柔性化水平显著增强。基于数据的决策，将增强制造业管理能力。推动跨行业、跨区域创新组织的建立和协同设计、电子商务、众包众创等新模式的发展，增强制造企业的管理能力。基于数据的运营，将加快制造业服务化进程。推动企业业务从产品生产销售，向生产型服务领域延伸，发展模式从围绕产品生产销售提供售后服务，转为围绕提供持续服务进行产品设计，主要利润来源从产品制造与销售环节，转为售后的生产型服务环节。基于数据的创新，将催生新产品、新模式、新业态。我国拥有巨大的消费市场和多样化的消费需求，将大数据融入到可穿戴设备、家居产品、汽车产品的功能开发中，能够推动技术产品的跨越式创新，形成智能可穿戴设备、智能家居、智能网联汽车等制造业发展新领域，有助于抢占制造业新的增长点和制高点。

《重构：数字化转型的逻辑》一书，是安筱鹏博士对多年信息化工作经验的系统梳理和升华，作者从技术、产业、经济、哲学等多个视角审视制造业数字化转型内在机理，在眼花缭乱的概念丛林中剥离出一条新工业革命的发展路径——从智能制造到工业互联网，在确定性与不确定性之间，找到了属于这个时代的决策逻辑——“数据 + 算法”。这是一本有思想、有内涵、有价值的读物，值得细细品读。

罗　文

工业和信息化部副部长

2018 年 11 月 16 日

序 三
PREFACE

冷静思考复杂环境下中国制造业转型升级的方向与路径

在当前的环境下，研究实体经济特别是制造业的转型发展，显得尤为重要。一方面，经过多年的实践摸索，很多企业找到了方向和路径，成绩很显著，但从总体来看，前景困难重重，不容乐观，道阻且长；另一方面，全球产业竞争日趋激烈，知识产权纠纷更加突出，贸易保护主义盛行，中国制造业面临的环境复杂而艰难。过去 30 年，我一直重点关注中国制造业的发展，为此我认为，要特别重视三个问题。

第一个问题，是审视我国制造业的真实状况。改革开放 40 年，最大的成就体现在我国制造业的发展上，我们已经是世界公认的制造大国。但是，同时要承认，我们不是制造强国，甚至仍处于全球制造业的第三梯队。尤其需要重视的是，在新一轮工业革命的背景下，中国制造业的数字化、网络化、智能化发展与先进国家比仍显落后。正如本书披露的，2016 年，数字经济在全球发达国家 GDP 的比重达 50% 左右，而中国刚过 30%。制造业是根本，很遗憾我们在前些年某种程度地偏离了这个根本，现在纠偏的意义重大，时机刻不容缓。

第二个问题，是我们要取什么方向，走什么路径。本书为这个问题提供了一个详尽的蓝图，主要经历体系重构、动力变革、范式迁移的蜕变与涅槃；以互联网、大数据、人工智能的精准动态思维取代传统制造的冗余思维；以数据的自动流动化解复杂系统的不确定性，实现传统制造的转型升级；再从智能制造阶段迈入工业互联网阶段。感兴趣的读者可以仔细研读本书。

第三个问题，是如何处理前进过程中的各种关系。近年来，中美关于贸易规则、知识产权、产业竞争等纠纷不断，背后潜藏着更深层矛盾，如何走出困境，需要的不仅仅是技巧与耐性。相比于外部关系，内部关系需要给予更多关注。制造业的地位、制造业与虚拟产业的关系、制造业与服务业的关系、国企的改革与民企的未来、产权的保护和法治的建设、政府与企业的角色定位、改革开放的稳定预期等，如果不能理顺，如果没有“一百年不变”的魄力和决心，就难以开创下一个辉煌的历程。如果有预期、有决心，困难算什么？改革开放40年不就是从困难中走过来的吗？

让我感到振奋的是，这三个问题，本书都有很好的探讨，而且很多探讨是可以直接付诸实践的。在当前内外部环境错综复杂的情况下，中国制造业转型发展的方向和路径是什么，作者对这个重要议题的表达，全面准确、逻辑严密、直击本质，值得我们静下心来好好读一读。

陈春花
北京大学王宽诚讲席教授
国家发展研究院BiMBA院长
2018年12月于朗润园

推荐语

《重构：数字化转型的逻辑》一书从理论与实践、技术与经济、宏观与微观等不同视角，系统梳理了一系列新技术、新概念、新业态背后数字化转型的技术逻辑、经济逻辑和商业逻辑，全面阐释了 ICT 推进制造业等实体经济转型的内在机理，深入分析了在当今全球数字化转型大背景下技术、产业变革的方向和趋势。作者多年从事 ICT 技术、产业、政策研究和制定工作，具有权威的专业知识和扎实的实践经验，提出的一系列具有思想性、前瞻性、启发性的新概念、新判断，对于产业界、学术界从事数字化转型探索和研究的人员多有裨益。

——曹淑敏（北京航空航天大学党委书记）

安筱鹏博士，是一位学者型的官员，更是一位有官员经历的产业革命研究者。本书紧扣产业前沿和实践，全面摒弃 IT 数字化转型的旧思想，深入地揭示了数字化转型的逻辑，其本质是技术革新下的商业与产业重构，是在互联网开放共享互操作的环境下，软件（算法）、数据、云计算重新定义的价值链、新分工体系和决策系统。

——高红冰（阿里巴巴集团副总裁，阿里研究院院长）

数字化是信息社会最鲜明也是最本质的特征，它已经深入人类生产生活的方方面面。本书从产品设计到售后服务的全流程、从底层加工平台到商业模式全方位深刻地改造和重塑制造业等各环节，系统介绍了数字化的引领作用。作者在信息化领域有系统研究和长期积累，还有参与政策制定的丰富经验，对中国制造业数字化转型的独特路径和发展前景的分析与判断很有说服力，使我们对我国通过数字化转型实现从制造业大国向制造业强国的成功转变充满信心。

——高世楫（国家信息化专家咨询委员会委员、国务院发展研究中心资源与环境政策研究所所长）

安筱鹏博士探索数字化的基本逻辑，接触到了数字化的本体，而不止是末用。其内在的逻辑是以数据的自动流动化解复杂系统的不确定性。基于企业从提供同质产品向提供多样化产品转变，他判断出，制造业服务化的本质是一种范围经济。这一点超越了代表新经济增长理论高度的罗默。

——姜奇平（中国社会科学院信息化研究中心秘书长、数量经济与技术经济研究所信息化与网络经济室主任）

安筱鹏博士有很好的学养基础，他曾经作为一位深谙技术和产业趋势的官员有更多接触科技工作者及众多的企业的机会，这又进一步拓宽了他的视野。其新著《重构：数字化转型的逻辑》展现了他独特的视野及深邃的思考，精辟之处频现，如智能制造的本质就在于以数据的自动流动化解复杂系统的不确定性，提高制造资源配置效率。

对于智能制造及工业互联网技术的研究者，以及制造企业的管理者和工程师们而言，此书无疑是一本很好的参考书。

——李培根（中国工程院院士）

安筱鹏博士是一位长期从事智能制造理论与实践研究的专家。他的专著《重构：数字化转型的逻辑》一书，集数字化制造与数字化的制造服务为一体，集数字化制造理论逻辑与实践变革逻辑为一脉，科学性、通俗性、指导性强，值得学界、业界、政界的朋友们品读。

——毛光烈（中国信息化百人会顾问、浙江省智能制造专委会主任）

我多次在各种会议上聆听安筱鹏博士的精彩演讲，尽管受益匪浅，但总还有意犹未尽的感觉。今天他将这几年的深思熟虑及在各种公开场合的演讲资料经过系统化梳理，汇集成书，打开书稿让我爱不释手。我很认真地读完了《重构：数字化转型的逻辑》书稿。无论是语言表述，还是专业、严谨的逻辑分析，处处能感受到他对万物互联、两化融合、智能制造、工业互联网、CPS、制造强国等各方面问题的长期研究探索、实践积累和理论升华。作者用他过硬的专业素质和高智商，给我们展示了作为新一代“专家型领导”应该有的素养。

本书从信息、不确定性与人类社会发展的分析入手，得出企业竞争的本质就是优化资源配置效率的竞争，最后给出智能制造的本质是以数据的自动流动化解复杂系统的不确定性。同时明确给出制造业智能化转型的趋势：万物互联、数据驱动、软件定义、平台支撑、组织重构。

作者是工业互联网发展的倡导者、布道者。书中很多关于工业互联网技术体系的定义、概念的提出都是原创。例如，工业互联网平台为什么，是什么，怎么看？工业互联网平台的演进路径，建设工业互联网平台的出发点、切入点、着力点和落脚点等。在厘清了概念的同时也为我们指明了方向。

由衷感谢安筱鹏为我们从事企业数字化、网络化、智能化服务的工作者奉献的宝贵财富。

——王文京（用友网络科技股份有限公司董事长兼CEO）

云计算、大数据、物联网、人工智能等正深刻地影响和改变着传统行业、企业数字化转型，也是企业业务升级、提升效率、增强竞争力的必由之路。而工业互联网是企业数字化转型最重要、最富有具挑战性，也是有最多机会的领域。

本书给出了工业互联网、企业数字化转型清晰、实用、可操作的建议，是每位企业高层领导和变革主管的必读书。

——徐文伟（华为公司董事，战略Marketing总裁）

作者从思想者的维度，探讨了以大数据、人工智能、物联网、云计算为技术基础的新一代信息所带来的制造业革命性变革；又从实践者的维度，分析了我国应对以数据驱动为特征的、由智能制造和工业互联网引领的新工业革命的战略思路和路径选择。本书不仅具有较强的可读性，而且其中探讨的诸多问题引人深思。

——周宏仁（国家信息化专家咨询委员会常务副主任）

不重构　无未来
——拥抱数据驱动的智能 + 新时代

5G、物联网、人工智能、数字孪生、云计算、边缘计算、时间敏感网络等智能技术群的“核聚变”，推动着人类社会从万物互联（Internet of Everything）迈向万物智能（Intelligence of Everything），从互联网 + 走向智能 +，从大连接走向大赋能。

伴随着新一代信息通信技术的持续创新和渗透扩散，新一轮工业革命正在全球范围孕育兴起，制造业正迈向体系重构、动力变革、范式迁移的新阶段，加速向数字化、网络化、智能化方向延伸拓展，万物互联、数据驱动、软件定义、平台支撑、组织重构、智能主导正在构建制造业的新体系，它也成为了全球新一轮产业竞争的制高点。

制造业正迈向体系重构的新阶段。工业革命 300 多年来，从机械化、电气化、自动化到智能化，技术变革是永恒的主题，在新一轮产业革命背景下，以互联网、大数据、人工智能为代表的新一代信息通信技术与制造业加快融合发展，正在全方位重构制造效率、成本、质量管控新体系，全方位重塑制造业的生产主体、生产对象、生产工具和生产方式。第一，谁来生产（Who）在变。生产主体从生产者向产消者（Prosumer）演进，个性化定制模式的兴起让消费者全程参与到生产过程中。第二，生产什么（What）在变。伴随着万物互联时代的到来，生产对象从功能产品向智能互联产品演进，可动态感知并实时响应消费需求的无人驾驶、服务机器人等智能化产品的商业化步伐不断加快。第三，用何工具（Which）在变。信息技术革命使得工业社会传统的以能量转换为特征的工具被智能化工具所驱动，形成了智能工具——具备对信息进行采集、传输、处理、执行的工具。当前，数字化技术使劳动工具加速智能化，生产工具从传统的能量转换工具向智能工具演进，3D 打印、数控机床、智能机器人等智能装备快速涌现。第四，如何生产（How）在变。伴随着新一代信息技术的发展，实体制造与虚拟制造加速融合，推动生产方式从传统制造的“试错法”到基于数字仿真的“模拟择优法”转变，构建制造业快速迭代、持续优化、数据驱动的新生产方式。第五，在哪生产（Where）在变。网络化协同制造、分享制造等制造业新模式推动生产地点从集中化走向分散化，跨部门、跨企业、跨地域的协同成为常态，尤其是分享制造的发展，构建起了检测、加工、认证、配送等制造能力标准化封装、在线化交易的新体系，推动制造能力在全社会范围内进行协同。

制造业正迈向动力变革的新阶段。新一代信息通信技术尤其是大数据技术的发展，驱动制造业迈向转型升级的新阶段——数据驱动的新阶段，可以从三个方面来理解。第一，资源优化是目标。新一代信息通信技术与制造业融合主要动力和核心目标，就是不断优化制造资源的配置效率，就是要实现更好的质量、更低的成本、更快的交付、更高的满意度，就是要提高制造业全要素生产率。第二，数据流动是关键。新一代信息通信技术是如何优化制造资源配置效率的？信息流是如何带动技术流、资金流、人才流、物资流的？关键是数据流动，即能够把正确的数据在正确的时间以正确的方式传递给正确的人和机器，把数据转化为信息，把信息转化为知识，把知识转化为决策，以应对和解决制造过程的复杂性和不确定性等问题，提高制造资源的配置效率。第三，工业软件是核心。数据如何转化为信息，信息如何转化为知识，知识如何转化为决策，其背后都有赖于软件，软件本质上是人类隐性知识显性化的载体，是一套数据自动流动的规则体系，把数据转变为信息，把信息转变为知识，把知识转变为决策，不断优化资源的配置效率，全面提升全要素生产率，激发经济创新活力、发展潜力和转型动力，培育基于数据驱动的新动能。

制造业正迈向范式迁移的新阶段。制造范式指在一定时期、在特定技术条件下对制造业价值观、方法论、发展模式和运行规律的认识框架。新一代信息通信技术和制造业的融合发展，正在带来范式的迁移，人类认识和改造世界的方法正从传统的理论推理、试验验证向模拟择优和大数据分析转变。第一，理论推理法。以牛顿定律、爱因斯坦相对论为代表的理论推理法是人类认识世界最根本的方法，该方法在 19 世纪末发展到极致，理论推理法以“观察 + 抽象 + 数学”为关键要素，依赖于少数天才科学家，具备严密的逻辑关系，是试验验证和模拟择优的基础。第二，试验验证法。以爱迪生发明灯泡为代表的试验验证法在 16 世纪文艺复兴开始萌芽，20 世纪伴随着工业化进入鼎盛时期，试验验证以“假设 + 试验 + 归纳”为关键要素，依赖于设备材料的高投入，试验过程大协作、长周期，验证结果直观。第三，模拟择优法。以波音 777 研发为代表的模拟择优法兴起于 20 世纪 80 年代，以“样本数据 + 机理模型”为关键要素，依赖于高质量机理模型的支撑，投入少、周期短。和传统的“试错法”相比，依托基于模型的产品定义（MBD）、全数字化样机、虚拟仿真技术等一系列模拟择优法的新技术、新理念，可推动产品研发、验证、制造、服务业务在赛博空间的快速迭代，实现更短的研发周期、更低的制造成本、更高的产品质量和更好的客户体验。第四，大数据分析。以 GE（通用电器公司）通过平台优化风电设备性能为代表的大数据分析兴起于 21 世纪初，以“海量数据 + 大数据分析模型”为关键要素，依赖于海量数据的获取，以及计算、存储资源的低成本和高效利用，是一种基于数据驱动的价值创造范式。这主要是因为，物联网、大数据、云计算等新一代信息技术正在建立一个廉价、快速、高效的数据存储、计算和处理体系，新一代信息通信技术正推动人类进入一个全面感知、可靠传输、智能处理、精准决策的新时代，尤其是大数据技术的应用，拓展了人类认识世界的视野，通过大数据分析技术可对不可见世界和未知世界进行预测，进一步丰富了人类对客观世界的认识。

我们正在迎来一次新工业革命，在这场前所未有的大变革中，我们不只是旁观者、见证者，而是这场伟大实践的亲历者、参与者、实践者。20世纪80年代国际社会提出智能制造的概念，伴随着新技术应用和实践探索，智能制造的内涵和外延在过往的40年一直在不断演变。2012年，国际社会提出的工业互联网日益成为各界关注的焦点，智能制造与工业互联网是面对制造转型升级需求，基于不同时代的技术体系、需求结构、竞争格局提出的解决方案，既有联系又有区别，从智能制造到工业互联网，是信息技术体系从传统架构向云架构的迁移，是制造资源从局部优化到全局优化的演进，是业务协同从企业内部到产业链的扩展，是竞争模式从单一企业竞争到生态体系竞争的升级，是产业分工从基于产品的分工到基于知识的分工深化，但其内在逻辑是一致的——以数据的自动流动化解复杂系统的不确定性。

不重构，无未来。面对数字化未有之大变局，如何穿越纷繁晦涩的新概念雾霾，厘清数字化转型的技术、经济和商业逻辑，重构企业的战略思维、技术体系、商业模式、产业版图、核心能力和组织架构？这些是业界同人共同思考的问题。我们需要思维重构，以大视野、大科学、大融合维度视角，审视新一轮科技革命和产业变革机理，打通穿透数字化转型的技术、产业、经济、商业、政策的语境与逻辑，在数据 + 算法定义的世界中，探索升维思考之后的降维落地之路；我们需要战略重构，数字化转型带来了工具革命和决策革命，人们要重新思考战略的形成、演化与落地；我们需要技术重构，大科学、大技术交叉融合的时代，技术体系的解耦、分化、再封装正在构建新技术体系，如何洞察技术变局，以OT与IT融合、云架构升级、微服务落地，粉碎僵化开发模式和陈规桎梏，重建技术支撑体系；我们需要能力重构，技术赋能时代，传统能力升级与新型能力培育相互交织激荡，企业竞争力体系正在加速重构；我们需要组织重构，企业组织迎来了一场转基因工程，无边界的液态组织正在激活企业的内生动力。

本书是基于作者过去几年对万物互联、两化融合、智能制造、工业互联网、制造强国的思考，并在部分公开演讲的基础上整理而成的，梳理这些碎片化的、应景式的、脉冲式的思想片段，就是想去厘清制造业转型的基本逻辑，尽管这种思考有些不自量力、有些凌乱，也不够严谨，还有许多值得商榷之处，唯一的希望是这些思考能够为业界同仁提供一点启发。

在书稿编辑完善过程中，特别感谢以下几位对本书提出的宝贵建议及付出的辛劳：贾超、袁晓庆、姚磊、田洪川、李君、赵敏、黄培、郭朝晖、宁振波、胡虎、夏宜君、李铮、苏明灯等。感谢电子工业出版社刘九如、董亚峰、刘小琳为本书出版付出的辛勤工作；感谢知室的武凌寒、万方、鲁冬雪、赵明、陈燕等人开发的精品在线课程。

安筱鹏

2018 年 10 月

目录
CONTENTS

上篇　智造的逻辑：从生产装备自动化到数据流动自动化

CHAPTER 01 ▶ **智能制造的本质** **002**

一、信息、不确定性与人类社会发展 002

（一）认知的动力：对不确定性的恐惧 003

（二）认知的分野：认知规律中的不确定性 004

（三）信息的价值：减少认知的不确定性 007

（四）社会的演进：基于信息能力拓展的分工与协作 009

二、企业竞争的本质：优化资源配置效率的竞争 012

（一）企业竞争的本质 012

（二）不确定性的来源 013

三、智能制造的本质：以数据的自动流动化解复杂系统的不确定性 016

（一）智能的演化 016

（二）数据的自动流动 018

（三）信息化与资源优化配置 020

CHAPTER 02 ▶ **制造业智能化转型的趋势** **023**
一、万物互联：互联一切可数字化的事物 023
二、数据驱动：驱动制造资源的优化配置 027
三、软件定义：定义数据自动流动的规则 028
四、平台支撑：支撑制造业生态体系的构建 030
五、组织重构：重构社会分工协作体系 032

CHAPTER 03 ▶ **信息物理系统（CPS）：智能制造技术体系** **035**
一、CPS 的总体定位：支撑智能制造的综合技术体系 036
二、CPS 的技术要素："一硬""一软""一网""一平台" 037
三、CPS 的层级体系：单元级、系统级、系统之系统级 040
四、全面理解 CPS：坚持 5 个统一 043
五、建设 CPS 的思路：数据自动流动是关键 046
（一）资源优化是目标 046
（二）数据自动流动是关键 048
（三）工业软件是核心 050
（四）新型能力培育是主线 051
（五）系统解决方案是重点 053

CHAPTER 04 ▶ **软件定义的未来工业** **054**
一、软件定义的本质 054
（一）国际制造业巨头的转型 055
（二）中国领军企业的探索 057
（三）工业软件的本质 058
二、软件定义产品 060
（一）软件定义产品功能 061
（二）软件定义产品结构 063
三、软件定义企业管理流程 066
（一）软件支撑和定义的研发设计模式 067

（二）软件支撑和定义的经营管理模式 072
（三）软件支撑和定义的组织架构 074
四、软件定义企业生产方式 077
（一）制造范式的迁移：从实体制造到虚拟制造，以快速迭代、持续优化、数据驱动重建制造效率、成本、质量管控体系 077
（二）制造模式的变革：从规模生产到定制生产，以数据的自动流动化解制造系统的不确定性、多样性和复杂性 081
（三）制造系统的重建：从封闭体系走向开放体系，以网络化协同实现制造资源局部优化向全局优化的演进 083
五、软件定义企业新型能力 086
（一）产品研发创新能力 087
（二）精益及柔性生产能力 088
（三）市场需求实时响应能力 090
（四）全生命周期服务能力 091
六、软件定义产业生态 092
（一）软件定义的智能终端产业生态 092
（二）软件支撑和定义的智能装备产业生态 094
（三）软件定义的智能制造产业生态 095
CHAPTER 05 ▶ **工业 4.0：他山之石的启示** **097**
一、工业 4.0：为什么 097
（一）危机意识 098
（二）机遇意识 099
（三）领先意识 101
二、工业 4.0：是什么 103
（一）工业 4.0 是互联 103

（二）工业 4.0 是集成 104
（三）工业 4.0 是数据 106
（四）工业 4.0 是创新 107
（五）工业 4.0 是转型 109
三、工业 4.0：如何看 110
（一）工业 4.0 与两化深度融合：如出一辙、异曲同工、殊途同归 111
（二）工业 4.0：德国制造的新品牌、新名片 113
（三）德国工业 4.0 战略的实施：举全国之力 115
（四）优先行动：标准、技术、人才 117
（五）信息安全：全球的共同挑战 118
四、工业 4.0：怎么干 119
（一）凝聚行业共识：把智能制造作为两化融合的主攻方向 119
（二）整合产业资源：把增强智能装备和产品自主发展能力作为智能制造的突破口 121
（三）突出试点示范：把推广普及智能工厂作为智能制造的切入点 122
（四）创新体制机制：把培育新业态、新机制、新模式作为智能制造的核心任务 123
（五）坚持标准先行：把制定智能制造标准化作为智能制造的优先领域 124
（六）夯实产业基础：把构建自主信息技术产业体系和工业基础能力作为建设智能制造的重要支撑 125
（七）强化保障能力：人才、信息安全和制造业创新体系 126

中篇　工业互联网：从基于产品的分工到基于知识的分工

CHAPTER 06 ▶ **探索制造业与互联网融合发展之路** **130**

一、制造业是实施“互联网 +”行动的主战场 130

（一）这是由制造业的战略地位决定的 130

（二）这是催生中国经济增长新动能的客观要求 131

（三）这是互联网与制造业融合的特征和趋势决定的 132

二、我国制造业与互联网融合发展的新进展 133

（一）基于互联网的开放式“双创”平台不断涌现，成为支持制造业转型升级的重要依托 133

（二）骨干企业研发设计迈向集成协同新阶段，新型研发组织模式不断涌现 134

（三）智能装备在重点行业开始普及，成为增强产业核心竞争力的重要途径 134

（四）信息技术与制造业融合发展，推动制造业生产方式持续变革 135

（五）生产性服务业引领制造业转型升级，新的基础设施体系不断完善 135

三、制造业与互联网融合发展面临的新形势 136

（一）互联网加速构建新的创新体系，日益成为制造业转型升级的新动力 136

（二）互联网加速开辟市场需求新领域，拓展制造业发展新空间 137

（三）互联网加速构建新型制造体系，重塑国际竞争新优势 137

四、“双创”平台是推进制造业与互联网融合的抓手 138

（一）“双创”助力制造业提质增效、转型升级 139

（二）大企业是推动“双创”的主力军 139

（三）“双创”平台建设是两化融合的深化 141
五、新模式是制造业与互联网深度融合的重要标志 143
（一）网络化协同制造 143
（二）个性化定制 145
（三）服务型制造 148
（四）制造业分享经济 150
六、“新四基”是深化制造业与互联网融合的关键支撑 152
（一）什么是“新四基” 152
（二）为什么要发展“新四基” 152
（三）“新四基”发展重点 154
CHAPTER 07 ▶ **工业互联网平台：为什么，是什么，怎么看？** **156**
一、为什么 156
（一）工业互联网平台是技术发展的新阶段 157
（二）工业互联网平台是企业竞争的新赛道 158
（三）工业互联网平台是产业布局的新方向 158
（四）工业互联网平台正处在规模扩张的窗口期 159
二、是什么 159
（一）工业互联网平台的架构 159
（二）工业互联网平台的本质 170
（三）工业互联网平台的核心 180
（四）工业互联网与消费互联网的区别 183
（五）制造业数字化架构体系的演进：从传统 IT 架构到工业互联网架构 184
（六）微服务：工业互联网架构技术变革的关键 186
（七）工业互联网平台的主要矛盾 194
三、怎么看 196
（一）工业云视角 196
（二）解决方案视角 198

（三）操作系统视角 200
（四）产业生态视角 202
（五）经济学的视角 204

CHAPTER 08 ▶ **工业互联网平台的演进路径** **215**

一、成本驱动导向阶段 215
二、集成应用导向阶段 216
三、能力交易导向阶段 218
四、创新引领导向阶段 219
五、生态构建导向阶段 220

CHAPTER 09 ▶ **工业互联网平台建设的出发点、切入点、着力点和落脚点** **222**

一、工业互联网平台建设的出发点 222
（一）工业互联网平台是建设现代化产业体系的重要支撑 223
（二）工业互联网平台是建设制造强国和网络强国的焊接点 223
（三）工业互联网平台是我国经济实现高质量发展的必然选择 223
（四）工业互联网平台是全球新一轮产业竞争的制高点 224
二、工业互联网平台建设的切入点 224
（一）工业设备上云是工业互联网平台建设的切入点 225
（二）推动工业设备上云 226
（三）工业设备上云急需突破的四大瓶颈 227
三、工业互联网平台建设的着力点 229
（一）打造两类工业互联网平台 229
（二）建设三类工业 App 230
（三）开展四类试验测试 231
（四）完善四大支撑体系 231

四、工业互联网平台建设的落脚点 232
（一）在宏观层面上，提升数据驱动的资源高效配置能力，助力动力变革 233
（二）在中观层面上，培育数据驱动的生态构建能力，抢占产业竞争制高点 233
（三）在微观层面上，打造数据驱动的企业新型能力，构筑竞争新优势 234

下篇　数字经济：从制造大国到制造强国之路

CHAPTER 10 **制造强国：迎接新一轮产业革命的历史使命** **238**
一、对当前新一轮产业革命的基本认识 238
（一）新一代信息技术蓬勃发展及与传统工业技术的融合创新，是新一轮产业革命的产业技术基础 238
（二）各国对 2008 年金融危机的深刻反思，增强了各界应对新一轮产业革命的危机感和紧迫感 239
（三）高端装备产业的战略地位更加凸显，智能制造成为新一轮产业革命的主攻方向 240
（四）构建跨领域、协同化、网络化国家制造业创新体系，成为发达国家的共同选择 240
二、各国战略布局对中国制造强国建设的意义和启示 241
（一）牢牢树立制造业是国家崛起、实现两个百年目标战略基石的理念 241
（二）走出一条具有中国特色的两化深度融合之路，是实现制造强国的必然选择 242
（三）打造国家产业治理新型能力，是应对新一轮产业变革的当务之急 242

（四）全面准确理解和认识市场与政府的关系，不断深化经济体制改革，是制造强国建设的基础和核心 243
三、加快制造强国建设的思考与建议 243
（一）树立数字经济发展观 243
（二）深化制造业与互联网融合发展 245
（三）建立具有竞争力的产业生态系统 246
（四）培育数据驱动型企业 248
（五）构建创新开放共享的产业发展环境 249

CHAPTER 11 ▶ **以信息化培育壮大新动能** **250**
一、培育壮大新动能意义重大 250
二、培育壮大新动能要处理好几个关系 251
三、我国新动能培育壮大成效初显 252

CHAPTER 12 ▶ **制造业是分享经济的主战场** **257**
一、消费领域经历了分享经济的早春 257
二、制造业将成为分享经济的主战场 259
三、分享制造：化解制造业困境的有益探索 261
四、分享制造的内在机理 262

CHAPTER 13 ▶ **探索服务型制造的路线图** **264**
一、数字经济时代服务型制造新特点 264
二、服务型制造发展的动力机制 266
（一）市场需求正在从产品导向向产品服务系统转变 266
（二）高价值环节从制造环节为主向服务环节为主转变 267
（三）竞争优势从规模化供给能力向个性化供给能力转变 267
（四）客户交易正在从短期交易向长期交易方式转变 268
三、我国服务型制造的现状 269
（一）基于产品设计的增值服务 270

（二）基于产品效能提升的增值服务 270
（三）基于产品交易便捷化的增值服务 271
（四）基于产品整合的增值服务 272
四、树立服务型制造的发展观 272
CHAPTER 14 ▶ **产业联盟：产业竞争格局演变中的组织创新** **274**
一、产业联盟的基本类型 274
二、产业联盟的发展特点 277
三、产业联盟发展的内在机制 279
四、产业联盟的发展趋势 280
CHAPTER 15 ▶ **拥抱数字经济时代** **283**
一、新动能：数字经济成为经济增长的重要驱动力 283
二、新机遇：中国数字经济快速增长、规模庞大、潜力巨大 286
三、新图景：面向制造业的数字经济蓬勃发展 287
四、新路径：产业转型的切入点与着力点 290
五、新模式：新旧动能接续的重要着力点 292
六、新生态：基于平台的产业生态竞争从 ICT 产业向制造业演进 294

上篇

智造的逻辑：从生产装备自动化到数据流动自动化

人类社会的发展史就是一部应对不确定性、寻求确定性的历史，克服对不确定性的恐惧是人类认知深化的重要动力，对客观世界的理解、预测、控制是人类化解不确定性恐惧的三步曲，哲学、科学、经济学对于不确定性这一基本命题的研究，形成了不同的方法论和学术体系。信息的价值在于减少认知的不确定性，个性化定制、产品智能化、产业分工深化及竞争格局加剧不断提升制造系统的复杂性及生产过程的不确定性，智能制造的本质就在于以数据的自动流动化解复杂系统的不确定性，提高制造资源配置效率。信息物理系统（CPS）构建起智能制造的技术体系，推动制造业迈向万物互联、数据驱动、软件定义、平台支撑、组织重构的新阶段，软件正在定义未来工业——定义产品功能、产品结构、组织架构、生产方式、新型能力、产业生态。

CHAPTER 01

智能制造的本质

伴随着技术的更新换代和市场需求的快速升级，制造企业面临的不确定性问题更为繁杂，智能制造的本质在于以数据的自动流动化解复杂制造系统的不确定性，优化制造资源配置效率。对制造业智能化转型规律的认识和把握，需要不断深化对信息、数据、复杂系统、不确定性、资源优化配置等概念的理解。

一、信息、不确定性与人类社会发展

只有深刻认识不确定性，才能真正理解信息化。对不确定性的恐惧是人类社会认知的动力，不确定性源于信息约束条件下人们有限的认知能力。在任何时代，化解对不确定性恐惧的三步曲是对客观世界的理解、预测、控制，从远古到现代，人类一直在努力提高认识世界的水平，以观察世界、理解规律、指导实践，来解释过去、阐明现在、预测未来，终极目的在于提升认知水平以提高驾驭不确定性的能力。

（一）认知的动力：对不确定性的恐惧

人类社会发展一直伴随着对确定性的追求，确定性是行为能被预测的前提，也是我们安全感的来源。人类社会的发展史就是一部对抗不确定性、寻求人类命运发展确定性的历史，对不确定性的恐惧和对确定性的追求一直伴随着人类社会的发展和演进。无论是上古蒙昧时代，还是迈向现代文明，如何应对不确定性是人类发展永恒的主题，任何一个个体、族群、部落、国家的生存和发展都可能面临着战争、灾害、气候、生产、疾病的反复无常和不可预知的结果，这种不确定性所带来的成败、得失、利弊、对错决定着个体的幸福、部落的兴衰、国家的繁荣，也决定着历史的走向。在任何时代，人们总希望能够准确预判自己决策的结果，并以此来调整和优化自己的决策。因此，人们一直试图构建一种能够理解世界的认知体系，化解对不确定性的恐惧，这既催生了占卜、巫术，也孕育了宗教、科学和哲学，对不确定性的恐惧是人类认知的动力，也是人类文明的重要来源。

在人类发展的早期，当生产力水平低下、无力认知和把握世界演进的规律时，占卜、星象等巫术在指导人类决策、应对未知未来等方面画下了浓墨重彩的一笔，其渗透到了国事重大决策和人们的衣食住行，并融入战争、饮食、气象、农业、田猎、行旅、福佑等方方面面。专门记载各类卜筮活动的《史记·龟策列传》开篇就提出，“自古圣王将建国受命，兴动事业，何尝不宝卜筮以助善！”上古时代战争频繁，部落首领、诸侯国王们出征前面对战争的无常，求助龟壳裂纹、星象占卜，以预测各种重大事件的走向，指导重大决策。对于小国民众而言，占卜也是生活中非常重要的内容，《诗经》中“尔卜尔筮，体无咎言”，面对人生的无常和变化，人们通过占卜来决定终身大事。伴随着生产力水平的提高，自然和社会发展演进，早期混沌一体的宗教、哲学、科学开始出现分化，从中世纪神学至上到近代科学理性崛起，人们对自然和社会发展规律的认知水平不断增强。

理解、预测、控制是人类化解对不确定性恐惧的三步曲，在人类社会漫长的历史进程中，无论是巫术、宗教、哲学还是科学都试图构建一套对自然和社会演进的解释体系、预测体系和控制体系，以认识世界、改造世界。宗教通过构建信仰体系解释世界的运行并指导人们的行为；哲学在宗教和科学之间用理性来化解人们对不确定性的质疑；科学用观察和可复现的方法认识世界的运行规律并试图预测未来。无论何种解释体系都有助于化解人们对不确定性的恐惧，帮助人们掌控和驾驭不确定性。

构建一套解释体系是化解对不确定性恐惧的起点，当我们可以理解过去和当下世界的运行状态时，就大大消解了对不确定性的疑虑，无论这种解释是理性的还是非理性的。准确预测未来是决策的基础，我们在多大程度上能预测未来就能多大程度化解不确定性，但预测未来在任何时候都是富有挑战性的，其关键在于如何系统全面地认识世界的运行规律。所有的认知最终都要转化为行动，无论是巫术、宗教、哲学还是科学最终都在指导我们实践、帮助我们决策，使我们在不确定性的世界中寻找确定性。近代工业革命以来，科学带领人类社会走向现代文明，当我们用理性思想和科学的工具化解对不确定性的恐惧时，我们的认知水平迈向了一个新阶段。

（二）认知的分野：认知规律中的不确定性

如何应对不确定性是人类发展永恒的主题，对不确定性的恐惧是认知的重要动力，在人类社会认知体系中，哲学、科学、经济学对于不确定性这一基本命题都进行了深入的研究，并形成了不同的方法论和学术体系。

1. 哲学视角

哲学是关于自然、社会和思维最一般规律的科学。数千年来，哲学家们围绕确定性和不确定性这一命题形成两种不同的认知。一种认为世界是确定的，世界的确定性与人类的自由相联系，在此基础上形成了有序性、统一性、必然性、精确性、稳定性和可预见的确定性思维；另一种认为世界是不确定的，在此基础上形成了无序性、差异性、随机性、模糊性、不稳定性和不可预见的不确定性思维。

早在古希腊，泰勒斯、阿那克西美尼、原子论者分别认为万物是由水、元质、气、原子等一种有特定性质的物质构成的，世界统一于这些确定的基元。近现代，斯宾诺莎的一元论主张“宇宙和人生的本质能够从一些不证自明的公理照逻辑演绎出来”。笛卡儿主义和拉普拉斯的决定论同这种传统一脉相承，这些哲学家的共同特点之一就是追求可靠性、秩序、规律、逻辑，无论是对“一”还是对“多”的解释都是遵循确定路径进行的。

不确定性思想始于古希腊哲学家阿那克西曼德，他认为世界的本源是不确定的。到了近现代，尼采是第一位深刻认识并对传统确定性思想进行批判的哲学家。康德开始系统思考“人类认识世界规律”是否可能、如何可能、限度如何等问题，休谟有说服力地质疑因果关系，福柯认为哲学要实现的第一个任务就是破除人们千百年来形成的关于本质、本源和同一的幻想，哲学家的任务就是要摧毁本源及永恒真理的优越地位。这些哲学流派的一个共同特点就是试图论证自在、自为、自由、偶然的存在，追求多元化、个体化、内在化、超越规律和必然性，推崇不确定性。

长期以来确定性思维一直占据人类认识的主导地位，在追求确定性思维的过程中人类表现出了非凡的力量和才能，在这种思维的支配下人们不断强化工具理性。当前，无论在哲学领域还是在一般社会思想领域，人们认识世界的方法论正在从确定性思维走向不确定性思维。真实世界是复杂的，无序和有序、随机和确定、模糊和清晰、不稳定和恒定时刻共存，千百年来人们对自然及社会规律的认识也在不断深化，今天，人们对客观世界的认识并非在确定性与不确定性之间二选一，而是两种思维方式在不断相互转化、交叉融合。对于现实世界，人们的未知远大于已知，人类不懈追求认知的绝对确定性而逐步显现出其不确定性。

2. 科学视角

近代科学是从认识确定性的运动规律开始的。哥白尼的“日心说”准确地解释了人们在空中见到的各种现象，伽利略进一步奠定了定量实验和科学推理方法，开普勒在丹麦天文学家第谷长达 30 年积累的精密行星测量数据的基础上，推算出行星运动的三大定律。其后，以牛顿三大定律和万有引力定律为核心的牛顿力学作为经典科学登上历史舞台，进一步阐述了产生上述规律的原因，完美地解释了确定性运动学规律和现象。由此而来，近现代科学成就不断强化人们基于确定性逻辑规律的认知，大部分的现实问题要靠确定性、规律性的科学来解决，如美国曼哈顿计划、阿波罗计划、中国两弹一星计划，人们不自觉地把科学性和确定性等同起来，认为随着科学的进步，不确定性会越来越小，甚至完全消除，一时间，公理化、数学化成为科学成熟的标志。

近代科学绝对化、简单化的思维框架已容不下不确定性，对于不确定性造成的不可预测性，坚持传统思维框架的人们耿耿于怀，总想找到一劳永逸的灵丹妙药。对不确定性的重新认识，是现代科学对于人类思想的重要贡献，是 20 世纪的重大进步。海森堡的测不准原则、哥德尔的不完全性定理、阿罗的社会选择理论、埃弗雷特的平行宇宙理论等不确定性的发现，促使我们的观念发生了根本性变化。事实上，和确定性一样，不确定性也是确实存在的，不确定性思维带来人们思想方法和基本理念的变革，主要是突破简单化、绝对化、静止化的思想约束，认识到世界的复杂性和不确定性。

3. 经济学视角

对不确定性的研究是经济学的一个重要领域。芝加哥学派创始人奈特首先将不确定性概念引入经济学理论，打破了经济学研究中此前以一般均衡分析为核心的对确定性环境的假设前提。奈特在其经典著作《不确定性、风险和利润》中率先对风险和不确定性进行了系统研究，他认为不确定性是不可度量的风险，不确定性意味着事件的可能结果和结果的概率分布都是未知的。不确定性产生于认知过程，即所涉及的情况具有罕见性，人们对其缺乏基本认识，不能通过现有理论或经验进行预见和定量分析。奈特的不确定性理论主要用于解释企业起源和性质，企业家通过识别不确定性中蕴含的机会，并通过资源整合把这些机会转化为利润，“不确定性”是企业利润的来源。

经济学通过研究人的经济行为来分析经济现象，又将人的行为过程描述为决策过程，经济学的一个基本问题是在不确定性条件下人们的决策原则是什么。对不确定性的分析和认识不仅是经典的（阿罗—德布鲁）一般均衡理论的基本内容，同时也是信息经济学、行为经济学、制度经济学、演化经济学等新兴理论及现代金融理论、产业组织理论、企业理论、劳动经济学等学科的基本内容。对不确定性的分析和认识不仅决定着经济学对现实的分析和解释力，同时也是现代经济学发展的一个极为重要的方向。

从经济学的角度来看，不确定性是经济主体对状态这一不可控制的变量的产生与否不具备完全知识，对不确定性及信息的研究孕育和催生了信息经济学的发展。杰克·赫什雷弗提出，“信息经济学是经济不确定性理论自然发展的结果，微观信息经济学和宏观信息经济学两个分支学科分别讨论的是市场不确定性和技术不确定性。”肯尼斯·约瑟夫·阿罗（1972年诺贝尔经济学奖获得者）认为，所谓信息就是根据条件概率原则有效地改变概率的任何观察结果，不确定就意味着成本，信息的价值就在于降低了经济的不确定性。丹尼尔·卡尼曼（2002年诺贝尔经济学奖获得者）修正了传统经济学基于“经济人”理性、自利等基本假设存在的不足，指出人们在根据现有信息对不确定事件进行判断时常常是非理性的。

不确定性可以从哲学、物理、信息、经济等不同视角去理解。从信息化推动经济转型的角度来看，不确定性是决策者不能准确预测事物未来状态的一种现象。这种观点可以从几个方面来理解，一是不确定性与人的行为和决策有关，不确定性意味着事件的结果取决于人的行动本身，可以因为人的行为而改变；二是不确定性意味着人们不能准确预测和控制，结果可能在预期之内，也可能在预测之外；三是对于不确定性来源，从主观上看，不确定性源于信息约束下有限的认知能力，从客观上看，客观世界的复杂性超过了人们的认识。

（三）信息的价值：减少认知的不确定性

厌恶风险、寻求确定性是人类的天性，这需要人们不断提高信息获取能力和水平。什么是信息？不同领域的人对信息有不同的表述和理解，但共性的认知在于信息与不确定性是一对相生互促的概念。从客观世界的角度来看，信息是一切事物运动的状态和运动的方式；从主观世界的角度来看，信息是关于事物运动的状态和运动的反映，可以消除人们认知上的不确定性。

从信息论的角度看，信息作为一个科学概念是克劳德·香农于 1948 年首先在通信领域提出的，他在论文《通信的数学理论》中指出，“信息是用来减少随机不确定性的东西，信息的价值是确定性的增加”，将信息熵定义为“随机不确定之差”。香农把信息量的公式称为不确定性的度量，把信息看作不确定性减少的量，信息就是两次不确定性之差：

$$I=S(Q/X)-S(Q/X')$$

式中，I 表示信息；Q 表示对某件事的疑问；S 表示不确定性；X 为收到消息前关于 Q 的认识；X' 为收到消息后关于 Q 的认识。

控制论的主要创始人维纳认为，“信息就是我们适应外部世界，并把这种适应反作用于外部世界的过程中，同外部世界进行交换的内容的名字。”杨学山在《论信息》中系统论述了信息的定义、形态等，认为“信息是载体或外壳承载并表达的一切客观存在的含义或内容，不是物质、能量、生命等任何承载，也不是文字、声音、图像等形式外壳，是区别于物质、能量和生命的另一种客观存在”。信息就是传递中的知识差。

信息是不确定性下不同主体之间相互沟通交流、认知理解、请求反馈等过程中，用来消除不确定性而生成、传递与获取的语义表达。其中，“主体”既包括人类、动物等生命主体，也包括机器、系统、环境等非生命主体；“语义表达”的载体包括书籍、音像、电话、光盘、网络等，“语义表达”的形态包括消息、情报、指令、密码、符号、信号、声音、图形等，不同场景下信息的语义表达有不同载体和形态，而数字化本质是比特化的语义表达。

信息与不确定性存在反向关系，信息的目的在于消除不确定性，其作用机理体现为三个方面。一是信息的载体能够在彼此孤立的主体之间建立起连接的纽带，消除由于缺乏联系而产生的不确定性。书籍作为信息和知识的载体为不同群体之间的传播建立起认知共同体；互联网作为一种信息网络通过构建信息传播的新载体、新渠道，不断化解生产、交换、消费、分配等各种经济活动中的不确定性；区块链作为一种价值网络通过智能合约、分布式账本、共识算法等核心技术，不断降低交易的不确定性，包括交易对象的不确定性、交易规则的不确定性、交易执行的不确定性及合约奖惩的不确定性。二是信息的内容能够表达主体希望表达的意思，消除由于无法理解而产生的不确定性。例如，语言和文字的出现，使得人类能够更精准地表达真实意思，大大降低了人类之间沟通交流与相互理解的不确定性。三是信息的运动能够促进主体之间持续的认知与反馈，消除难以达成共识而产生的不确定性，从而最终实现确定状态下的优化。例如，经济学中提到的“帕累托最优”，本质是在信息对称条件下不同主体不断决策反馈所形成的市场资源最佳配置状态；博弈论中的“囚徒困境”正是因为缺少了个体之间的信息流动，而无法彻底消除结果预期的不确定性，使得个人做出理性选择却往往导致了集体的非理性。

综上，人类社会经济活动在很大程度上就是要以企业为主体，在信息交换利用的基础上，对经济社会的各种资源进行管理和配置，建立消除信息不确定的决策机制，解决经济活动信息中的不确定性。

（四）社会的演进：基于信息能力拓展的分工与协作

人类一直不断提高复杂生存环境下应对不确定性的能力。回溯人类从游牧社会、农耕社会到工业社会的演进历程，在人类社会的生产方式、生活方式和管理方式发生了巨大变革的背后，是基于信息能力提升所带来的分工和协作水平深化，人们得以在更广的范围、更多的群体之间加强合作，以化解自然和社会中的种种不确定性。

大约 250 万年前，地球上出现了类人生物；200 万年前，出现了多个不同人种；100 万年前，人类开始使用石器但仍处在食物链的中间；40 万年前，少数几种人种才开始捕猎大型动物；10 万年前，智人崛起并跃居食物链顶端；3 万年前，尼安特人退出了人类历史；1 万年前，地球只剩下了智人。智人在与其他人种竞争中胜出的根本原因在于，智人在进化中率先在语言和信息交流上实现突破，建立了新的思维和沟通方式，形成了一种超凡的“信息认知”能力，即人们不仅仅交流猎物或危险来源、抽象虚构事物，更重要的是可以设定同一目标集结大批陌生人进行灵活分工协作[1]。在生存环境高度不确定的游牧社会，人类的生存和发展面临着食物来源、猛兽袭击等巨大挑战，早期人类信息交流、获取的能力有限，有限的分工协作发生在以血缘关系为纽带的部落，难以抵御残酷的、不确定性的生存环境。

到了农耕社会，人类告别了采集狩猎、刀耕火种的时代，进入以种植农作物、饲养畜牧为生的社会，文字和印刷术的出现构建起新的信息交互方式，社会分工和组织协作水平大幅提升，人类对食物来源和猛兽袭击的掌控和预警能力大大提升。与迁徙逃避恶劣环境不同，定居下来的农耕社会需要提高改造自然的能力以抵御自然灾害、应对战争和资源短缺的全新挑战，围绕如何提高农作物产出需要不断获取气候、害虫、水源等信息，建立、传播、普及农业知识，以便更好地分工协作消除生存发展中的各种挑战和不确定性。伴随着种植业的产生与发展，粮食供给增加、人口增长，人类社会的复杂程度相比于游牧社会更加复杂、协作水平大幅提高，人类生产生活方式从几百人的部落演进到几万人、几十万人的城镇，人们可以根据需要组织几十万人的大型协作。

进入工业社会，人类社会在科学、技术的推动下加速演进。从瓦特发明蒸汽机到特斯拉发现交流电，从电报使用到电话普及，从铁路、航空到现代港口体系的建立，纵观工业社会近300年来的发展历程，人类分工协作水平不断深化，从熟人分工协作演进到陌生人间分工协作，从封闭的经济体系走向开放的经济体系，从小尺度的合作空间走向全球化的合作空间，从几百人的协作生产体系演进到几十万人的协作，开启了大制造、大零售、大流通的新时代。基于现代交通运输体系的福特制＋沃尔玛成为现代社会协作的基本模式，工业时代组织内部协作体系中员工已达到几十万人到上

1 尤瓦尔•赫拉利 . 人类简史 [M]. 林俊宏译 . 北京：中信出版社，2014.

百万人，外部的供应商已达到成千上万家，分支机构遍布全球各地。伴随着工业化深化，新的协作组织不断涌现。需求方面临着海量千差万别的供给信息，供给方面临着海量千变万化的消费需求，无论是生产方、消费方，还是需求方、供给方，以及成千上万名市场经济活动的相关参与者，人类社会面临的不确定性也在呈指数增长，人类社会经济活动、管理方式和资源配置方式在很大程度上就是要解决因经济越来越复杂而产生的各种不确定。工业革命孕育的市场经济本质是如何在高度不确定性的环境中实现科学决策，哈耶克（1974 年诺贝尔经济学奖获得者）认为，市场经济就是一个信息处理系统，大量独立个体通过价格发现机制，基于各种有限、当地化、碎片化的信息进行决策，优化资源配置[1]。

进入数字经济时代，伴随信息通信技术的推广普及，人类大规模协作的广度、深度、频率进入了一个新阶段。从计算机的诞生到互联网的普及，从人人互联到万物互联，从人工智能到区块链，人类正在重建外部世界信息感知、传播、获取、利用体系，重构分工协作的基础设施、生产资料、生产工具和协作模式，信息在组织内部的管理、监督及在外部交易、协作中的成本不断降低、协作模式不断创新，企业边界正在被重新定义，科层组织正在被瓦解，产消者（Prosumer）不断涌现，微粒社会正在来临[2]，平台经济体迅速崛起，人类社会已经从工业社会百万人量级的协作生产体系演进到数千万、数亿人的合作，这也带来了产业分工不断深化，例如，小米实现了与千万“粉丝”的持续互动，阿里电商平台构建起 3600 万名各类主体广泛参与的协作体系。基于网络的大规模、多角色、实时互动协作机制正在兴起，网络协同效应正在打破传统管理的规模不经济，正如维基经济学所揭示的四个新法则——开放、对等、共享及全球运作正在取代旧的商业教条[3]，对原有的生产组织体系、企业边界及劳动雇佣关系形成了新一

1 弗里德利希·奥古斯特·哈耶克．通往奴役之路 [M]．王明毅，冯兴元，等译．北京：中国社会科学出版社，1997.

2 克里斯多夫·库克里克．微粒社会 [M]．黄昆，夏柯译．北京：中信出版社，2018.

3 唐·泰普斯科特（Don Tapscott）．维基经济学：大规模协作如何改变一切 [M]．何帆，林季红译．北京：中国青年出版社，2012.

轮的冲击，全球新型的社会化分工协作组织模式正在形成。波音制造的“梦幻 787”飞机研发生产实现了来自六个国家 100 多家供应商数万人的在线协同研发，中国网约车巨头实现了每天 2000 万级出行人口与司机的业务协同。

人类社会演进的动力在于不确定性下的分工深化与信息交换，信息交互促进分工协作，分工协作提升人类对不确定性的应对能力。从信息交换到分工协作再到消除种种不确定性，这就是人类社会演进的逻辑。

二、企业竞争的本质：优化资源配置效率的竞争

信息化是充分利用信息技术，开发利用信息资源，促进信息交流和知识共享，提高经济增长质量，推动经济社会发展转型的历史进程。如何理解和认识信息化的价值及创造价值的机理，既是一个重大的理论问题，也是紧迫的现实问题。信息化的价值在宏观层面上可以从提高生产效率和交易效率的角度去阐释，在微观层面上需要审视信息化对企业所创造的价值。认识信息化对企业的意义需要从企业竞争的本质出发，从信息化的视角看，企业间的竞争本质上是资源配置效率的竞争。

（一）企业竞争的本质

企业是当今社会最重要的经济组织，它创造物质财富、提供就业岗位、带动经济增长、改变社会秩序、影响制度建设，是经济发展的动力、国家竞争的载体。什么是企业？罗纳德·科斯指出，“企业的本质是一种资源配置的机制，是替代市场进行资源配置的组织。”[1] 市场和企业是配置资源的两种可相互替代的手段，在市场上资源的配置由价格机制来调节，在企业内则通过管理协调来完成，企业的边界由交易费用决定。当企业内的交易费用低于在市场上的交易费用时，企业的边界则得以扩展，直至两者的

1　罗纳德·科斯 . 企业的性质 [M]. 姚海鑫，等译 . 北京：商务印书馆，2007.

交易费用相等为止。

企业竞争追求的是生存、发展与壮大，企业竞争的本质就是在不确定市场环境下企业资源配置效率的竞争。对于一个制造企业而言，其存在价值就是通过对社会资本、人才、设备、土地、技术、市场等各种资源进行组合配置，构筑企业的基本能力来满足客户需求，就是如何用更少的资源、更高的效率创造出更好的产品。对于制造企业而言，在研发、设计、采购、生产、配送、服务的每个环节，都面临着如何优化资源配置效率问题，企业每天思考的问题是，如何缩短一个产品的研发周期、如何提高一部机床的使用精度、如何提高一个班组的产量、如何提高一组设备的使用效率、如何提升仓储周转次数、如何减少库存数量等，所有这些问题都是资源配置效率优化的具体体现。

（二）不确定性的来源

企业资源配置效率的提高面临重要的挑战是需求和生产活动的不确定性，伴随着技术的更新换代和市场需求的快速升级，企业资源配置效率面临的问题越来越复杂，优化资源配置的决策难度越来越大，企业面对不确定性的增加主要来自 4 个方面。

（1）产品本身的复杂性。随着制造技术、材料技术、生物技术等基础科学的不断创新突破，人类制造能力跃上新的台阶，出现了汽车、大飞机、远洋船舶、精密机械等复杂产品。万物互联推动产品结构和功能日趋复杂，现代产品是集软件、电子、机械、液压、控制于一体的技术系统，产品的设计、生产、维护难度越来越高，产品的研发组织充满了不确定性。对高端复杂产品的可靠性要求越高，则对其制造过程中的不确定性容忍度越低。航空发动机的研发设计难度极高，其零部件型号规格相似、数目繁多、结构外形复杂，且发动机燃烧室及涡轮处的温度能达到 1600 ～ 1700℃，而目前高温合金材料耐受的最高温度仅为 1100℃，这就必须在发动机中采用复杂的冷却系统，设置迷宫一样的冷却通道和成千上万个引入冷气的细微小孔，产品本身的复杂性为企业研发生产带来了巨大的不确定性。商用飞机也是一种高度复杂的产品，波音 777 项目共计产生约 75000 张零件图样，包括 450 万个零件，空客 A380 项目也产生了 79000 张零件图样。可以看出，商用飞机制造的零件数量是一辆汽车的数百倍甚至上千倍，其研发生产的不确定性不言而喻。

（2）生产过程的复杂性。制造是一个涉及企业内外部多主体、多设备、多环节、多学科、多工艺、跨区域协同的复杂系统工程。伴随着产业分工深化、个性化消费兴起、智能化步伐加快，生产过程的复杂性不断提高。国内某机床厂的车间生产过程中面临的挑战是：零件种类多（单机零件达万种以上，零件单件净重量从 0.01 千克到 190 吨不等），工艺跨度大（包括铸、锻、焊、铆、锯、割、机加、装、试等），工序种类多（包括车、铣、刨、磨、镗、插、剃、滚、珩、钻、线切等多个环节），设备种类多（包括冲压机、镗铣床、剪切线、切割机等多种设备），而且各种产品加工周期长短不一，同时在多个加工基地生产，每年有近 2 万个加工订单、51 万个加工工序、279 万条信息等待处理，面对车间生产如此复杂的生产过程，面对生产过程中的各类不确定性，如何实现车间制造资源优化配置是一个重大课题。

（3）市场需求的复杂性。随着人们生活水平的不断提高，人们开始追求差异化、定制化的产品和服务，这就要求制造企业从传统的大规模标准化生产向适应用户个性化定制和体验式消费的新型生产方式演进。经历按订单销售（Sale To Order，STO）、按订单装配（Assembly To Order，ATO）、按订单制造（Making To Order，MTO）、按订单设计（Engineering To Order，ETO）等几个阶段，制造企业资源优化配置需要应对市场需求波动和用户定制要求的不确定性。在过去的 20 年，汽车、化工、机械、药品、快速品等产品种类增长了 2.5 倍，产品需要采购零部件增长了 2.1 倍，产品的生命周期缩短了 70%。服装、家具等行业企业为了应对近年来消费者定制化的需求开始大规模转型，面对定制化的需求，企业需要思考如何构建定制化研发体系、定制化采购体系、定制化生产体系、定制化配送体系、定制化服务新体系，如图 1-1 所示。

（4）供应链协同的复杂性。随着全球化的发展，企业制造分工日趋细化，产品供应链体系也随之越来越庞大。例如，洛马公司的F-35研制就面临着管理遍及30多个国家、跨越17个时区全球协同伙伴商的问题；波音公司已由20世纪50年代波音707约2%的零部件外包生产发展到目前波音787的近90%外包生产；空客公司把A350XWB客机的60%生产外包放在欧洲大陆以外。2006年10月空客宣布A380的交付时间至少推迟两年，这给空客带来的是几十亿美元的损失，其原因之一在于，在A380研发初期，单一产品数据源体系尚未建立，数字样机技术正在发展中，A380负责部件生产和总装的公司使用的软件版本不一致（部件生产和总装公司使用了达索公司不同版本的计算机辅助设计软件），德国公司负责生产的机身段在法国无法进行总装。庞大复杂的供应链对企业的资源优化配置带来了巨大的不确定性，如果某一环节出现问题则会影响整个企业的生存和发展。

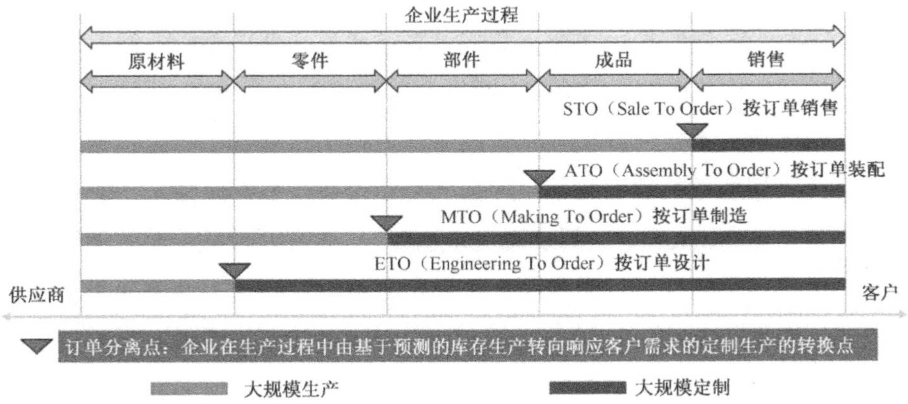

图表来源：根据祁国宁提出的客户订单分离点思想整理绘制

图1-1　定制化生产方式

综上，企业从来不是孤立系统，而是与用户、供应商、政府部门等共同处在一个开放的复杂生态系统中，企业面临着多变的内外部环境，企业生产的全过程、产品全生命周期的各个阶段都面临着不确定性。但与此同时，确定性是企业追求的目标，企业家总是倾向于应用信息技术提高企业内外部环境的确定性，进而在企业资源优化配置的竞争中胜出。

三、智能制造的本质：以数据的自动流动化解复杂系统的不确定性

国际社会对于智能制造有很多种解释，美国、德国、日本等国家战略及各种组织给出不同的定义，或内涵式的、或外延式的，或技术化的、或工程化的，这些理解和定义都有其意义和价值。从信息、不确定性、复杂系统的角度来看，智能制造的本质，就是以数据的自动流动化解复杂系统的不确定性，优化制造资源的配置效率。

（一）智能的演化

为了揭示智能制造的本质，我们首先需要弄清楚“智能”的本质是什么？是如何演化发展的？受哪些关键因素的影响？古往今来，哲学、生物学、工程学的学者们都在试图找到其中的答案，但由于源自不同的学科基础，大家对于“智能”的理解也不尽相同。杨学山在《智能原理》一书中对各学术流派关于“智能”的认识和观点作了梳理，并指出“智能是主体适应、改变、选择环境的各种行为能力”。无论对于生物智能主体还是非生物智能主体，其适应、改变、选择环境的过程总是建立在充分感知、交互、分析、处理自身和外部环境信息的基础之上的。换言之，没有信息就没有智能，没有信息的组织与交互也就失去了智能行为的基础，信息的及时性、准确性、完备性决定了主体的智能化水平。

（1）在从单细胞向多细胞、从低级向高级、从单个生命体向物种群落的生物进化过程中，生物智能在不断进化，与之相应的信息组织方式也越来越复杂。大约 35 亿年前，地球上诞生了最原始的单细胞生命体，其具备了生物智能的基本特征，具备了通过信息感知、传递、处理等功能适应环境的基本能力，这时的信息组织发生在一个细胞内。大约又过了 14 亿年，更为复杂的多细胞生物出现了，跨细胞信息传递和复杂行为控制的信息机

制开始形成，与之前出现的单细胞生物一样，由于没有神经系统的存在，这时的多细胞生物并不具备对外部信息的判断、分析和决策功能，只能适应环境而不能改变环境。单体生物智能的质变是在有神经系统生物出现以后发生的，多细胞生物不断进化，细胞功能开始分化，出现了神经细胞，形成了网状神经系统和神经链中心的“脑”，这时出现的以扁形动物为代表的生物有了专门处理信息的系统，产生了以神经元为基础的信息感知、传输、存储、处理功能。随着生物的进一步进化，经由鱼、爬行动物、两栖动物、鸟、哺乳动物到人类，神经系统和脑越来越发达，生物体不仅对外部环境的感知能力显著增强，而且具备基于信息存储的学习能力及对外部事件进行分析判断和决策的能力[1]。人类是生物进化的最高点，也是生物智能的最高点，人类大脑表面是一层叫作“大脑皮质”的薄膜，由约 150 亿个神经细胞构成，能够对人类感官（眼、耳、鼻、舌、皮肤）接收到的外界信息进行存储、记忆、识别、联想、比较、重组并发出指令信息支配一切生命活动，如感知认识客观外界、应对复杂环境变化、进行生产生活实践等。人类之所以能够成为当今地球的“主宰者”，更为重要的是建立了不同个体间通用的信息交互方式——语言和文字，并且基于信息交互进行大规模群体协作。可以看出，在漫长的生物智能进化过程中，生物体对于信息处理的能力不断增强，对信息的依赖程度也不断增强。

（2）非生物智能伴随着信息革命悄然兴起，基于新一代信息技术的非生物智能将突破生物智能的极限。人类智能很有可能是在碳基世界里智能所能达到的极限状态，未来建立在信息技术应用基础上的模拟、延伸和扩展人类智能的非生物智能（以人工智能为代表）正在崛起，我们即将看到在硅基世界[2]里非生物智能以前所未有的态势向更高级演化。对于非生物智能的研究探索由来已久，出现了三大主流学派，即基于逻辑推理算法的符号主义学派、基于神经网络及网络间联结机制与学习算法的连接主义学派、

1 杨学山 . 智能原理 [M]. 北京：电子工业出版社，2018.

2 硅基世界，即赛博世界（Cyberspace），是指用二进制编码形式的数据来表达世界和演进智能，是信息化的飞跃。

基于“感知—行动”行为模拟算法的行为主义学派，这三个学派都没有脱离构建完整信息处理机制的根本出发点。一个成熟的非生物智能系统应当具备状态感知、实时分析、科学决策、精准执行等能力[1]，这些都建立在各要素之间实时联通、相互识别和有效交流的基础之上，信息网络发展、信息技术应用、信息资源开发成为非生物智能进化的必要条件。与生物智能体类似，非生物智能系统从单元级、系统级向系统之系统级不断进化，信息组织方式也由简单向复杂演化。现在讨论非生物智能是否会取代生物智能还为时尚早，但可以断定的是，非生物智能能否超越生物智能的关键在于其是否具有更高效的信息采集、传输、分析、处理能力。

（二）数据的自动流动

在高度数字化的今天，数据是信息的具体表现形式和重要载体，对信息的组织本质上是对承载信息的数据进行采集、传输、分析和处理。在数据种类越来越多、规模越来越大、来源越来越复杂的大背景下，解决好数据从哪里来、到哪里去的问题是实现非生物智能的关键。无论是单元级、系统级还是系统之系统级的非生物智能系统，都需要构建基于数据自动流动的状态感知、实时分析、科学决策、精准执行的闭环赋能体系。数据自动流动实际上就是把正确的数据在正确的时间以正确的方式发送给正确的主体，非生物智能系统构建数据自动流动体系的重点是构建一套完备的数据采集、传输、分析和决策体系。

（1）完整、准确的数据采集是数据自动流动的起点，也是智能行为实现的基础。对于一个非生物智能系统来说，其所处的外部环境瞬息万变，自身运行状态也需要时刻随机而变，如果不能够完整准确地掌握外部环境情况和内部运行状态，就无法减小不确定性，也就失去了智能行为的基础。在智能进化过程中，通过提升数据采集的完整性和准确性来增强智能主体感知复杂环境的能力，是智能主体适应、改变、选择环境的根本前提。智

1　胡虎，赵敏，宁振波，等 . 三体智能革命 [M]. 北京：机械工业出版社 , 2016.

能装备和终端的普及，以及各种各样传感器的大量使用，使得非生物智能系统所能采集数据的数量和质量大幅提升，为实现物理世界隐性数据显性化和构建数据自动流动体系奠定了基础。

（2）及时、可靠的数据传输网络是数据自动流动的通道，也是智能系统的重要组成。在非生物智能实现过程中往往需要单个主体各组成要素单元之间，或者多个主体之间相互连接、相互沟通、相互交流，及时可靠的数据传输网络是智能系统各部分之间相互协作必不可少的组成部分。与生物智能的神经网络相类似，数据传输网络是支撑数据采集交互、分析处理和反馈执行的通道，是智能系统各部分连接的纽带。5G、物联网、时间敏感网络等通信网络技术的发展，为非生物智能系统内部互联互通和无缝集成提供了更多选择。

（3）科学、合理的数据分析是数据自动流动的核心，也是智能行为实现的关键。一个非生物智能系统要实现基于数据自动流动的智能行为，除充分感知周围环境并实现内部信息传递以外，还需要对自身感知接收到的数据进行分析和处理。数据分析就是借助一系列将物理世界运行原理逻辑化、代码化和模型化的算法，对感知数据进行加工、分析和处理，是数据自动流动的核心，为智能行为的实现提供重要依据。软件技术的发展有助于在非生物智能系统中构建一套数据自动流动的规则体系，从而形成智能行为的基本逻辑。

（4）精准、有效的数据决策是数据自动流动的终点，也是智能主体适应、改变、选择环境的直接能力体现。非生物智能行为最终体现为一系列动作或反应，需要在一系列指令的控制下才能实现。数据决策是在数据采集、传输、分析和挖掘的基础上做出的执行指令，是数据闭环流动的终点，也是智能行为精准执行的“触发器”。当前广泛应用于非生物智能系统中的分布式控制系统（DCS）、可编程逻辑控制器（PLC）等自动控制器件，都是建立在精准有效数据决策基础上的智能行为实施部件。

（三）信息化与资源优化配置

信息物理系统是一种非生物智能与生物智能的集成系统，其本质是通过信息化手段实现数据自动流动，以信息流带动技术流、资金流、人才流、物资流，进而解决复杂制造系统的不确定性问题，不断优化资源配置效率。智能制造背后的逻辑在于建立了一套赛博空间（Cyberspace）和物理空间（Physical）的闭环赋能体系，传感器、工业软件、网络通信系统、新型人机交互方式等技术应用实现了设备、产品、人员等制造业所有相关要素的相互识别、实时联通和有效交流，研发设计、生产装备、工艺流程、产品服务等过程的数字化、网络化、智能化重构了生产制造全要素、全流程，复杂制造系统所面临的众多不确定性问题在信息物理系统中被显性化，从而使得构建基于数据自动流动的新型生产制造体系成为可能，使得制造资源优化配置的方式和手段更为丰富、更为便捷、更为高效。

一般来说，企业生产过程中均伴有一定的运行总日历时间，在总日历时间中，因生产设备性能衰减（如速度损失、空转停机）、质量损失、系统停机（外部干扰、节假日）等不可抗拒因素引起的时间损耗约占 40%，生产运行实际理论可用时间仅占总日历时间的 60% 左右。而在理论可用时间中，生产过程还面临工艺准备、主动维修、意外故障所带来的时间损耗，实际生产可利用时间仅占理论可用时间的 30%。同时，如果考虑到操作失误、设备检测、工艺更换带来的运行停机，最终实际生产有效可用时间占企业生产运行总日历时间不足 10%。综上来看，在实际生产过程中企业生产运行时间损失、生产制造资源浪费情况十分严重，通过全面优化企业生产全流程、各环节资源配置提升企业生产效率，提高生产有效可用时间的潜力巨大（见图 1-2）。

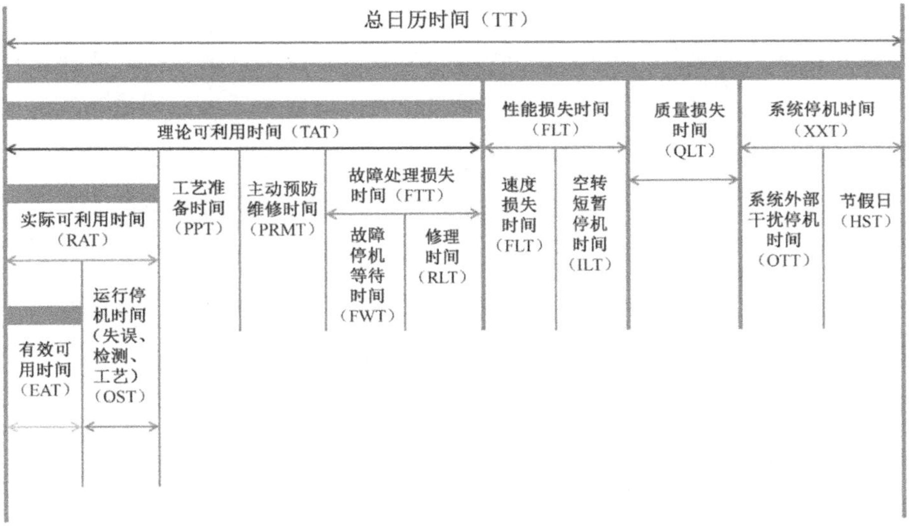

图表来源：引用 Lean Enterprise Institute 的《Overall Equipment Effectiveness》

图 1-2 企业生产过程中的总日历时间与有效可用时间

（1）从资源优化配置的系统性来看，将从局部优化向全局优化演进。智能制造发展的过程是对制造过程的范围领域不断深化的过程，是从自动化单点、低水平、有限的资源优化配置向多点、高水平、全局的资源优化配置演进的过程。智能制造系统从单机设备、单一环节、单一场景、单一要素的局部小系统不断向大系统、巨系统演进，从部门级到企业级，再到产业链级，乃至产业生态级系统演进，不断突破地域、组织、机制的界限，实现对人才、技术、资金等资源和要素的高效整合，从而带动产品、模式和业态创新。通过智能制造实现资源优化配置的范围也沿着点、线、面、大系统、巨系统的方向不断扩展，从机器、智能生产线、控制系统、制造执行系统，到整个企业内部系统，到整个产业链，再到整个产业生态。

（2）从资源优化配置的时效性来看，将从静态优化向动态优化演进。正如杨学山在《智能原理》一书中所讲的，智能是主体适应、改变、选择环境的各种行为能力，对于制造业而言，各类主体对环境变化如何响应是衡量智能化水平的重要标志。传统的红绿灯系统调节时间是固定不变的；

智能红绿灯系统，根据交通流量改变红绿灯调整策略对道路资源进行优化，智能体现在资源优化的频率上。传统制造理念是以不变应万变、以确定性应对不确定性，用各种冗余应对可能出现的不确定性，人们通过功能冗余换取产品质量的稳定可靠；面对生产交期、成本、质量、效率的各项要求，生产企业总是希望生产周期是固定的、专业工人是固定的、生产工艺是固定的、供应体系是固定的；通过定期维修确保设备的正常运转，通过定期更换刀具确保加工精度可靠，通过库存冗余应对供应链危机。传统制造走向智能制造，就是摒弃冗余思维、静态思维，走向精准思维、动态思维，实时响应变化、拥抱变化，以动态优化策略应对各种不确定性。

CHAPTER 02

制造业智能化转型的趋势

高效率、低成本、高质量是制造业不变的追求。当前，互联网、大数据、人工智能等新技术持续创新和高速发展，为制造业发展注入新的活力，使得制造业加速迈向万物互联、数据驱动、软件定义、平台支撑、组织重构的新时代。

一、万物互联：互联一切可数字化的事物

信息通信技术的持续演进正在开启万物互联新时代。伴随着新一代信息通信技术的发展，传感器向着低成本、低功耗、微型化方向不断演进，正在建立全面、实时、高效的数据采集体系。网络通信技术从 2G、3G 等向 4G、5G、窄带物联网（NB-IoT）、时间敏感网络（TSN）等方向发展，正在构建低时延、高可靠、广覆盖的数据传输体系。云计算、大数据、人工智能等新技术蓬勃发展，正在建立廉价、快速、高效的数据存储、计算和处理体系，新一代信息通信技术正推动人类进入一个全面感知、可靠传输、智能处理、精准决策的万物互联时代。正如德国国家科学与工程院院长孔翰宁强调的，今天发展工业的准则是：数字化一切可数字化之物，并由此

开辟新的价值创造模式。

所谓万物互联，就是人、物、数据和应用通过互联网连接在一起，实现所有人和人、人和物及物和物之间的互联，重构整个社会的生产工具、生产方式和生活场景。在万物互联的角度下，信息化就是物理设备不断成为网络终端并引发整个社会变革的过程，信息技术发展的终极目标是基于物联网平台实现设备无所不在的连接，开发各类应用，提供多种数据支撑和服务（表 2-1 展示了目前主流物联网平台产品），未来所有产品都将成为可监测、可控制、可优化、自主性的智能产品。正如迈克尔·波特所说，智能互联产品包含监测、控制、优化和自动四类核心功能，其中，监测是指通过传感器对产品的状态、运行和外部环境进行全面监测，控制是指人们可以通过产品内置或产品云中的命令和算法对产品进行远程控制，优化是指可基于实时数据或历史数据对产品进行性能优化，自动是指在监测、控制、优化等能力的基础上产品达到前所未有的自主性和协同性[1]。

表 2-1　主流物联网平台产品对比

平台产品	设备连接	第三方应用开发	数据管理及分析能力
GE Predix	Predix Machine	Predix I.O、SDK、API Predix Services 提供开发人员可以用来构建、测试和运行工业互联网应用程序的工业服务	集成多个数据服务产品，如 Pivotal HD 等
Siemens Mindsphere	Gateways（Mind ConnectNano）、通过 SIMATIC 集成西门子产品	Rocketclub	通过协作，集成大数据分析能力，如与 TERADATA 合作获得大数据功能
IBM Bluemix	外置 Gateways 硬件	为第三方提供开发服务和社区来扩展应用程序的功能，提供开发基础架构或 API	通过服务（Servies）和功能插件（Add-Ons）实现

图表来源：作者自制

1　迈克尔·波特，詹姆斯·贺普曼 . 物联网时代企业竞争战略 [J]. 哈佛商业评论，2014,10.

续表

平台产品	设备连接	第三方应用开发	数据管理及分析能力
Ayla 平台	嵌入式固件在设备或网关	通过 AMAP 应用开发解决方案实现第三方应用开发，同时适用于移动应用	Ayla 应用程序库（亚马逊云计算服务等）
微软 Azure	SOL Azure Gateway、ISS（智能系统服务）	Azure SDK for NET、Visual Studio	通过 HD Insight 实现
PTC ThingWorx	通过 ThingWorx Edge Microservice 实现设备远程打通	通过提供 SDK 和 API 及应用程序组件，构建 Thingworx Marketplace 应用开发环境	通过收购 Coldlight，集成大数据分析工具 Neuron，第三方系统可以通过 REST APIs 和 ThingWorx 平台进行交互和集成
SAP Leonardo	SAP Leonardo Edge	提供原始数据的接入能力、海量数据的处理能力、与业务系统的集成能力，并提供端到端的物联网应用开发工具集	基于内存计算的大数据引擎
Oracle 平台	外置 Gateways、在设备布置协议转换器	JD Edwards Applications 组件实现第三方应用开发	通过 JD Edwards Serceerside 组件实现
阿里 AliOS Things	联合研发低功耗物联芯片，推进神经处理芯片 AliNPU 研制，将 AliOS 与 SoC 各模块资源充分融合	提供强大的 AliOS Studio 开发工具套件及 AliOS 开发者社区等服务	自主研发提供语音交互、机器视觉、营销引擎、机器学习等数据智能服务能力
华为 OceanConnect IOT 平台	Huawei LiteOS	针对终端、集成和应用开发者分别提供 Agent、API 及 SDK	可以与第三方云平台进行对接

图表来源：作者自制

智能产品既包括数控机床、工业机器人等智能装备，也包括智能手机、智能网联汽车、智能穿戴等消费产品。在过去 10 年间最典型的智能产品是智能手机，在下一个 10 年汽车将成为新的移动智能终端，智能网联汽车的发展如火如荼，在经历了从感知到控制、从部件到整车、从单项到集成、从单向到互动之后，汽车正进入“全面感知 + 可靠通信 + 智能驾驶”的新时代。在智能化的道路上，汽车已走了很多年，但就未来发展的前景来看，汽车还处于低“智商”婴幼儿阶段，汽车的网联化、智能化还有很长的路要走。2016 年 8 月，工业和信息化部指导发布《智能网联汽车发展技术路线图》，给出了智能网联汽车智能化发展五级定义，智能化将从驾驶辅助、部分自动、有条件自动、高度自动和完全自动演进，如图 2-1 所示。

等级名称	等级定义	感知	分析	决策	执行	典型应用
驾驶辅助	系统根据环境信息执行转向和加减速中的一项操作，其他驾驶操作都由人完成	系统 人	系统 人	系统 人	系统 人	自适应巡航 辅助泊车 车道保持
部分 自动驾驶	系统根据环境信息执行转向和加减速操作，其他驾驶操作都由人完成	系统 人	系统 人	系统 人	系统 人	车道内自动驾驶 全自动泊车
有条件 自动驾驶	系统在部分情况下完成所有驾驶操作	系统 人	系统 人	系统 人	系统	高速公路 城郊公路 自动驾驶
高度 自动驾驶	系统完成所有驾驶操作，在特定环境下系统会向驾驶员提出响应请求，驾驶员可以对系统请求不进行响应	系统	系统	系统	系统	高速公路全部 工况及市区有 车道干涉路段
完全 自动驾驶	系统可以完成驾驶员能够完成的所有道路环境下的操作，不需要驾驶员介入	系统	系统	系统	系统	全工况下 自动驾驶

图表来源：根据《智能网联汽车发展技术路线图》作者自绘

图 2-1 智能网联汽车的五个等级

智能化、网联化已经成为汽车技术变革的重要方向，智能化在从辅助驾驶向最终的无人驾驶演进的过程中，网联化步伐不断加快，网络化将从单车网联、多车网联向交通体系网联演进，在这一进程中汽车感知、分析、决策、执行等各个环节技术将快速迭代，不断替代驾驶员的分析、判断和决策，高度自动驾驶和完全自动驾驶将完全由系统完成，如图 2-2 所示。

可监测、可控制、可优化、自主性的智能产品将感知客户需求、推送客户服务，推动企业从产品生产商到客户运营商的转变。正如宽带资本董事长田溯宁所说，产业互联网时代，企业成功的核心是能否从观念、技术、商业模式上进行改造，使每个企业不再只是产品生产者、服务提供者，而是通过对产品的运营建立与客户的“强关系”，像电信运营商一样成为 24 小时在线、为客户提供全生命周期服务的“客户运营商”。这要求企业把握万物互联时代智能产品广泛普及的机遇，基于“数据 + 模型 = 服务”的理念，实现企业从产品生产商到客户运营商的转变，构建状态监测、故障诊断、预测预警、健康优化等各种智能服务，构建检测、加工、认证、配送等制造能力标准化封装、在线化交易新体系，基于实时数据流培育精准、便捷、智能的新型融资、租赁、保险业态，构建企业差异化竞争新优势。

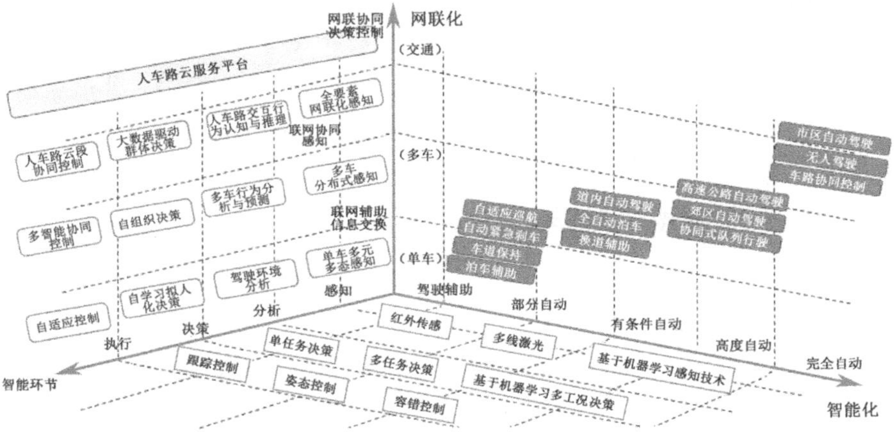

图表来源：作者自绘

图 2-2　智能网联汽车的技术趋势

二、数据驱动：驱动制造资源的优化配置

企业竞争是资源配置效率的竞争，资源配置的核心在于科学、高效和精准的决策，这一决策越来越依赖于数据的自动流动，就是要把正确的数据以正确的方式在正确的时间传递给正确的人和机器。伴随着智能产品和设备的广泛普及，未来所有的生产装备、感知设备、联网终端，包括生产者本身都在源源不断地产生数据，这些数据将会渗透到产品设计、建模、工艺、维护等全生命周期，企业的生产、运营、管理、服务等各个环节，以及供应商、合作伙伴、客户等全价值链，并将成为制造的基石。数据驱动的本质就是通过生产制造全过程、全产业链、产品全生命周期数据的自

动流动不断优化制造资源的配置效率，就是要实现更好的质量、更低的成本、更快的交付、更高的满意度，就是要提高制造业全要素生产率，这将带来数据驱动的创新、数据驱动的生产和数据驱动的决策。

（1）数据驱动的创新。在数字经济时代，对客户现实需求和潜在需求的深度挖掘、实时感知、快速响应、及时满足水平已成为企业新型能力的分水岭。无论是工业4.0所强调的端到端集成，还是工业互联网所关心的效率提升；无论是传统制造企业在发展电子商务中的去分销商化，还是在互联网思维中孕育的“粉丝经济”，其核心都在于打造面向客户需求、客户体验的感知能力和转化能力，这依赖于需求—数据—功能—创意—产品链条数据联动的速度、节奏和效率。

（2）数据驱动的生产。在生产过程中，智能装备的自感知、自决策、自执行奠定了从单机智能化到智能生产线、智能工厂的基础。生产线、生产设备的数据可以用于对设备本身进行实时监控，实现工业控制和管理最优化。在采购、仓储、销售、配送等供应链环节上，极大地减少冗余库存，改进和优化供应链。销售数据、供应商数据的实时变化，能够不断地动态调整优化生产、库存的节奏和规模。数据驱动的智能生产模式，带来了个性化定制、服务型制造及分享制造，重构了整个生产体系。

（3）数据驱动的决策。企业间内部数据的横向集成及企业间数据的纵向集成，带来了数据的完整性、及时性、准确性和可执行性，推动数据—信息—知识—决策持续转化，构建企业运营新机制。数据会成为信息，信息会变成知识，知识会带来服务，数据到服务的转变依赖于数据的准确性、及时性和完整性，而数据的准确性、及时性和完整性来自数据的开放、共享、集成。

三、软件定义：定义数据自动流动的规则

数据的自动流动是优化制造资源配置的关键，问题是如何实现数据的自动流动，如何把正确的数据以正确的方式在正确的时间传递给正确的人

和机器，背后需要一套数据自动流动的规则体系，这套规则体系就是软件。软件的本质是构建一套数据自动流动的规则体系，基于软件打造“状态感知—实时分析—科学决策—精准执行”的数据闭环，解决研发设计、生产制造、运营管理乃至生产制造全过程中的复杂性和不确定性问题，提高资源配置效率。当前，软件定义可以从几个方面来理解。

（1）软件定义实现了软硬件的解耦分离。软件定义最早起源于“软件定义网络”（Software Defined Network，SDN），其核心是利用分层思想将软硬件分离，通过打破过去的一体化硬件设施，实现“硬件资源的虚拟化”和“服务任务的可编程”，即将传统的“单体式”（Monolithic）硬件设施分解为“基础硬件虚拟化及其 API+ 管控软件”两部分：基础硬件通过 API 提供标准化的基本功能，进而在其上新增一个软件层替换“单体式”硬件中实现管控的“硬”逻辑，为用户提供更开放、灵活的系统管理服务。这一思想以虚拟化技术为基础，既解决了资源的效率过低的问题，也极大地提升了资源的弹性和灵活性。

（2）软件定义重构生产流程和控制模式。软件定义了生产流程，打破了传统的“设计—制造—测试—再设计”的过程，重构一个与实物制造相对应的虚拟制造空间，实现了研发设计、仿真、试验、制造、服务在虚拟空间并行运行，通过软件定义设计、产品、生产和管理等制造全环节的方式，推动制造过程快速迭代、持续优化和效率提升。软件定义了控制模式，在工业革命 300 年的历史进程中，控制装置作为技术完备系统（动力装置、传动装置、执行装置、控制装置）重要子系统之一发展最为迅猛，从珍妮纺织机到继电器开关，从电流调节器到数控机床，从嵌入式控制到基于云平台的远程控制，控制系统在核心技术上走过了一条“机械→机电→电子→数字→软件”的技术发展路线，软件技术的发展促使装备控制模式实现从物理控制到数字控制的革命性变迁。

四、平台支撑：支撑制造业生态体系的构建

平台是基于信息技术构建的连接多个参与方的虚拟空间，是提供信息汇聚、产品交易和知识交易的互联网信息服务载体。互联网平台大概经历了三个阶段：第一阶段是以信息交流为典型特征的门户平台，如搜狐、新浪；第二阶段是以产品交易为典型特征的电商平台，如阿里、京东；第三阶段是以知识交易为典型特征的工业互联网平台，承载着工业知识的数字化模型和工业 App 成为平台交易的重点，工业互联网平台成为工业知识沉淀、传播、复用和价值创造的重要载体，工业互联网平台成为全球领军企业竞争的新赛道、产业布局的新方向和制造大国竞争的新焦点。

（1）工业互联网平台正成为抢占全球制造业主导权的必争之地。过去 40 年来，基于产业生态的竞争在 ICT 领域愈演愈烈，从 Wintel 体系到 Android、iOS 两大操作系统，从电子商务、搜索引擎到社交平台，一批领军企业主导了全球 ICT 产业生态发展。当前，伴随着新一代信息通信技术和制造业的融合发展，以平台为核心的产业竞争正从 ICT 领域向制造领域拓展，GE、西门子等领军企业围绕“智能机器 + 云平台 + 工业 App”功能架构，整合“平台提供商 + 应用开发者 + 用户”生态资源，抢占工业大数据入口主导权、培育海量开发者、提升用户黏性，通过组建产业联盟、成立开源社区、开展试验测试等举措，打造基于工业互联网平台的制造业生态，不断巩固和强化制造业垄断地位，抢占全球新一轮产业竞争的制高点（见图 2-3）。

（2）工业互联网平台正步入规模化扩张的战略窗口期。国际金融危机以来，GE、西门子、博世等跨国巨头围绕制造业数字化、网络化、智能化持续推进自身的战略转型，通过一系列兼并重组、业务转型、模式创新，在不断提高装备智能化水平、加快软件云化迁移步伐、打造开源社区生态的基础上，GE、西门子分别推出工业互联网平台 Predix、MindSphere，均

将未来 2 ～ 3 年视为规模化扩张的关键时期。我国工业互联网平台发展的机遇稍纵即逝，为避免重蹈 PC、移动互联网平台被跨国公司垄断的覆辙，亟待加快构建中国工业互联网平台。

	计算机	互联网	移动互联网	工业互联网
关键平台	Wintel体系	Google、百度搜索，亚马逊、阿里电商	iOS、安卓终端操作系统，脸书、微信即时通信	GE Predix、西门子Mindsphere
核心主导者	操作系统+核心芯片厂商	互联网企业	操作系统+入口级应用	领先工业自动化企业、互联网、制造企业、软件企业
产业聚合力	核心硬件+66.9万应用软件+各种外设驱动	因特网商业化+浏览器软件+大型网站	智能终端+智能操作系统+电子商务平台+应用软件	智能机器+工业网络+大数据平台+工业App
开发社区	几百款开发工具，上千万名研发人员，数以亿计的软件开发应用人员	开发工具+研发人员	开发工具+开发社区+研发人员仅苹果就开发了超过200万种App	开发工具+开放平台+研发人员+工业App
用户群体	10多亿人用户	全球互联网用户数已达30亿人，阿里活跃用户数超过6亿人	苹果智能终端拥有数亿级用户，App下载量超过1400亿次	与设备有关的制造、交通、医疗等海量客户
竞争优势	99%的个人计算机市场占有率	99%以上的搜索市场占有率，亚马逊、阿里合计70%以上的电商市场占有率	市场占有率：iOS、Android合计99%的操作系统，Facebook、微信合计90%的即时通信	基础连接、行业经验、云平台
生态打造窗口期	1976—1983年	2000年	操作系统（2007—2009年）、即时通信（2011—2015年）	2014年至今
关键标准	操作系统和处理器架构	通信协议标准	智能硬件标准化	数据互联互通标准
共性特征	多边市场、参与者多样性、产业生态化			

图表来源：作者自绘

图 2-3　以平台为核心的产业竞争正从 ICT 领域向制造领域拓展

（3）工业互联网平台正在重新定义制造业生态。工业互联网平台是工业全要素连接的枢纽，是工业资源配置的核心。工业互联网的本质是推动工业资源和要素的解耦、整合和重构，构建新的发展理念、生产体系、组织架构和商业模式，宏观上提升国家资源高效配置能力，中观上培育产业生态构建能力，微观上打造企业新型能力。工业互联网平台推动资源优化的范围从单机、产线、车间、企业拓展到跨企业、跨区域，正在重塑制造业研发体系、生产范式和商业模式，推动企业研发实现研发主体跨部门协同化、研发流程并行化、研发模式闭环化，不断提升研发效率、缩短研发周期、降低研发成本，推动企业智能制造在更广的范围、更深的领域优化制造资源配置效率，实现价值创造从封闭的价值链向开放的价值网络拓展，推动企业从产品生产商向客户运营商转变，基于平台开展状态监测、故障诊断、预测预警、健康优化等各种新型智能服务。

五、组织重构：重构社会分工协作体系

组织是社会的基本生产单元。从人类历史进程看，农业社会的生产组织形式是以有血缘关系的家庭为基本的生产单元，工业社会形成了以企业为单元的社会化大生产组织形式，在信息时代，以自组织方式、平台化方式为主的各种社会化协作模式不断涌现。信息技术的普及深化，正在重组整个社会运行的“细胞”，在这个意义上互联网对于社会组织变革而言是一场“转基因工程”。

“小前端 + 大中台”已成为数字经济时代企业组织架构演变的方向。美军作战最小单元在“二战”时是军一级，越战时是营一级，中东战争时是班一级，因为在数字化时代，强大的后台可以为前线作战的小分队提供全方位的支持和服务。2015 年芬兰移动游戏公司 Supercell 开发的游戏占到了全球游戏 App TOP10 的半壁江山，2016 年腾讯以 86 亿美元收购了这家员工不超过 200 人的公司。Supercell 将游戏开发过程中大量的公共、通用的开发素材、算法、工具等资源沉淀在平台上，大幅提高了游戏开发小团队的效率，降低了试错成本。

谷歌、亚马逊、阿里巴巴等互联网公司是全球ICT等先进技术的开发者、应用者，也是全球组织变革的创新者、引领者，它们成功的重要原因在于构建了与先进生产力相适应的生产关系，以及与业务快速迭代、持续创新相适应的组织架构和运行体系。2003 年阿里经济体不断孕育出了淘宝、天猫、1688、聚划算等新业务，每个业务都建立了包括支撑搜索、营销、用户、商品、交易、评价、店铺等信息系统[1]，烟囱林立的业务系统的建设和运营模式带来了重复投资、维护困难、数据孤岛、迭代缓慢等一系列问题，这样的故事在今天企业信息化转型中每天都在上演。阿里 2015 年启动了中台战略，

1 钟华 . 企业 IT 架构转型之道 — 阿里巴巴中台战略思想与架构实战 [M]. 北京：机械工业出版社，2018.

组建了共享服务中心，通过将 20 多个核心业务中基础性、通用性、公共性的业务和数据以服务的方式沉淀到中台上，实现了业务和资源高效、便捷的大规模重用，实现了信息系统与不断变化的业务需求之间的实时响应。

组织重构的本质就是进入数字经济时代后，数据作为一种新管理要素与传统技术、业务流程、组织结构相互影响、相互作用，极大地变革了不同群体的交流方式、交易方式，有效提升交易速率和质量，从而使得企业内外部交易成本呈现明显下降趋势，推动了组织向扁平化、平台化和联盟化方向发展。面对这一趋势，任何企业都必须在组织和流程上做出及时响应，建立具有弹性、适应性、差异化的新型组织，建立流程驱动、动态灵活的组织形态，以适应市场的快速变化，没有组织及流程的持续变革，就不会有数据驱动型企业，组织变革的方向感、动态性、适应性将成企业竞争力差异化的重要来源，也是企业打造可持续发展的新型能力的重要组成部分。组织重构主要体现在以下三个方面。

（1）极小化的自组织。不断适应竞争格局和形势的变化是企业由小变大、由弱变强、基业长青的基础。数字经济时代，面对快速变化的市场需求、新技术新业态的兴起、日益复杂的供应链体系及柔性化的生产模式，企业组织扁平化、网络化步伐不断加快，决策分散化、团队微型化、管理平台化趋势日益凸显。从 GE 组织扁平化到谷歌、亚马逊等互联网企业团队微型化，从海尔企业无边界、组织无领导、供应链无中心的新理念，到韩都衣舍责、权、利统一的三人小组管理模式，再到华为“让听见炮火的人指挥战斗”，无不显示出在数字经济时代，企业无论大小、无论强弱，构建弹性、开放、灵活的组织体系，不仅事关竞争力强弱，也事关生死存亡。

（2）极大化的平台。万物智能、泛在互联推动了平台与依托群体的崛起，苹果、谷歌、亚马逊、脸书（Facebook）、阿里巴巴、腾讯、百度、小米等一批互联网企业打造了一个巨型的创新创业平台，在其上形成了几百万乃至上千万的创业群体，构成了一个复杂的产业生态系统。在各类平台与依托型群体的不断演化中，形成了服务与被服务、管理与被管理、协作与共生等新的组织关系。产业生态系统化正在重新定义企业的边界、不断重塑企业间的关系，这一新型的企业间组织关系随着产业生态化步伐的加快而不断扩散。

（3）生态化的产业联盟。基于各种目的的产业联盟体系不断丰富，出现了以制定或推行产业技术标准为目标的技术标准联盟、以合作研发为目标的研发合作联盟、以完善产业链协作为目标的产业链合作联盟、以共同开发市场为目标的市场合作联盟等。近年来，工业 4.0 平台、工业互联网联盟等产业联盟在全球产业竞争中的地位不断凸显，它们正成为主导产业竞争规则的新主体，引领着行业技术变革的方向，决定着标准规范和产业竞争新格局。

CHAPTER 03

信息物理系统（CPS）：智能制造技术体系

智能制造的实现需要建立在一套完整的技术体系之上，信息物理系统集成先进的信息通信和自动控制等技术构建了一个物理空间与赛博空间相互映射、实时交互、高效协同的复杂系统，是智能制造发展的关键技术支撑。信息物理系统的核心在于构建一套基于数据自动流动的状态感知、实时分析、科学决策、精准执行的闭环赋能体系，从而解决生产制造过程中的复杂性、不确定性，提高资源配置效率。面对智能制造发展过程中不断涌现的新技术、新概念、新理念、新模式，迫切需要系统研究信息物理系统的背景起源、概念内涵、构成要素和应用场景。

2006 年，美国国家科学基金会（NSF）组织召开了国际上第一个关于信息物理系统的研讨会，并对 Cyber-Physical Systems（CPS）这一概念做出详细描述。此后美国政府、学术界和产业界高度重视 CPS 的研究和应用推广，并将 CPS 作为美国抢占全球新一轮产业竞争制高点的优先议题。2013 年德国《工业 4.0 实施建议》将 CPS 作为工业 4.0 的核心技术，并在标准制定、技术研发、验证测试平台建设等方面做出了一系列战略部署。CPS 因控制技术而起、信息技术而兴，随着制造业与互联网融合迅速发展壮大，正成为支撑和引领全球新一轮产业变革的核心技术体系。

一、CPS 的总体定位：支撑智能制造的综合技术体系

信息化和工业化融合是人类社会两个重要发展历史进程的交汇。从社会形态演进角度看，其所引发的生产方式变革与生活方式调整正在构建信息社会发展新蓝图；从经济发展角度看，其所推动的资源配置方式优化与发展方式转变正在构建现代产业体系新格局；从工业发展角度看，其所催生的智能化技术装备、协同化创新体系、柔性化生产方式、集约化资源利用、精准化管理模式正在重塑新时期国家竞争新优势。

当前，面对抢占新一轮科技革命和产业变革竞争制高点的新形势，面对“以加快新一代信息技术与制造业深度融合为主线，以推进智能制造为主攻方向”的战略方针，面对从制造大国向制造强国转变的战略任务，迫切需要构建支撑智能制造的技术体系。信息物理系统通过集成先进的信息通信和自动控制等技术，构建了物理空间与赛博空间中人、机、物、环境、信息等要素相互映射、适时交互、高效协同的复杂系统，实现系统内资源配置和运行的按需响应、快速迭代、动态优化。可以看出，信息物理系统是工业和信息技术范畴内跨学科、跨领域、跨平台的综合技术体系所构成的系统，覆盖广泛、集成度高、渗透性强、创新活跃，是两化融合支撑技术体系的集大成者。信息物理系统能够将感知、计算、通信、控制等信息技术与设计、工艺、生产、装备等工业技术融合，能够将物理实体、生产环境和制造过程精准映射到虚拟空间并进行实时反馈，能够作用于生产制造全过程、全产业链、产品全生命周期，能够从单元级、系统级到系统之系统（SoS）级不断深化，实现制造业生产范式的重构。从新一轮产业变革的全局出发，结合多年来推动两化融合的实践，我们认为，信息物理系统是支撑智能制造的综合技术体系。

如图 3-1 所示，CPS 打通状态感知、实时分析、科学决策、精准执行四个环节，连接了物理空间和赛博空间，构筑起数据自动流动的闭环赋能体系，

通过隐性数据显性化、隐性知识显性化，实现由数据转化为信息、信息提炼成知识、知识转化决策，在这一过程中，解决了物理世界四个基本问题：首先是描述（Descriptive）物理世界发生了什么（What happened）；其次是诊断（Diagnostic）为什么会发生（Why it happened）；再次是预测（Predictive）接下来会怎样（What will happen）；最后是决策（Decision）应该怎么办（How to do），决策完成之后就可以驱动物理世界执行（Action），最终实现制造资源的优化配置。

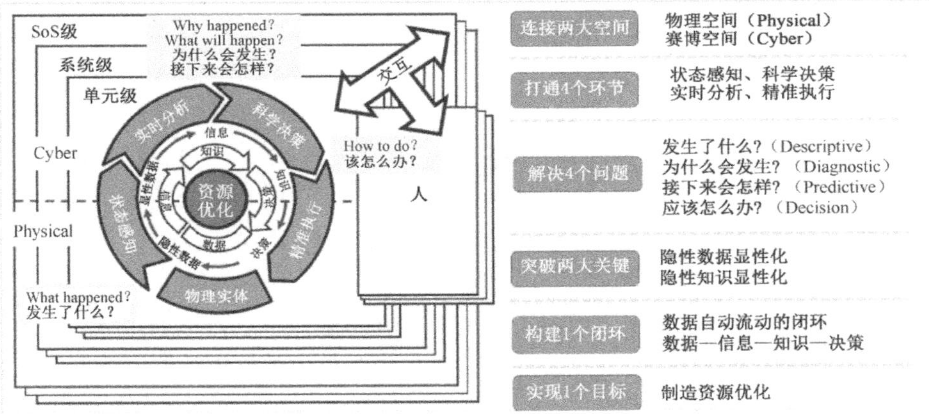

图表来源：作者自绘

图 3-1　CPS 的逻辑

二、CPS 的技术要素："一硬""一软""一网""一平台"

美国国家科学基金会、美国国家标准与技术研究院、德国国家科学与工程院、欧盟第七框架计划等研究机构或科研项目对信息物理系统的概念、定义不尽相同，但总体来看，其本质就是构建一套赛博（Cyber）空间与物理（Physical）空间之间基于数据自动流动的状态感知、实时分析、科学决策、精准执行的闭环赋能体系，解决生产制造、应用服务过程中的复杂性和不确定性问题，提高资源配置效率，实现资源优化。状态感知就是通过各种各样的传感器感知物质世界的运行状态，实时分析就是通过工业软件实现数据、信息、知识的转化，科学决策就是通过大数据平台实现异构系统数据的流动与知识的分享，精准执行就是通过控制器、执行器等机械硬件实现对决策的反馈响应，这一切都依赖于一个实时、可靠、安全的网络。我们可以把这一闭环赋能体系概括为“一硬”（感知和自动控制）、“一软”（工业软件）、“一网”（工业网络）、“一平台”（工业互联网平台），即“新四基”。“新四基”与中国制造 2025 提出的“四基”（核心基础零部件、先进基础工艺、关键基础材料和产业技术基础）共同构筑了制造强国建设之基。CPS 的本质如图 3-2 所示。

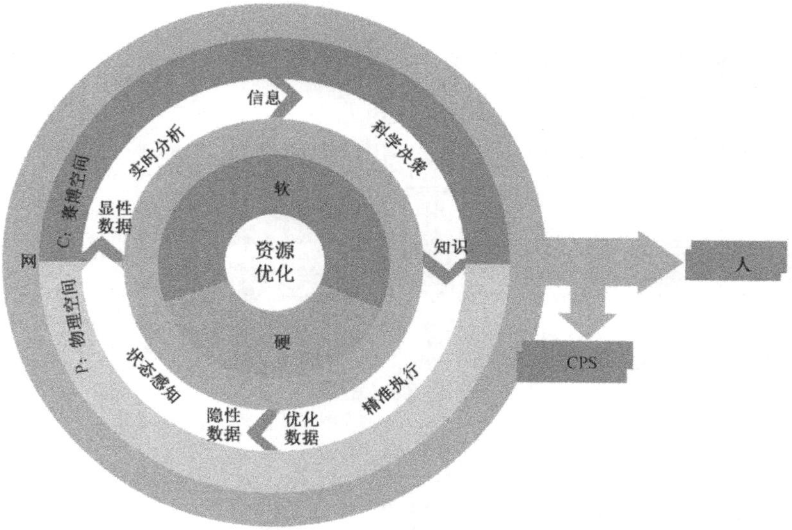

图表来源：中国信息物理系统发展论坛《信息物理系统白皮书（2017）》

图 3-2　CPS 的本质

（1）感知和自动控制是数据闭环流动的起点和终点。感知的本质是物理世界的数字化，通过各种芯片、传感器等智能硬件实现生产制造全流程中人、设备、物料、环境等隐性信息的显性化，是信息物理系统实现实时分析、科学决策的基础，是数据闭环流动的起点。与人体类比，可以把感知看作人类接收外部信息的感觉器官，提供视觉、听觉、嗅觉、触觉和味觉这“五觉”。自动控制是在数据采集、传输、存储、分析和挖掘的基础上做出的精准执行，体现为一系列动作或行为，作用于人、设备、物料和环境上，如分布式控制系统（DCS）、可编程逻辑控制器（PLC）及数据采集与监视控制系统（SCADA）等，是数据闭环流动的终点。

（2）工业软件是对工业研发设计、生产制造、经营管理、服务等全生命周期环节规律的模型化、代码化、工具化，是工业知识、技术积累和经验体系的载体，是实现工业数字化、网络化、智能化的核心。简而言之，工业软件是算法的代码化，算法是对现实问题解决方案的抽象描述，仿真工具的核心是一套算法，排产计划的核心是一套算法，企业资源计划也是一套算法。工业软件定义了信息物理系统，其本质是要打造“状态感知—实时分析—科学决策—精准执行”的数据闭环，构筑数据自动流动的规则体系，应对制造系统的不确定性，实现制造资源的高效配置。

（3）工业网络是连接工业生产系统和工业产品各要素的信息网络，通过工业现场总线、工业以太网、工业无线网络和异构网络集成等技术，能够实现工厂内各类装备、控制系统和信息系统的互联互通，以及物料、产品与人的无缝集成，并呈现扁平化、无线化、灵活组网的发展趋势。工业网络主要用于支撑工业数据的采集交换、集成处理、建模分析和反馈执行，是实现从单个机器、产线、车间到工厂的工业全系统互联互通的重要基础工具，是支撑数据流动的通道。物质（机械，如导线）连接、能量（物理场，如传感器）连接、信息（数字，如比特）连接，乃至意识（生物场，如思维）连接，为打造万物互联的世界提供了基础和前提。

（4）工业互联网平台是高度集成、开放和共享的数据服务平台，是跨系统、跨平台、跨领域的数据集散中心、数据存储中心、数据分析中心和数据共享中心，基于工业互联网平台推动专业软件库、应用模型库、产品知识库、测试评估库、案例专家库等基础数据和工具的开发集成和开放共享，实现生产全要素、全流程、全产业链、全生命周期管理的资源配置优化，以提升生产效率、创新模式业态，构建全新产业生态。这将带来产品、机器、人、业务从封闭走向开放，从独立走向系统，将重组客户、供应商、销售商及企业内部组织的关系，重构生产体系中信息流、产品流、资金流的运行模式，重建产业价值链和竞争格局。国际巨头正加快构建工业互联网平台，向下整合硬件资源、向上承载软件应用，加快全球战略资源的整合步伐，抢占规则制定权、标准话语权、生态主导权和竞争制高点。

三、CPS的层级体系：单元级、系统级、系统之系统级

理解和认识信息物理系统要树立系统观和层次观，要深刻把握信息物理系统演进和发展的规律。具体来说，信息物理系统具有明显的层级特征，小到一个智能部件、一个智能产品，大到整个智能工厂都能构成信息物理系统。信息物理系统建设的过程就是从单一部件、单机设备、单一环节、单一场景的局部小系统不断向大系统、巨系统演进的过程，是从部门级到企业级，再到产业链级，乃至产业生态级演进的过程，是数据流闭环体系不断延伸和扩展的过程，并逐步形成相互作用的复杂系统网络，突破地域、组织、机制的界限，实现对人才、技术、资金等资源和要素的高效整合，从而带动产品、模式和业态创新。

CPS可以分为单元级、系统级、系统之系统（SoS）级三个层级，如图3-3所示，其层次演进过程如图3-4所示。

（1）单元级是具有不可分割性的信息物理系统的最小单元。它可以是一个部件或一个产品，通过“一硬”（如具备传感、控制功能的机械臂和传动轴承等）和“一软”（如嵌入式软件）就可构成“感知—分析—决策—执行”的数据闭环，具备了可感知、可计算、可交互、可延展、自决策的功能，典型的单元级最小单元如智能轴承、智能机器人、智能数控机床等。每个最小单元都是一个可被识别、定位、访问、联网的信息载体，通过在赛博空间中对物理实体的身份信息、几何形状、功能信息、运行状态等进行描述和建模，在虚拟空间也可以映射形成一个最小的数字化单元，并伴随着物理实体单元的加工、组装、集成不断叠加、扩展、升级，这一过程

也是最小单元在虚拟和实体两个空间不断向系统级和系统之系统级同步演进的过程。

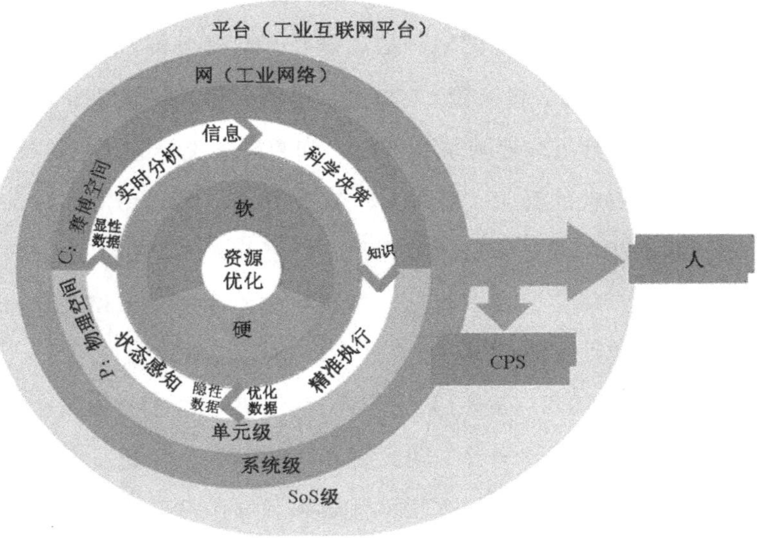

图表来源：中国信息物理系统发展论坛《信息物理系统白皮书（2017）》

图 3-3　CPS 的三个层级

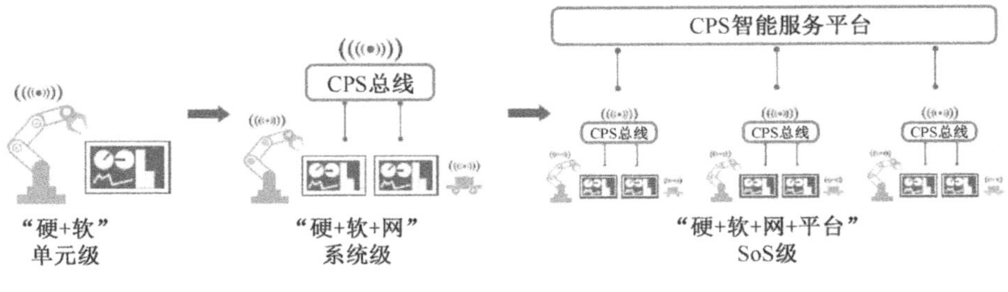

图表来源：中国信息物理系统发展论坛《信息物理系统白皮书（2017）》

图 3-4　CPS 的层次演进

（2）系统级是“一硬、一软、一网”的有机组合。信息物理系统的多个最小单元（单元级）通过工业网络（如工业现场总线、工业以太网等，简称“一网”），实现更大范围、更宽领域的数据自动流动，构成智能生产线、智能车间、智能工厂，实现了多个单元级CPS的互联、互通和互操作，进一步提高制造资源优化配置的广度、深度和精度。系统级CPS基于多个单元级最小单元的状态感知、信息交互、实时分析，实现了局部制造资源的自组织、自配置、自决策、自优化。由传感器、控制终端、组态软件、工业网络等构成的分布式控制系统（DCS）和数据采集与监控系统（SCADA）是系统级CPS，由数控机床、机器人、AGV小车、传送带等构成的智能生产线是系统级CPS，通过制造执行系统（MES）对人、机、物、料、环等生产要素进行生产调度、设备管理、物料配送、计划排产和质量监控而构成的智能车间也是系统级CPS。

（3）系统之系统级（SoS级）是多个系统级CPS的有机组合，涵盖了“一硬、一软、一网、一平台”四大要素。SoS级CPS通过工业互联网平台，实现了跨系统、跨平台的互联、互通和互操作，促成了多源异构数据的集成、交换和共享的闭环自动流动，在全局范围内实现信息全面感知、深度分析、科学决策和精准执行。基于工业互联网平台，通过丰富开发工具、开放应用接口、共享数据资源、建设开发社区，加快各类工业App和平台软件的快速发展，形成一个赢者通吃的多边市场，构建一个新的产业生态。西门子Mindsphere、GE Predix及海尔COSMOPlat、PTC的ThingWorx等软件和大数据平台，通过实现横向、纵向和端到端集成，形成了开放、协同、共赢的产业新生态，体现了SoS级CPS的发展方向。

综上所述，CPS包括单元级、系统级、系统之系统级三个层级和状态感知、实时分析、科学决策和精准执行四个过程，如图3-5所示。

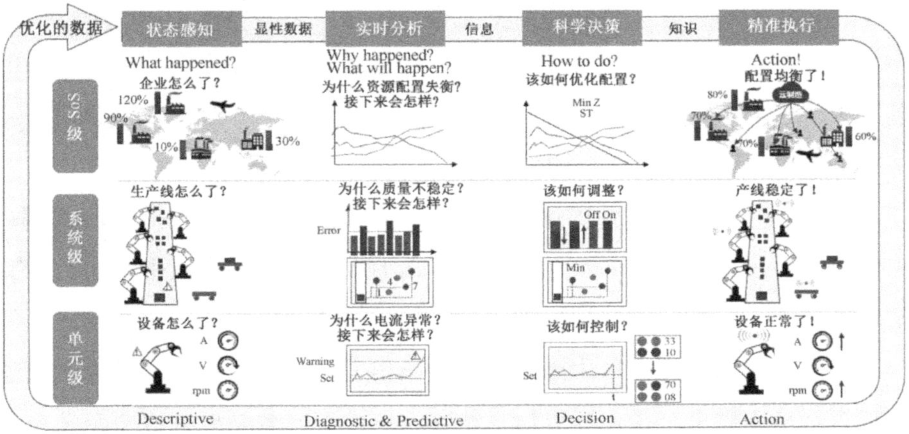

图表来源：作者自绘

图 3-5　CPS 的 3 个层级和 4 个过程

四、全面理解 CPS：坚持五个统一

工业革命的进程总是伴随着划时代意义的颠覆性产品的创造、应用和普及，从蒸汽机到电动机，从手摇机床到数控机床，从阿帕网到互联网，从功能手机到智能手机，都预示一个新时代的开始。信息物理系统作为一项颠覆性创新技术，正在带来制造体系的重构与制造范式的迁移，昭示着人类正进入新工业革命时代。认识信息物理系统，需要坚持五个统一。

（1）继承性与创新性的统一。信息技术产业的发展，总是伴随着传承与颠覆、追赶与超越、竞合与重生的相互交织。信息物理系统是新一轮产业革命的奥林匹克，它永恒的主题是更高、更快、更强，是如何超越和不被超越。信息物理系统由美国、德国等发达国家提出并推广应用，我们看到基于信息物理系统的智能装备、智能工厂等智能制造正在引领制造方式变革，其背后是一个国家对产业生态的驾驭能力，体现着一个国家实力的消涨。面对产业生态系统构建的重大窗口期，面对构建技术先进、产业领先、安全可控的历史任务，我们需要继承国外优秀的研究成果，需要系统总结中国两化融合的多年实践，更需要有领跑者思维和持续创新的勇气，提出具有中国特色的信息物理系统的技术架构，增强产品和服务的定义能力、产业生态的驾驭能力。

（2）理论性与指导性的统一。信息物理系统不仅仅包含一套技术体系，也包含一套人类认识和改造世界的新方法，包含一套制造业价值观、方法论、发展模式和运行规律的认识框架。信息物理系统在中国的应用和发展必须与中国的实践相结合，从中国的工业实践出发，体现对实践背后规律的理论认识。从本质上来说，开展信息物理系统的研究就是要构建一套符合我国国情的信息化和工业化深度融合的技术体系，通过这套技术体系形成指导我国工业实践的方法论、技术谱系、标准体系。

（3）阶段性与演进性的统一。当前，我们正处在一个技术变革的时代，信息技术发展日新月异，颠覆、跨界、融合、生态、创新将是信息技术产业的主题。对信息物理系统而言，技术在发展，产品在创新，体系在重建，能够实现感知、分析、决策、执行等环节的新技术将会不断涌现，当前的技术体系可能被未来的技术体系所颠覆，因此对信息物理系统的认识不是静态的过程，而是动态的、演进的、优化的过程。同时，信息物理系统的建设，只有起点，没有终点，是一个认识和应用不断深化的过程。

（4）层次性与系统性的统一。信息技术扩散、融合、应用的内在逻辑是在比特的汪洋中重构原子的运行轨道，信息物理系统建设就是在比特的世界中构建物质世界的运行框架和体系，是以数据自动流动实现资源优化，这将是一个从局部到全局、从初级到高级、从单机到系统逐步演进的过程。信息物理系统层次性体现为最小单元叠加成为小系统，小系统叠加成为大系统，大系统叠加构建成巨系统，这带来资源优化配置从单点到多点、从静态到动态、从低级到高级的跃升。感知、通信、计算、控制相互作用构成了信息物理系统的基本形态，其不断叠加形成的复杂巨系统是信息物理系统演进的最终形态，“一硬、一软、一网、一平台”既是相对独立的信息物理系统四大构成要素，也是相互融合、相互促进的集成系统，这是CPS系统性的集中体现。从工业领域的实施路径和落地方案来看，智能制造不只是“黑灯工厂”，不只是“机器换人”，不单纯是设备改造，也不是简单的软件堆叠，而是制造系统的集成、制造体系的重建、制造模式的再造。对于信息物理系统而言，其不是传统制造思维的线性延伸，不是传统制造要素的全面展开，也不完全是制造阶段的整体跨越，而应该是适用性和先进性、局部实现和整体实现的相对统一。

（5）实体制造和虚拟制造的统一。ICT对人类社会带来的重大变革是创造一个新世界：赛博空间。制造业数字化、网络化、智能化的过程，是在赛博空间重建制造流程，并基于此不断提升制造效率的过程。未来制造，将是基于信息物理系统的制造，将是数据驱动、软件定义、平台支撑的制造，将是实体制造与虚拟制造实时交互的制造，无论是产品、设备、工艺流程都将以数字孪生的形态出现。虚拟制造的应用，将会经历从碎片化到一体化、从局部到全局、从静态到动态的过程，逐渐涵盖研发设计、制造过程、服务运营的全流程。

信息化的终极版图就是要在赛博空间构建起一个与物理空间泛在连接、虚实映射、实时联动、精准反馈、系统自治的数字孪生体。伴随着新技术、新方法、新模式的持续创新，物理空间与数字孪生的交互将实现从静态、动态向实时不断演进，这将驱动着赛博空间的数字孪生无限逼近真实物理空间，实现在单元级、系统级、SoS级等不同层次上的感知、分析、决策、控制。未来无论在制造、医疗、建筑等领域都将会在赛博空间建立起一套与物理空间实时联动的运行体系，实现对制造流程、建筑结构、医学试验、城市管理等方面资源优化配置，基于“物理实体＋数字孪生”的资源优化配置体系将成为信息化发展的终极模式（见图3-6）。

	制造	建筑	医疗	城市
应用场景		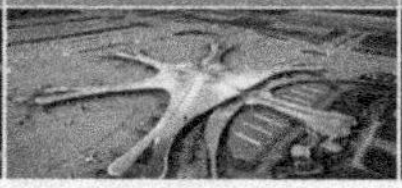	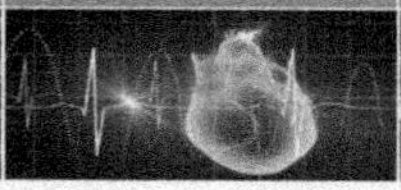	
孪生对象	数字孪生产品 数字孪生产线 数字孪生工艺	数字孪生龙骨 数字孪生管网 （结构、风、水、电）	数字心脏	数字建筑 数字管网 数字交通（车、路、灯）
实现载体	MBD MBe MBm MBs	BIM （Building Information Modeling）	达索 Living Heart	达索3D EXPERIENCity
效率提升	研发周期由8～9年缩短至5年 实物仿真由几百次缩短至几十次降低生产成本25%以上	降低5%～10%的建造成本 缩短10%的建造工期 避免60%的返工	减少手术风险度 提高药剂作用精度 快速制订个性化治疗方案	应急处置效率提升30% 城市拥堵率降低25% 减少城市管理成本
功能价值	产品性能改良 制造流程优化 设备运行监控	建筑物结构设计 建筑物各类资源优化 应急方案预演	器官状态监测 心脏手术预演 药物扩散模拟	城市规划辅助设计 区域状态异常预警 城市资源全局优化配置
发展阶段	由单设备设计、生产、运维到多设备互联、协同、优化	由单体建筑物仿真模拟到建筑群间资源优化配置	由单个脏器监测、模拟到多器官间协同治疗	由单一城市监控、优化到多城市联动、资源配置
殊途同归：数字孪生（Digital Twin）正当时！				

图表来源：作者自绘

图 3-6　数字孪生将在各领域中发挥巨大作用

五、建设 CPS 的思路：数据自动流动是关键

信息物理系统通过数据、软件、网络、平台等信息技术与人员、机器、物料、环境、供应链等制造要素的深度融合，构建一个赛博空间与物理空间数据自动流动的闭环赋能体系，实现生产制造的自主协调、智能优化和持续创新，推动制造业与互联网融合发展。总的来看，要围绕以下 5 个方面建设信息物理系统。

（一）资源优化是目标

工业革命 300 年来，技术变革是永恒主题，而不变的永恒主题是对制造效率、成本、质量的追求。企业是社会资源配置的一种组织，是通过对社会资本、人才、设备、土地、技术、市场等各种资源进行组合配置来塑

造能力，满足客户需求的一种社会组织。企业的竞争就是资源配置效率的竞争，是能力不断跃升的竞争。如何缩短一个产品研发周期、提高一部机床使用精度、提高一个班组的产量、提高一组设备的使用效率、提升仓储周转次数、减少一类部件库存数量、缩短客户服务的响应时间、降低资金使用成本等，所有这些本质上都是如何优化资源使用效率。信息物理系统通过创造一个与实物制造相对应的虚拟制造空间，实现了研发设计、试验、制造、服务在虚拟空间的仿真测试和生产，形成人类认识和改造世界的新方法，实现资源优化的新模式。

一是在资源优化的频率上，从静态优化走向动态优化，摒弃传统的以不变应万变的思维模式，根据需求和环境的变化实时调整资源配置方式，企业面对个性需求带来生产批次越来越多、批量越来越少的新形势，面对制造环节柔性生产的要求，面对不断追求零库存的过程就是资源优化频率加快的过程，对资源优化频率的追求将是无止境的。

二是在资源优化的范围，从单点局部走向全局优化，在时间上，资源优化只有起点，没有终点；在空间上，参与优化的资源沿着点、线、面、体、大系统、巨系统方向不断拓展，局部优化不能替代全局优化，全局优化也不是局部优化的总和。

三是在资源优化方法论上，从实体优化走向虚实结合优化，从传统的“试错法”到基于数字仿真的“模拟择优法”的演变，这一新方法推动了制造范式的迁移，通过构建制造业快速迭代、持续优化、数据驱动的新方式，重建制造效率、成本和质量管控新体系，实现更短的研发周期、更低的制造成本、更高的产品质量和更好的客户体验。总体来看，基于 CPS 的资源优化过程是一个“螺旋式”上升的过程，如图 3-7 所示。

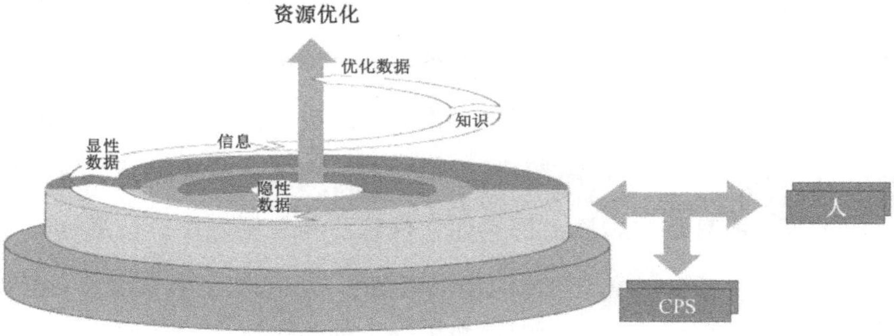

图表来源：中国信息物理系统发展论坛《信息物理系统白皮书（2017）》

图 3-7　基于 CPS 的资源优化是一个“螺旋式”上升的过程

（二）数据自动流动是关键

青岛红领是一家个性化定制服装企业，是国家智能制造的试点示范企业，然而有些企业高管在参观青岛红领后感到非常失望，因为其没有想象中的一排排机器人、一条条先进生产线，以及忙乱而有序的 AGV 小车，而是一排排的工人在用手工的方式加工衣服，是一个典型的劳动密集型企业生产场景。企业家们感到困惑的是，这样一个典型的劳动密集型企业为什么是智能制造的试点示范企业？事实上，从工业经济迈向数字经济，人类的生产方式正在经历两种自动化。一种是看得见的自动化，如数控机床、机器人等各种各样先进的生产装备，不需要人为干预就可以完成人们预想的动作、实现人们的目标；还有一种是看不见的自动化，就是赛博空间中数据流动的自动化，青岛红领多年探索的就是如何在赛博空间实现数据的自动流动，采集完一个人身上的 22 个指标后，这组数据开始在设计、采购、仓储、生产、管理、配送、服务等环节在没有人为干预的情况下自动流动，把需要的数据及时传递给需要的人和机器。如果机器人、数控机床、立体仓库等生产设备的自动化替代的是体力劳动者，那么数据流动的自动化将替代脑力劳动者；如果生产设备的自动化是工业 3.0，那么数据流动的自动化才是工业 4.0 的本质。

信息物理系统的本质就是构建一套数据自动流动的运行体系，即将正确的数据（所承载知识）在正确的时间传递给正确的人和机器，以信息流带动技术流、资金流、人才流、物资流，进而不断优化制造资源的配置效率。新一代信息技术的发展带来最本质的变化是实现了生产全流程、全产业链、全生命周期管理数据的可获取、可分析、可执行，使得数据的及时性、准确性和完整性不断提升，数据开发利用的深度和广度不断拓展，数据流、物流、资金流的协同水平和集成能力不断提高。从数据流动的视角看，数字化解决了“有数据”的问题，网络化解决了“能流动”的问题，智能化解决了“自动流动”的问题。

数据流动的自动化水平逐渐成为一个企业的生命线，成为企业未来核心竞争力的来源。这带来了数据驱动的服务，智能互联产品正演变为一个客户需求数据实时感知的平台，演变为基于实时数据的客户服务平台；带来了数据驱动的创新，企业对客户现实需求和潜在需求的深度挖掘、实时感知、快速响应、及时满足，越来越依赖于需求—功能—创意—产品链条数据联动的速度、节奏和效率；带来了基于数据驱动的模型，数字化模型普遍存在于生产体系各个环节，构建了面向设计、生产、运营、服务和管理的产品库、知识库、专家库，衍生出个性化定制、极少量生产、服务型制造和云制造等新的生产模式；带来了数据驱动的决策，企业内部的纵向集成和企业间的横向集成实现了数据的及时性、完整性、准确性和可执行性，推动数据—信息—知识—决策持续转化，构建企业运营新机制。

把青岛红领的模式推而广之，对于一个制造企业而言，企业采集了客户的需求信息之后，从赛博空间的视角来观察，需求信息就开始了一场在企业内、供应商、销售商之间的“数据之旅”，通过数据的自动采集、自动传输、自动转换和自动执行，实现数据的自动流动，以各种形式和载体实现数据在企业销售环节—经营管理—产品设计—工艺设计—生产制造—过程控制—产品测试—产品销售—产品维护流动，并形成若干个决策闭环，实现基于智能数据的生产运营，从而解决生产的不确定性、多样性和复杂性问题。衡量一个企业智能化水平的最重要的标志不仅是生产设备的自动化，而且是数据流动的自动化，是企业全流程中用数据的自动流动替代了多少脑力劳动者，用数据的自动流动化如何化解制造系统的不确定性，用数据的自动流动在多大程度上能够优化制造资源配置效率，如图 3-8 所示。

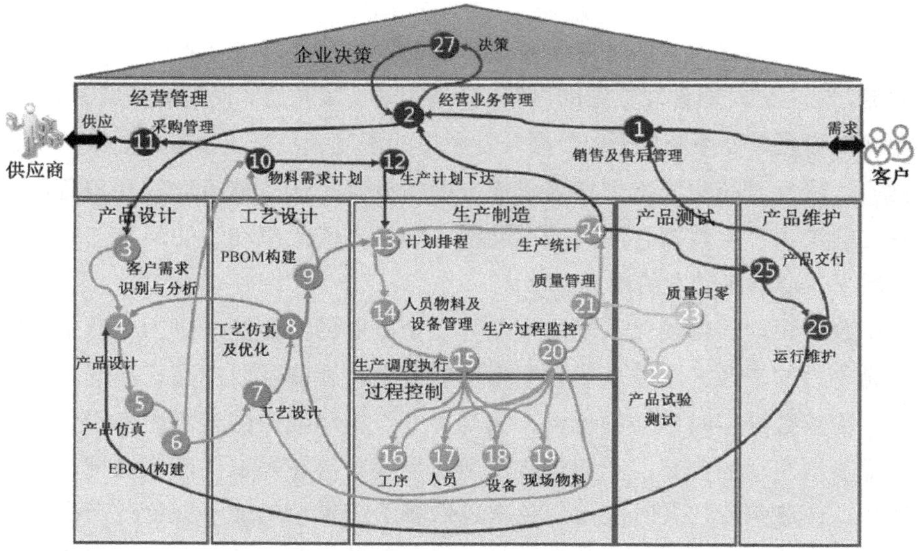

图 3-8　智能制造的本质就是构建一套数据自动流动的规则体系

（三）工业软件是核心

工业软件是一种以数据与指令集合对知识、经验、控制逻辑等进行固化封装的数字化（代码化）技术，它构建了工业领域中数据自动流动的规则体系，是业务、流程、组织的赋能工具和载体，解决了复杂制造系统的不确定性、多样性等问题。工业软件作为一种工具、要素和载体，为制造业建立了一套赛博空间与物理空间的闭环赋能体系，实现了物质生产运行规律的模型化、代码化、软件化，使制造过程在虚拟世界实现快速迭代和持续优化，并不断优化物质世界的运行。产品设计和全生命周期管理软件（如 CAX、PLM 等）建立了高度集成的数字化模型及研发工艺仿真体系，生产制造执行系统（MES）是企业实现纵向整合的核心，联通了设备、原料、订单、排产、配送等各主要生产环节和生产资源，企业管理系统（如 ERP、WMS、CRM）为企业的业务活动进行科学管理，改变了企业管理模式和管理理念。在网络化协同生产、个性化定制、服务型制造等生产新模式的驱动下，工业软件定制化、平台化、网络化和智能化已成为工业软件巨头推动产品变革的重要方向。

（四）新型能力培育是主线

技术进步引发的数次工业革命，不仅伴随着管理思想和实践的变革，也伴随着企业核心能力体系的变迁，伴随着机械化、电气化的发展，企业构建起大规模生产体系。在数字经济时代，企业为应对内外部环境和条件的快速变化，生产方式的变革不仅仅是软件、机器人、数控机床、自动化生产线的引入，也不仅仅是企业内部的流程再造、组织优化，变革最终都要落实到企业核心能力提升上来，并不断推动从传统能力拓展到新型能力，以保持竞争优势的可持续性。

信息物理系统作为一套支撑两化融合的综合技术体系，落到企业具体实践上，其最终目的是打造企业互联网时代背景下的新型能力。历次技术进步引发的工业革命，不仅推动了制造范式的变革，也伴随着企业核心能力体系的变迁。当前，伴随着制造业新产品、新需求、新模式的快速发展，伴随着制造系统越来越复杂及生产全流程不确定性增加，迫切需要 CPS 更广泛地应用和普及。CPS 的出现和应用，它不仅仅是 CPS 部件、单元、数控机床、智能机器人、自动化生产线的引入，其最终都必须转化为企业新型能力。因此，企业推进信息物理系统建设，不能只单纯强调信息技术的先进性，而要围绕企业新型能力不断推进数据、技术、业务流程、组织结构的互动创新和持续优化，将技术的进步、组织结构的变革、业务流程的优化转化成企业的新型能力，诸如个性化定制、精益管理、风险管控、供应链协同、市场快速响应等新型能力，进而重构企业生产方式、服务模式和组织形态，不断获取差异化的可持续竞争优势。

近年来，工业和信息化部推动开展的两化融合管理体系贯标工作，要求企业按照规范的路径打造和提升信息化环境下的新型能力。通过对企业正在打造的 2200 余项能力进行分析发现，当前我国企业关注信息化环境下的六大类能力，包括研发创新类、生产管控类、供应链管理类、财务管控类、经营管控类及用户服务类能力，但是其内涵与传统工业时期相比已经发生了很大的变化，企业核心能力体系不断变迁。研发创新类能力主要关注基于客户需求的数字化快速定制研发、产品研发、工艺设计、生产制造一体化，以及在线、异地协同研发；生产管控类能力重点关注大规模个性化定制生产管控、基于用户订单的柔性生产、服务型制造等；经营管控类能力主要关注基于数据分析的智能决策、企业资源集中共享与协同运营等；用户服务类能力主要关注远程诊断与服务、客户互动与敏捷服务、产品全生命周期追溯等。

对于行业领军企业而言，其新型能力的本质实际上就是产业生态系统的构建能力，通过整合企业内外部优势资源，构筑质量、成本、研发、营销、生产、服务等各个环节的综合优势，从而获得市场占有率、客户满意度、劳动生产率等的提高。推进两化融合发展，就是要激活企业的技术、装备、系统、流程、组织和数据，持续打造适应时代发展需求的新型能力，培育形成企业互联网发展背景下的竞争新优势，如图 3-9 所示。

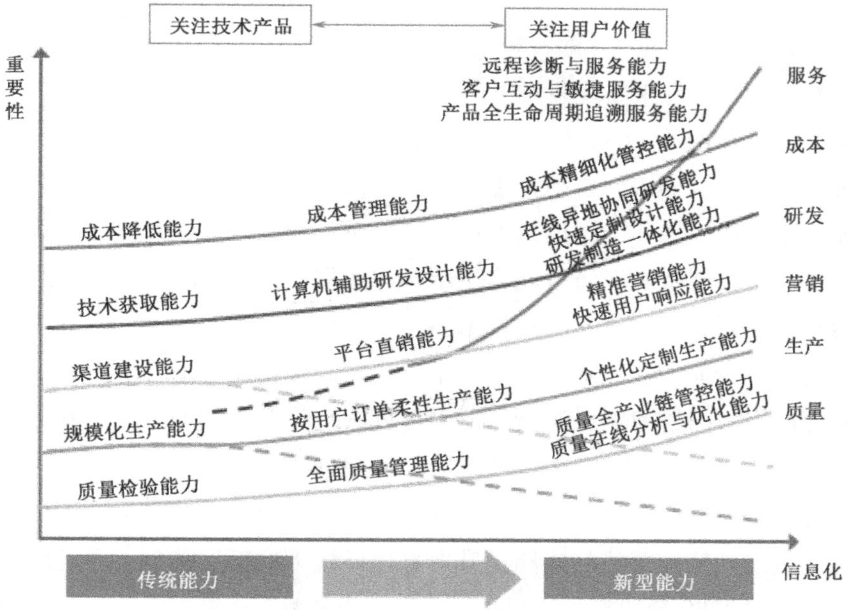

图表来源：作者自绘

图 3-9　企业新型能力体系的变迁

（五）系统解决方案是重点

推动信息物理系统的应用与发展既需要核心关键技术的突破，也需要一批具有广泛应用前景的行业系统解决方案。美国、德国、日本等发达国家从各自发展特点出发，围绕信息物理系统的建设、使用和推广，组建产业联盟、研制参考架构、研发共性技术、建设试验环境，逐步摸索出一套方法、路径和模式，形成了多种解决方案。率先打造基于信息物理系统的成熟、完整、可复制的解决方案，正成为国际巨头竞争的制高点和引领行业转型发展的风向标。在实践中，迫切需要抓住制造资源碎片化、在线化、再重组、再优化的机遇，在打造信息物理系统共性平台的基础上，要围绕产品、装备、工具、客户、供应链、第三方应用等要素的数字化、网络化、智能化，逐步构建跨设备、跨产线、跨车间、跨工厂、跨企业的信息物理系统解决方案。

CHAPTER 04

软件定义的未来工业

“软件定义”已成为引领新一轮科技革命和产业变革的核心动力，正加快从信息技术产业领域向制造业领域延伸。“软件定义制造”的本质是研发设计、生产制造、经营管理、运维服务等全生命周期业务环节规律的模型化、代码化、工具化，从根本上优化制造业产品装备、生产方式、组织管理和产业生态，是实现智能制造的核心。2016 年 5 月发布的《国务院关于深化制造业与互联网融合发展的指导意见》（国发〔2016〕28 号）提出“强化软件支撑和定义制造业的基础性作用”，从战略和全局的高度明确了新时期工业软件的地位。这需要我们深化软件在新一轮产业革命中的地位和作用的认识，从软件定义的产品、管理、生产方式、新型能力和产业生态等方面深入探讨未来工业发展趋势。

一、软件定义的本质

2008 年的国际金融危机，重创了金融业，也惊醒了制造业。制造业领军企业纷纷调整战略、加速转型、应对挑战，这些举措引发了各界对工业软件地位和作用的重新思考。

（一）国际制造业巨头的转型

2011 年，网景公司创始人马克·安德森率先发声，提出软件正在吞噬世界，当智能无处不在，软件一定无所不在，无软件，不智能。随后，软件定义网络（SDN）、软件定义存储（SDS）等新理念和新技术不断涌现，商业化步伐不断加快。人们需要思考一个问题：在万物互联（IoE）时代，当越来越多的产品成为智能产品的时候，“软件定义”的理念是否会从 IT 产品走向工业品？IT 产业的竞争规则是否会延伸到制造领域？

在过去的 120 多年，GE 公司面对全球工业革命带来的机遇和挑战，能勇立潮头、把握机遇、变革创新。2015 年 GE 成立 GE 数字集团，在全球拥有 15000 名软件开发人员。展望未来，GE 前任董事长杰夫·伊梅尔特认为，“到 2020 年 GE 将成为全球十大软件供应商之一。”他提出，“未来每个工业企业也必须是一家软件企业。”一个销售额将近 1500 亿美元的工业巨头，决心成为软件供应商——这给传统工业企业提出来一个重大的转型命题：面对全球新一轮技术变革和产业革命，工业企业有必要成为软件企业吗？软件在工业企业转型中将扮演什么角色？工业企业如何转型为一家软件企业？

在过去的 160 多年，西门子引以为豪的是曾经引领全球的工业 2.0、工业 3.0 变革，目前它正试图巩固和加强工业 4.0 全球领导者地位。在过去的 10 年，西门子一直默默地围绕如何构建软件竞争优势进行全方位的战略布局，其秉持补短板、全谱系、体系化、生态化、融合化的理念，先后斥巨资收购 UGS、LMS、CAMStar 等一批研发设计工具、产品全生命周期管理、制造执行系统等工业软件。西门子最近 10 年来的战略收获是：2014 年成立数字化工厂集团——“全球智能制造软硬件整合解决方案提供商”。如此大体量的工业企业，GE 和西门子都在毫不犹豫地转型，踏上引领和支撑未来制造的工业软件之路。看不见的软件，正在成为工业的全新筋骨。这是否像过去的 100 多年一样，西门子又一次在全球产业转型的拐点上做出一次新的战略部署？中国如何构建一个完整的工业软件谱系，支撑中国制造业的战略转型？

在过去的130多年，博世（BOSCH）作为全球最大的汽车零件供应商，积极把握新一代科技革命带来的机会，致力于自动化、数字化、智能化转型。2008年博世专门成立软件创新业务部门，并通过收购Innovations Software Technology和Inubit不断拓展软件技术和服务能力。面对未来，博世提出了以软件平台为核心的"慧连制造"解决方案。正如博世集团董事会主席沃尔克·邓纳尔指出的，"未来工厂是灵活的、网络化的、智能的，在那里人、机器和产品能够相互沟通、相互配合。"而这一切，都需要通过应用软件对整个生产流程进行云化和再造。看不见的软件，正帮助博世从一家重型工业企业向平台服务综合解决方案厂商转型。

罗兰贝格公司的专家在谈到工业4.0时曾指出，未来的工业竞争存在两种可能的情景：软件革命和硬件进化。软件革命的情境是，来自硅谷的国际ICT巨头或新兴企业，以ICT产业领域的技术优势、竞争规则和商业模式重整制造业，通过构建制造业平台、解决方案和产业生态，掌控消费者，从而掌握制造业发展的主导权，美国通过强化这一领域自己独特的竞争优势将形成对传统欧洲制造企业的全面领先，也将对中国制造企业构成巨大挑战。硬件进化的情境是，传统制造业进一步强化核心工业技术的竞争优势，更加高效地解决传统工业体系封闭、分散、碎片化的问题，化解软件革命所带来的新生产模式的挑战。

谷歌、特斯拉与德国宝马、奔驰围绕下一代汽车市场主导权的竞争，是软件革命和硬件进化两种可能情景最好的阐释。德国宝马公司成立于102年前，2017年宝马在全球销售了246.35万辆汽车，营业收入1124.24亿美元，净利润约99.12亿美元。2003年成立于美国硅谷的特斯拉2017年仅销售了10.32万辆汽车，全球营业收入118亿美元，亏损了22亿美元。2017年特斯拉汽车销量仅相当于宝马的4.2%，销售额约为宝马的10.5%，公司自成立以来尚未盈利，但特斯拉的市值已达了宝马的105%，如表4-1所列。企业市值估计是资本市场对企业发展前景的判断，在制造业竞争格局演化的过程中，资本市场对软件革命和硬件进化的未来情景给出某种阶段性的判断。

表 4-1 宝马和特斯拉企业经营情况比较

公　　司	成立时间	2017 年全球销量	2017 年全球营业收入	2017 年净利润	市　值（2017 年 12 月）
宝马	1916 年	246.35 万辆	1124.24 亿美元	99.12 亿美元	570 亿美元
特斯拉	2003 年	10.32 万辆	118 亿美元	−22 亿美元	600 亿美元
特斯拉 / 宝马	15:102	4.2%	10.5%		105%

图表来源：根据相关企业财报整理

（二）中国领军企业的探索

国内一批市场敏感的制造企业也察觉到了这种转型发展的机遇，开始进行软件产业的战略布局。十多年来宝信、石化盈科代表脱胎于制造企业的软件服务商，以系统解决方案为切入点，已经发展成为行业龙头企业。

伴随着新一轮产业革命的兴起，制造企业围绕软件的布局不断加快。2014 年年初，陕鼓集团成立致力于提供全智能化解决方案的智能信息科技；徐工集团成立徐工信息，定位为智能化整体解决方案提供商和两化融合咨询服务厂商；2016 年海尔集团成立智能研究院，打造家电行业软硬件整体解决方案；安世亚太的精益研发体系与苏氏工业领先的精密制造技术集成，携手打造基于仿真和精密制造的新生产模式，释放了基于仿真技术进行产品再设计的潜力。

这带给我们的思考是，强化软件开发能力是不是制造业企业转型的新支点？拓展软件能力和业务是锦上添花，还是领军企业转型升级的必然选项？

作为中国机床行业的领导厂商，沈阳机床在 2016 年推出了 i5 机床，其战略意义不仅在于填补了中国机床工业数控系统的短板，更为重要的是，它建立了一套全新的商业生态体系。这是一张企业参与全球机床行业主导权竞争的入场券，展示了中国企业对复杂智能产品的定义能力，也正在重构全球机床产业的竞争规则和产业生态。i5 机床引发的思考是，复杂智能产品的竞争格局将如何演进？操作系统是否是构建复杂智能产品生态系统的基石？生态系统的竞争是不是智能制造竞争的制高点？

（三）工业软件的本质

带着这些问题，我们需要从工业软件的视角，来审视未来工业的变革方向。我们反复思考的问题是，什么是软件？软件的本质是什么？软件如何支撑和定义制造业？一部工业革命300多年的发展史，就是一部人类社会如何创造新工具，更好地开发资源、不断地解放自己的发展史。信息通信技术牵引的新一轮工业革命，推动了人类生产工具从能量转换工具到知识和智能工具的演进，从开发自然资源到开发信息资源拓展，从解放人类体力到解放人类脑力跨越。其背后的逻辑在于构建一套赛博（Cyber）空间、物理（Physical）空间、意识（Human）空间的闭环赋能体系：物理世界运行—运行规律化—规律模型化—模型算法化—算法代码化—代码软件化—软件不断优化和创新物理世界运行（见图4-1）。

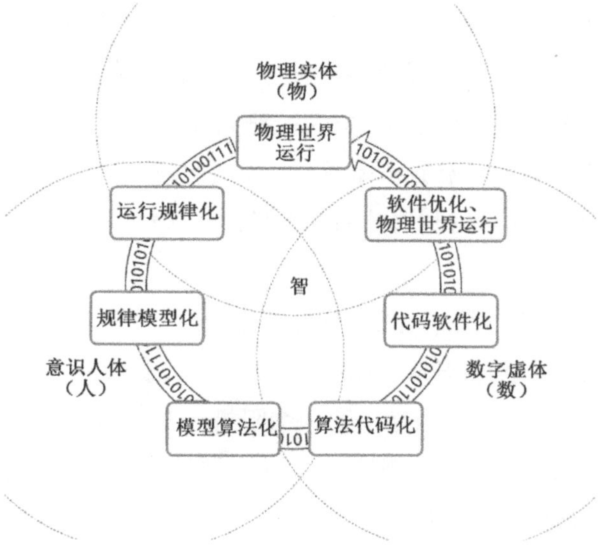

图表来源：根据走向智能研究院执行院长赵敏的报告整理绘制

图4-1　软件的本质：物质世界运行的代码化

软件是一系列按照特定架构组织的计算机数据和指令的集合，本质是事物运行规律的代码化，是指导甚至控制物理世界高效、有序乃至创造性运转的工具，是工业和商业技术体系的载体，也是人类经验、知识和智慧的结晶。软件开发过程中最重要的逻辑就是 if … then …，其核心理念是如何将现实世界可能出现的各种不确定性状态，通过“数据 + 算法”的分析判断转化为确定性选择，通过对这一逻辑结构的不断组合、嵌套，软件能够在现实世界中建立起一套认识、理解、化解不确定性的方法论（见图 4-2）。

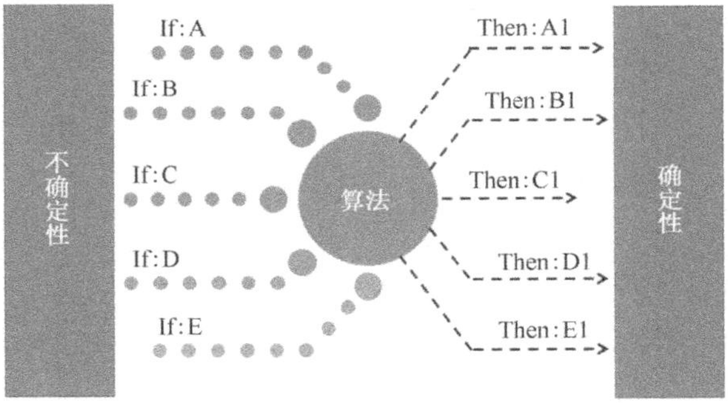

图表来源：作者自绘

图 4-2　软件开发将不确定性转化为确定性

工业软件是人们对工业研发设计、生产制造、经营管理、运维服务等全生命周期业务环节认知规律的模型化、代码化、工具化，是工业知识、技术积累和经验体系的新载体，是实现工业数字化、网络化、智能化的核心。数字化正在从研发手段、管理手段、服务手段等环节走向产品、设备本身，各种芯片、传感器、智能微尘等都具有数字化计算内核（嵌入式系统）；网络化正在从物质（机械，如螺栓、导线）连接向能量（物理场，如传感器、WiFi）连接、信息（数字，如比特）连接，甚至意识（生物场，如意识）连接演进；进而，当网络无处不在、知识沉淀为数据和软件、信息可以在任何场景下以数字化形式调用时，智能化得以实现。

根据麦肯锡发布的研究报告，在机电一体化系统开发过程中，软件开发在软件、电气、机械开发中占用的成本，从 20 世纪 80 年代的 10% 增加到 2010 年的 40% 左右，如图 4-3 所示。软件变得越来越复杂，耗费在软件开发、升级、维护方面的工作量越来越大。赵敏认为，在物理空间是“一代材料，一代装备”，在赛博空间已经是“一代软件，一代装备”，软件发展速度要比材料发展速度快得多，工业软件已经不仅仅是单纯的软件，而是变成了具有工业品意义的“软零件、软部件、软机器、软装备”，世界正在以软件的速度发展。

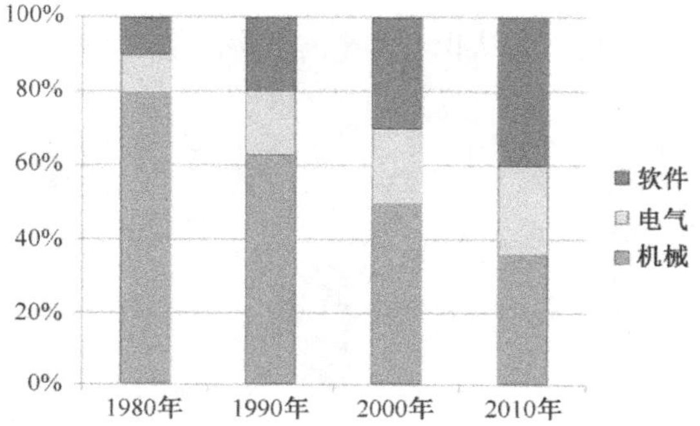

图表来源：根据麦肯锡研究报告整理绘制

图 4-3　在机电一体化系统开发过程中软件、电气、机械的成本占比

软件扩大了产品的边界，改变了人与产品的交互方式，让产品的功能更加柔性、更加人性；软件让无序的组织走向规范，给僵化的流程注入活力；软件让困惑者觉醒，不断拓宽转型的视野，让观望者自信，找到奋力前行的工具。基于这样一些基本认知，人们可以从工业产品、企业流程、生产方式、企业核心竞争力和产业生态 5 个角度，重新审视软件的价值和作用。

二、软件定义产品

万物互联时代正在到来，可感知、可计算、可交互、可追溯的智能互联产品正在向我们走来，从计算机到可穿戴设备，从消费品到工业品……预计到 2020 年数以百亿计、千亿计的智能互联网产品将重新塑造人们的生活行为和方式，重新定义社会的商业模式，重新构建企业的制造体系。伴随着产品智能化步伐的加快，软件支撑和定义智能互联网产品功能、结构和价值的作用将不断凸显。如表 4-2 所示，从国外波音系列到我国的飞豹、预警机、运 20 的研发，均离不开软件的支撑。

表 4-2 国外和国内飞机使用系统软件的时间起点

国　外	起　点	CAD	MBD	样　机	PDM	ERP
波音 747、757、767、V22	1986 年	CATIA 2.0	无	部件	无	无
777	1991 年	CATIA 3.0	无	全机	无	无
787	2005 年	CATIA 5.0	有	全机	有	有
飞豹	2000 年	CATIA 5.0	无	全机	无	无
预警机	2001 年	CATIA 5.0	无	全机	有	有
运 20	2008 年	CATIA 5.0	有	全机	有	有

图表来源：引自中航工业集团信息技术中心首席顾问宁振波《从复杂的飞机制造业看数字化制造》

（一）软件定义产品功能

万物互联时代正在到来，通过与硬件技术集成，产品的功能、灵活性、易扩展性、安全性、可管理性正通过丰富多彩的软件来展现，软件在产品功能演进中将扮演越来越重要的角色。软件定义产品功能的过程如表 4-3 所示。

表 4-3 软件定义产品功能

年　份	软件定义对象	典型代表
1980 年	软件定义计算机	Wintel 体系
2006 年	软件定义 IT 产品	软件定义网络、软件定义存储
2007 年	软件定义移动智能终端	Android、iOS 手机
2008 年	软件定义工业产品	智能汽车、无人机
2014 年	软件定义工业装备	数控机床、CT 机

图表来源：作者自制

主要体现在以下三个方面。

（1）定义产品功能。在电子产品功能发展演进的历史进程中，软件日益成为产品功能构成的核心要素。在过去的60年，计算设备每10年都会开发出新的产品形态，从大型机、小型机、微型机、笔记本、智能手机一直到智能穿戴，伴随着硬件性能的持续提升，软件版本的升级即产品功能的演进，操作系统定义了不同时代计算机的基本功能。传统功能手机向智能演进的标志是构建一个新的基于移动互联网的操作系统，一部智能手机的功能是否强大更多取决于App是否丰富：从社交游戏到商务旅游，从电子商务到音乐娱乐，从办公系统到视频会议，无所不及。对许多电子产品而言，软件功能即产品功能。

（2）增强产品效能。与软件直接定义计算、网络、存储等电子产品功能不同，软件与传感器、芯片、网络等技术一起持续提升传统产品效能。在装备制造领域，数控机床在过去的60年经历了六代产品的演进更替，而数控系统在提升产品效能方面的作用不断加强，数控系统的算法直接决定了数控机床的效能。在军工设备领域，飞机早已成为超级复杂的计算系统：美国的F22战斗机机载软件有200多万行代码，F35机载软件拥有高达900万行代码，每次飞行都是一次数亿行软件代码支撑的复杂计算过程。从这个意义而言，飞行即为计算，飞机的战斗力越来越依赖于软件的性能。在医疗设备领域，CT机等大型医疗设备对病灶的识别精确度主要取决于软件的图像识别和数据处理能力，全球CT机的竞争核心是算法的竞争、软件的竞争。

（3）拓展产品边界。产品智能化的过程，是传统功能边界不断拓展的过程，也是软件支撑能力不断提升的过程。德国工业4.0平台科学顾问委员会主席海纳·安德尔认为，工业4.0的基础是嵌入式系统、传感器、执行系统，集成为可以被识别、定位、交互、优化的产品级信息物理系统（CPS）。这种万物互联的新架构释放了产品的潜能，从航空发动机、汽车、工程机械等复杂产品，到智能水杯、智能牙刷等日常消费品，都可以从万物互联的云世界汲取营养，促使产品自我进化和演进，使产品功能的边界不断拓展。

正如“竞争战略之父”迈克尔·波特联合 PTC 的 CEO 詹姆斯·贺普曼在 2014 年《哈佛商业评论》上所说，监测、控制、优化、自动正成为智能互联产品的基本功能，智能互联产品构建起客户需求的感知平台、客户服务的推送平台。实现这些功能的背后是产品的动力、执行、智能、互联四大产品基本模块有机整合，传统机械产品功能部件与传感器、处理器、通信模块及软件的集成及系统化，还有这些系统的进化机制，其背后离不开操作系统和嵌入式软件的支撑。

未来，伴随着信息通信技术创新和扩散，产品的发展将具备软件版本的特征。这个进程具有三个最基本的特征：普适性、渐进性和系统性。普适性意味着从长期来看所有的产品都将是智能互联产品；渐进性意味着产品的智能化是一个不断升级的过程，只有起点没有终点；系统性意味着产品功能部件、智能部件与连接部件日益融合为一个有机整体。

（二）软件定义产品结构

每次技术的重大突破，都会推动产品结构持续创新和演进，构建起新的产品结构。以“蒸汽机”为代表的第一次工业革命催生了工业文明；以“电力技术”为代表的第二次工业革命催生出的电动机，使工业产品从“蒸汽时代”迈向“电气时代”。信息技术和自动化技术的应用，催生出可控制电压电流的伺服电机，“电气一代”跃升为“数控一代”。当前，软件正在与机械、电子、控制等传统工业技术相结合，推动产品逐步向“智能一代”进化，并构建新的产品结构，“一代软件、一代产品”的时代正在到来。

纵观历次工业革命，产品结构变化映射的是从解放人类体力到解放人类脑力的跃迁，而软件就是贯穿其中的“定义者”“思想者”“主导者”。

（1）功能结构的重构。

工业革命以来，人们一直通过对动力装置、传动装置、执行装置、控制装置的持续改进和重构，不断创造具有各种功能的新产品，不断把人类从繁重的体力劳动中解放出来。信息技术革命带来的重大变革是，信息技术与自动控制、机械制造技术的集成引发机械产品结构和功能的重大变革，以往仅能靠机械和电子元件等物理实体实现的功能，可以通过软件来实现，产品功能不断丰富，同时物理结构复杂性和成本不断降低。

21 世纪之初，面对网络、存储等领域出现的一系列新问题、新挑战，人们提出软件定义网络（SDN）、软件定义存储（SDS）等一系列新理念和技术，其核心思路都在于对传统的硬件结构进行重新定义。软件定义网络（SDN）将传统一体化的网络控制与物理网络拓扑分离，企业在不需要替换网络底层交换机、路由器等硬件设备条件下，可以像升级、安装软件一样对网络架构进行修改，满足企业对整个网站架构进行调整、扩容或升级的需求。同样，软件定义存储（SDS）是将软件功能从阵列控制器中剥离出来，实现存储资源的高效、灵活分配。

在飞机飞行中，基于对状态信息实时感知、计算、控制的电传操纵系统取代了复杂、脆弱和笨重的液压式飞行操纵系统，飞控软件和电子系统使得飞行器的结构更简化、更轻巧、更可靠。同时，飞机、汽车、船舶都可以通过数字驾驶舱技术，用简洁的显示屏替代传统的数据仪表。

国际农机巨头约翰·迪尔（John Deere）开发出新的发动机结构，实现发动机功率由软件控制，同一款发动机可以有多个功率版本。智能血压仪产品取消了传统的显示器，将测量数据通过手机直接传给医生。新能源汽车的动力依靠电力，传统变速箱等部件被控制软件和电子系统所取代，汽车产品结构的变化给中国汽车工业的赶超创造了一个新契机。

当前，在任何一个产品中，嵌入的软件代码越多，在一定意义上显现出产品对应的复杂度越高、智能化水平也就越高、功能越强大。例如，谷歌无人驾驶汽车的软件代码达到 1000 万行，微软视窗软件代码大致有 2500 万行，支持一架飞机飞行的所有软件代码约为 1 亿行，谷歌拥有的主要软件大约有 20 亿行代码。

（2）性能结构的优化。

软件的进化正带来产品设计模式及产品性能结构的重大变化，传统的计算机辅助设计（Computer-Aided Design，CAD）正在向计算机主导设计（Computer-Automated Design，CAD）演进。

传统的产品结构设计主要依靠设计工程师的经验和水平，而现在计算机辅助设计正在向计算机自动设计转变。设计仿真工具可根据产品的参数要求，通过不断的迭代优化，自动地给出产品结构的最佳方案，并结合材料技术和制造技术的变革制造出性能更加优秀的产品。欧特克（Autodesk）通过这一崭新模式设计出具有内部晶格结构的零部件，节省材料、节约成本，其为空客设计的仿生隔断比原来设计的重量轻45%。安世亚太创立了基于仿真和精密制造技术的工业再设计体系，通过创新优化设计结构，将数十个零部件简化为一个零件，实现了保证同等功能性能前提下装备产品质量15%～60%的减重，绿色效益显著，产品性能也实现了大幅提升。

（3）价值结构的再造。

嵌入式系统融入产品体系中带来了两个方面的重大调整。一是新产品开发中软件的研发投入越来越多、周期越来越长，新的软件代码不断嵌入新产品中，软件在新产品成本结构中的比重不断增加，在程控交换机、移动基站等设备成本中嵌入式软件占15%～20%；二是产品基于软件功能的增加带来了更高的价值，软件成为产品价值创造的重要来源。数控系统是“工业母机”机床的“大脑”，数控系统决定了机床运动控制、逻辑控制和人机交互等主要功能，数控系统给传统机床带来了10倍以上的增值，成为全球高端机床竞争的焦点。

未来产品越复杂，软件代码将会越长，软件带来的增值也越来越大。因此，软件将在重构产品结构方面发挥更大的作用。数据模型、知识库结合自动设计软件将打造出前所未有的产品结构，软件占产品的技术比重将持续增加，产品价值也将逐渐由软件体现，推动产品向价值链高端跃升。飞机作为复杂工业品代表，软件开发成本不断增加，飞机在试飞中积累的知识和经验，通过不断提炼后融入飞机新的软件版本中，越来越多的客户也将愿意为由此产生的附加值买单。

变革的背后是企业投入的“软件化”步伐加快，Intel、高通、联发科技等芯片研发团队中60%是软件开发人员，爱立信、华为等通信设备制造商研发人员中50%是软件开发人员，GE、西门子、博世等传统制造企业纷纷扩大软件开发团队，洛克希德•马丁不但是世界上最大的军用制造商之一，也是世界上最大的软件公司之一，它编写的代码已经超过了微软。面对软件与制造业融合发展的趋势，无论是ICT企业还是制造企业，都需要积极应对变革可能带来的机遇和挑战。

三、软件定义企业管理流程

科斯认为，企业是一种节约交易成本的组织，也是社会财富和价值创造的主体。软件是事物运行规律的代码化，是人类经验、知识和智慧的结晶和新载体。从这个意义上来讲，发展和成熟于不同技术时代的ERP、CRM、SCM、PLM等管理软件，就是某种管理理论、经验和知识的表达、重现和固化，是一种管理规律认知的代码化、软件化。基于软件的业务流程管理正在成为现代企业核心竞争力的重要组成部分。软件贯穿生产制造全过程、全产业链、产品全生命周期，如图4-4所示，软件体系+数据主线实现了数据自由流动。

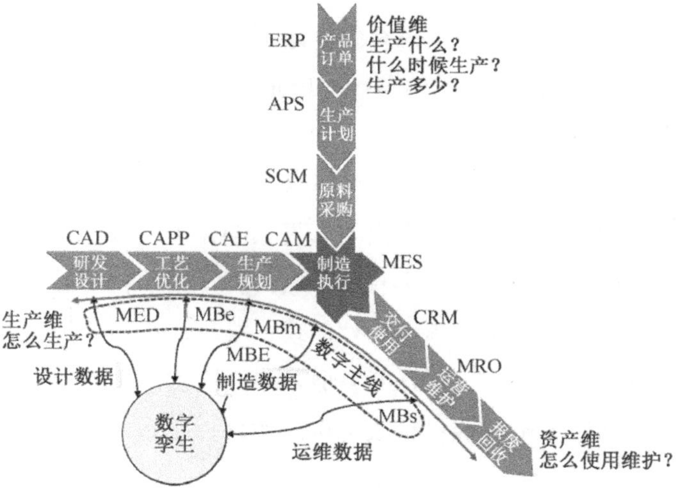

图表来源：根据《Current Standards Landscape for Smart Manufacturing Systems（NIST）》及林诗万《工业互联重塑企业能力》报告绘制

图4-4　软件体系+数据主线实现数据自由流动

（一）软件支撑和定义的研发设计模式

工业实验室等相对独立的研发组织形态出现，是企业管理模式上的一次重大创新，是架起科技和产业之间桥梁的一项重要的制度安排，对工业化进程产生了深远的影响。工业企业内部专业的研发机构最早起源于19世纪中期的德国。从1882年的西门子、1900年的GE到1904年AT&T建立的贝尔实验室，工业企业纷纷设立研发设计（R&D）机构，雇佣大量科学家来开发新材料、新工艺和新产品，建立工业实验室制度。100多年来，企业研发机构的主体、功能和运作方式在持续演进，尤其是各种软件开发工具及研发管理工具的广泛普及，带来了企业研发主体、流程、方式的重大变革。软件定义研发方式如表4-4所示。

表4-4　软件定义的研发方式

研发方式 研发活动	传统研发方式	软件定义的研发方式
研发主体	企业研发部门	企业研发、设计、采购、制造、维修、消费者等都参与研发设计体系
研发流程	需求分析、结构设计、工艺设计等多个环节，研发活动在各部门之间顺序进行	需求分析、结构设计、工艺设计等多个环节并行进行
研发手段	以物理试验为手段的“试错法”	实物仿真与数字仿真相结合

图表来源：作者自制

（1）在研发主体上，企业的研发设计将从依托企业内部研发部门为主向多主体合作演进。

企业研发部门的独立是职能分工细化的结果，而软件开发和管理工具在经历单机版、网络版迈向云平台之后，企业研发主体及研发模式也出现了重构。全球设计软件领导厂商欧特克（Autodesk）已初步完成了产品的云化转型，新一代产品Fusion 360将设计模型资源、设计仿真工具和企业设计需求在云端发布和访问，使得企业内外的设计师、工程师、最终消费者等都可以参与研发设计。

参与企业创新的主体正在发生深刻的变革。一是在企业内部，随着产品研发从单纯的功能、性能研发到向产品可生产性、物料可采购性、客户需求精准满足、产品可维护性、产品可盈利性转变，产品全生命周期管理（PLM）等研发管理系统的应用，为构建多部门参与的协同创新模式创造了条件。华为公司的集成产品开发（IPD）模式集中体现了这一变革。二是在产业链上，跨地域、跨企业的协同研发平台支撑企业研发设计主体从企业内部研发部门扩展到整个供应链。波音公司通过构建全球化的研发和制造体系，实现了波音 787 在全球 30 多个国家、135 个地方、180 个供应商之间的协同研发和制造，成为研发制造效率最高的机型。三是在全社会，基于社会化的创新平台将用户及第三方创新资源整合到创新体系中。海尔公司的 HOPE 平台就是将各种社会资源整合到一个平台上，完成产品创新。

（2）在研发流程上，企业的研发设计流程从串行方式向并行方式演进。

研发就像打仗，如果没有流程，就像打仗没有地图，按流程推进是产品研发的基本工作模式。软件实现了研发流程的显性化、规范化、科学化，有效地提升了研发活动的状态可知、可管、可控水平，也向僵化的研发流程注入创新活力。

基于传统的分工理论，工业革命以来企业产品研发的基本模式是基于串行工程，企业把产品开发全过程细分成需求分析、结构设计、工艺设计等多个环节，研发活动在各部门之间顺序进行，每个研发活动完成后再转下一步环节，研发设计流程长、效率低、成本高。

1988 年，美国国家防务分析研究所完整地提出了并行工程的概念，随着 CAD、CAM、CAPP 等新研发工具大规模使用，通过建立高度集成的数字化模型及研发工艺仿真体系，将传统独立、顺序、碎片化的研发工作在时间和空间上交叉、重组和优化，将原本在产品生命周期下游的开发工作，提前到上游进行，有效整合了跨区域、跨企业、跨行业的研发设计资源，推进研发流程从串行向并行演进。

洛克希德·马丁公司在联合攻击战斗机（JSF）项目研制中，通过网络化协同研发平台，实现了 30 个国家 50 家公司设计人员的协同设计，使得研发周期缩短了50%、研发成本降低了50%。达索系统推出了“3D体验平台”，实现了多用户针对同一款产品进行实时、并行的设计改进，提升了研发设计效率。日产制订的Nissan Power 88计划，希望在六年时间里每六个星期就推出一款新车型，而在传统模式下，一款车型的研制周期就需要数年之久。

国内企业也在积极探索，安世亚太公司的精益研发平台是以研发流程为枢纽的软件平台，将研发流程控制覆盖了需求、设计、仿真、工艺、验证等全过程，通过区分服务于项目管理、质量管理的顶层刚性流程和服务于人员协同、技术创新的基层柔性流程，在流程中整合知识、工具和质量方法，通过构建并行研发体系大幅提升研发效率。

（3）在研发手段上，企业研发设计从以物理试验为手段的“试错法”向以数字仿真为手段演变。

如图4-5所示，人类认识客观世界经历了理论推理、试验验证、模拟择优、大数据分析四种方法论。

	理论推理	试验验证	模拟择优	大数据分析
典型案例	牛顿定律、爱因斯坦相对论	爱迪生发明灯泡	波音777研发周期缩短	GE公司风电设备提高2%发电量
发展时间	19世纪末发展到极致	16世纪文艺复兴开始萌芽，20世纪伴随着工业化进入鼎盛时期	20世纪80年代	21世纪初
关键要素	观察+抽象+数学	假设+试验+归纳	样本数据+机理模型	海量数据+大数据分析模型
主要特点	依赖于少数天才科学家，严密的逻辑关系	依赖于设备材料的高投入，试验过程大协作、长周期，直观的验证结果	依赖于高质量机理模型的支撑，机理模型和试验验证的协同，投入少、周期短	依赖于海量数据的获取，计算、存储资源的低成本和高效利用，数据驱动的价值创造

图表来源：作者自绘

图4-5　人类社会认识客观世界的4种方法论

美国一直把“数字化建模和仿真”作为核心技术，并提出了一系列战略，先后提出数字化建模和仿真创新战略（1995年）、面向建模和仿真的高性能计算（2010年）及先进制造伙伴计划（2011年），2017年提出美国制造业创新网络（NNMI），在数字化设计与制造及清洁能源智能制造创新中心中，把数字化建模和仿真作为需要突破的核心技术。2005 年 6 月，美国总统信息技术咨询委员会的报告中指出，由算法与建模仿真软件、计算机与信息科学、计算基础设施三大元素构成的计算科学，已经逐步成为理论研究和试验研究之后，认识、改造客观世界的第三种重要手段。在过去的三四十年里，仿真软件企业经历了持续的并购、重组、整合，西门子、达索、ANSYS、Autodesk、ESI 等国际软件巨头仿真软件的发展史就是并购清单一次又一次被刷新的历史。仿真技术可以透视产品性能和过程质量，通过各种模拟手段，找到当前限制条件下的完整设计空间。很多情况下人们不能做出创新的设计，是因为制造水平的制约，或对产品运行规律的认识不足。一旦制造水平限制放松，仿真手段就能快速找到当前条件下最好的设计。

2012 年 8 月 5 日，造价 25 亿美元的“好奇号”火星探测器进入火星大气层，在 7 分钟内自行将时速从约 2 万千米骤降至零并成功着陆。这一切成功的背后在于，“好奇号”9 万个零部件被制造出来之前，已在计算机上完成了设计、模拟、仿真和验证全过程，而着陆过程是在火星极端环境下、基于 8000 次虚拟仿真、在 50 万行软件代码操纵下实现的最佳方案。

2013 年 10 月 9 日，马丁・卡普鲁斯、迈克尔・赖韦特和亚利耶・瓦谢尔因三位美国科学家开发的复杂化学体系中的多尺度模型获得了诺贝尔化学奖。诺贝尔化学奖评选委员会这样评论他们，“对化学家来说，计算机是同试管一样重要的工具，计算机对真实生命的模拟已为化学领域大部分研究成果的取得立下了‘汗马功劳’。”计算机能真实模拟出复杂的化学分子模型，将更多的化学试验通过计算机模型来推演，由此更快获得比常规传统试验更精准的预测结果，从而大大减少烦琐而漫长的实验室操作。现在，全球化学家每天都在计算机上设计并进行试验，在计算机和试管前所花费的时间已经几乎相同。

工业软件使得自适应（Adaptive）的关联设计成为可能。例如，飞机外形在风洞实验的持续优化过程中，常常需要做一些小幅度的外形更改调整，引发内部所有关联的结构件跟着改变，带来巨大的工作量。通过定义飞机设计总体参数及传递上下游和各专业之间接口关系的骨架模型，实现设计信息的有效传递和控制。飞机外形的改变引发骨架模型的相应变更，设计软件基于特定算法，可以自动检测到装配关系上不匹配的零部件，并经过分析计算之后，做出自适应的更改，自动引导大约 60% 以上的相关结构件的自动变化。

数字仿真也是实现产品正向设计的重要手段。正向设计是架构性和颠覆式创新的根本手段，是从涉众需求开始，经过需求开发、功能分解、系统设计、物理设计、产品试制、部件验证、系统集成、系统验证和系统确认等阶段，直至完成满足涉众需求产品的验收。如果没有数字仿真手段，在需求开发、功能分解、系统设计、物理设计的过程中无从了解产品的特性，人们很难开展架构性和颠覆式创新。

基于数字孪生的新药研发体系正在形成。过去在人类开发癌症新药的过程中，每种新药需要 10 年左右的时间来发现靶点，但今天基于数字技术找到靶点的速度比之前快了 10 倍；在药物临床试验方面，大量的药物副作用、临床效果是可以通过数据 + 算法的方式来发现和验证的，这些过程都将在数字孪生的世界中解决。

根据美国国防部的统计，在一个复杂系统和产品全生命周期的成本构成中，概念设计阶段的成本占 8%，详细设计阶段的成本增加到 15%，试验生产阶段的成本占 50%。但在概念形成和详细设计阶段的成本已决定了产品成本的 70%，消除系统和产品缺陷的成本在概念设计阶段很少，在详细设计阶段会增加 3 ～ 6 倍，在样机开发阶段会达到 20 ～ 100 倍，在生产阶段会达到 500 ～ 1000 倍。所以仿真工具越在早期阶段使用，消除隐患和缺陷的成本和投入越低。在初始阶段使用仿真越早，设计验证和优化进行得越多，就越容易降低设计更改的成本、提高研发效率和产品质量，如图 4-6 所示。

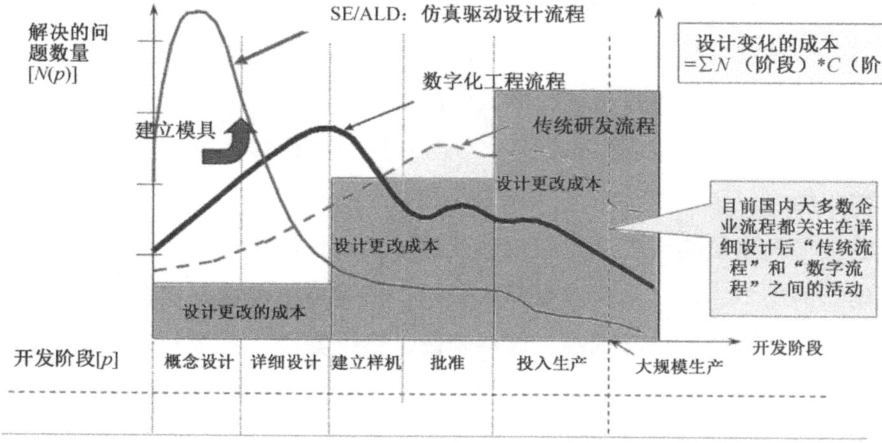

图表来源：引自中航工业集团信息技术中心首席顾问宁振波的《从复杂的飞机制造看数字化制造》

图 4-6　仿真：缩短周期、降低成本、提高质量

（二）软件支撑和定义的经营管理模式

企业经营管理是指运用先进科学管理理念、方法和工具对企业资源、供应链、客户关系等业务活动进行科学管理和系统优化。随着信息技术的发展，ERP、SCM、CRM 等管理软件成为推动企业资源管理、供应链管理、客户关系管理的有效工具，改变了企业管理模式和管理理念。这些管理软件的本质是管理理念、方法的模型化、代码化、软件化，通过代码集成了数以千计优秀企业的经营管理精粹，提炼总结了行业知识和最佳实践，并不断进行迭代优化。软件定义企业经营管理主要体现在以下三个方面。

1. 支撑管理思想落地

工业革命以来，企业价值创造活动都是在特定管理思想、管理理论和管理逻辑指导下的流程之中运行的。尤其是 1960 年以来，在传统管理思想的基础上，西方企业管理科学先后出现了全面质量管理（TQM）、准时制生产（JIT）、约束理论（TOC）、六西格玛、敏捷制造（AM）、精益生产（LP）、业务流程再造（BPR）等一系列管理思想，而管理软件是实现上述管理思想标准化、规范化、流程化的重要载体，如表 4-5 所示。

表 4-5 西方主要相关管理理念

年　　份	管理理念
1960 年	全面质量管理（TQM）
1985 年	在丰田生产系统（TPS）上发展起来的准时制生产（JIT）
1985 年	E. 戈德拉特博士提出约束理论（TOC）
1987 年	由 Motorola 公司倡导的六西格玛管理理论，20 世纪 90 年代由 GE 公司发展演变为企业流程设计、改善和优化的哲理和技术
1988 年	敏捷制造（AM）
1989 年	在 TPS 和 JIT 基础上发展起来的精益生产（LP）
1993 年	业务流程重组（BRP）

图表来源：根据陈启申的《ERP：从内部集成起步》整理绘制

管理软件把看不见、摸不着的管理思想、企业文化变成了可看、可学、可复制的标准化模块，管理软件的本质是管理思想的代码化。每次管理思想、管理理论的创新都会带来管理软件的变革。因此，管理软件的开发是管理思想显性化的过程，管理软件的应用是管理思想落地的过程，管理软件的推广普及是管理思想与信息化深度融合的过程。

2. 推动管理流程优化

任何一种组织的运作都是基于某一流程，流程是企业一系列价值创造活动的组合，是为达到特定的价值目标而由不同的人分别共同完成的一系列活动。优化流程和信息集成是 ERP 的两个关键词，二者相互影响、密不可分，业务流程必须不断优化，以充分发挥信息集成的效果；而业务流程的改进和优化，又离不开软件等信息技术的支持。一家提供企业流程管理（BPM）解决方案的公司总裁，在公司被 SAP 收购之后曾经意味深长地说，传统意义上流程管理和标准软件，这两个分离的世界今天得以统一。

3. 服务企业科学决策

企业决策是指企业在经营管理过程中采取的策略或办法。现代企业决策本质上是企业基于系统理论、运筹学和计算机科学等做出的决定或选择。企业决策无处不在，从环节上来说，覆盖研发设计、生产制造、经营管理等企业全流程；从主体上来说，包括企业管理层、车间管理层及业务执行层等各个层面。

在工厂班组这样的一线阵地，工厂大批高级技工的知识和经验通过软件、数据库、模板库的方式传承下来，使得工艺、流程的决策得以抽象沉淀，帮助班组长进行决策。未来，在企业各级决策体系中，软件＋数据将进一步推动企业决策向智能化、科学化、高效化方向发展。

在企业高层管理方面，面对快速变化的市场环境和技术创新，如何通过对复杂、多元的企业大数据挖掘分析，将运营的海量数据转化成高价值的决策与业务支持信息，提高决策的科学性、及时性、准确性，日益成为各级管理层关心的共同问题。SAP、IBM、ORACLE 等国际软件巨头正探讨如何通过融合软件、硬件和服务，构建企业商业洞察力，这也正成为巨头们竞争的新战场。

（三）软件支撑和定义的组织架构

从经济社会发展视角来看，组织是社会化分工的载体；从企业发展视角来看，组织形态往往是一个企业商业模式、经营管理模式、生产组织模式、服务模式的承载与体现。软件及互联网应用的深度，正在重组整个社会运行的“细胞”，对于社会组织变革而言是一场“转基因工程”，信息时代是自组织崛起的时代，其核心要素是共创、共享、共治，人人都是价值创造者，人人都是价值利益分享者，人人都是规则的制定者、执行者、管理者，他们自主进化、自主生长、自我修复、自我升级。美国企业史学者钱德勒曾说，企业的成长主要依赖于两个变量，这两个变量决定企业的成长，第一个是战略，第二个是组织。所谓企业组织架构是指企业内部一种决策权的划分体系及各部门的分工协作体系。

如同工业社会推动最基本组织单元从农业社会的家庭向企业转变一样，互联网正在改变工业社会的长期雇佣制模式，一场“去公司化”的新组织管理模式正在悄然兴起，合同制管理及自组织、柔性化协作方式不断涌现。“公司＋雇员”这一工业领域经典的基本组织结构，已逐渐受到了“平台＋个人”这一新组织形式的挑战，“互联网平台＋海量个人”正在成为这个时代一种全新的组织景观，虽然自组织在理论上还没有形成非常完善的体系，但一些企业已经开始了探索和实践。当前，企业组织架构呈现出以下三大趋势。

1. 企业功能平台化

在古典管理思想中，企业的功能是管控，也就是管理和控制。而在万物互联、人人互联的时代，企业完全有可能变成一个平台，大平台小组织、大平台小前端的趋势正在崭露头角。海尔集团的张瑞敏认为，“平台是快速配置资源的框架。”很多企业正在向平台化企业转型。这是一个汇聚技术、市场、资金、人才等多种要素资源的平台，甚至可以整合政府、科研院所等多方企业边界之外的资源。它通过软件支撑，支持产品交易和能力交易，最终实现一个自循环、可赋能的生态圈。企业内部根据需要组建新的团队，自动配置各类资源并优化调整运行机制，正在受到越来越多企业的追捧。基于这种趋势，华为在开展新产品研发时，依托数字化作战平台，在全球几十个研发中心组织研发队伍资源，构建了一个自组织的研发团队。海尔集团则积极向“企业平台化、员工创客化、用户个性化”转型，阿里巴巴也提出“大中台、小前台”的新理念。

2. 运营决策小型化

传统企业组织架构相对固定，管理层级多为金字塔结构，业务决策由高层管理者或中层管理者做出。欧洲管理思想大师查尔斯·汉迪曾经形象地说过，企业的中间层就是一只烤熟的鹅，没有神经，也不会把市场的情况反映出来。

因此，在这个去中心化的互联网时代，在这个大规模制造向大规模定制转变的时代，不仅企业的生产线正在变，企业的科层制也正在变，“听得见炮声”的一线业务人员正在成为决策的重要力量，自组织代替科层制成为企业新的组织架构，企业成为组织的能力中心。通过软件平台为各种组织进行赋能，决策单元小型化、自主化、灵活化已成为趋势。

诞生在电商平台的服装品牌韩都衣舍，为了应对互联网环境下快速变化的客户需求，他们将传统的组织部门转化为扁平化、自组织的300个产品小组，并赋予他们设计、生产和定价权，在最小业务单元上实现了责、权、利的统一。阿里巴巴的“大中台、小前台”理念，海尔的“企业平台化、员工创客化、用户个性化”发展战略，华为提出的“让听得见炮声的人呼唤炮火”，这些通过激发员工活力、自主经营能力，促进企业全员成为面向客户的价值创新中心的积极探索，代表了互联网时代组织形态的重要发展方向。

3. 多部门协同化

任何一个企业的发展离不开多个部门的协同，只有研发设计、生产制造、经营管理、市场营销等各个部门做到了无缝衔接，企业才能够最大限度地提高生产和交易效率。个性化定制的本质是依托数字化平台实现研发设计、生产制造、经营管理、市场营销等部门之间数据的自动流动，有效提高企业的研发效率、生产效率和产品质量。因此，这就需要在正确时间把正确数据发送给正确的人和正确的机器，其背后有强大的软件系统支撑。

未来企业都将面临如何调整、改善或优化传统管理模式的难题，如何重新定位企业员工、管理、客户、供应商之间的关系，如何激活传统企业中的人和组织，重构企业运作的基本单元，重建企业内部运营机制，构建以激发人的创造性为导向的自组织和价值网络，加快从过去高度集中的中心决策组织向分散的多中心决策组织演进，更好地为用户创造价值。

企业顺应互联网时代发展需求进行组织流程变革，首要任务是构建以用户为中心的端到端业务流程体系。数字经济时代，企业发展需要回归价值本源，围绕企业发展战略和发展模式，以满足个性化和多样化用户需求为根本出发点，转变现有以部门为中心的业务流程设计方式，消除传统“职能流程”断点及不增值环节，着眼企业全局构建企业级、部门级、岗位级的分级、分类、集成的业务流程体系。

基于平台的动态组织和价值网络，是信息时代企业组织形态变革的重要方向。互联网时代，为适应用户参与、服务个性化、生产分散化的新要求、新趋势，企业的组织形态不断向着扁平化、流程化、柔性化、网络化和分权化的方向发展，信息技术的高速发展也为网络化组织形态发展创造了基础和条件。企业要充分发挥互联网聚集、整合、优化各类要素资源的优势，构建以激发人的创造性为导向的自组织和价值网络，使企业组织形态呈现出组织功能单元虚拟化、组织要素分散化、组织形式弹性化和网络化，强化企业内部、企业之间以及企业与用户之间的资源整合和业务协同，从而快速响应市场动态变化，最大程度满足用户需求，更好地为用户创造价值。

四、软件定义企业生产方式

站在软件的视角，从未来10年的时间尺度去观察，信息通信技术与制造业融合带来的将是一场制造范式的迁移和一种制造模式的变革，也将是制造体系的重建。其核心在于，软件作为一种工具、要素和载体，为制造业建立了一套赛博（Cyber）空间与物理（Physical）空间互动的闭环赋能体系，实现了物质生产运行规律的模型化、代码化、软件化，使制造过程在虚拟世界实现快速迭代和持续优化，并不断优化物质世界的运行。

（一）制造范式的迁移：从实体制造到虚拟制造，以快速迭代、持续优化、数据驱动重建制造效率、成本、质量管控体系

新概念泛滥反映了制造范式的迁移。新技术带给人们的最大困惑是各种层出不穷的新概念。从网络制造、协同制造、柔性制造、虚拟制造、云制造到服务型制造，从MRP、ERP、MES、MOM、PLM到SysLM，从第三次工业革命到工业4.0、工业互联网，从规模经济、大规模生产、C2B到产消者（Prosumer）。这些令人眼花缭乱的新概念的涌现往往意味着传统

概念体系已经难以描述新事物的发展特征和规律，意味着新事物对既有概念体系的挑战，意味着传统范式的迁移和新范式的出现。

1. 虚拟制造：软件定义的新空间

ICT 给人类社会带来的重大变革是创造一个新世界：赛博空间（Cyberspace）。制造业数字化、网络化、智能化的过程，是在赛博空间重建制造流程，并基于此不断提升制造效率的过程。2010 年，美国国防高级研究计划局（DARPA）发起的自适应运载器制造（AVM）计划，提出"重新发明（Reinvent）制造"，目标是通过彻底变革和重塑装备制造业，将武器装备研制周期缩短到现在的五分之一。AVM 的核心思想，就是颠覆"设计—制造—测试—再设计"的流程，通过实现产品设计、仿真、试验、工艺、制造等活动全部在数字空间完成，重建制造体系。虚拟制造将重新定义制造方式。

1）软件支撑和定义的虚拟设计

回顾过去 40 多年工业软件的发展历程可以看出，研发设计、虚拟仿真、试验验证、产品全生命周期管理等软件的发展，就是把支撑需求分析、概念设计、详细设计、工艺规划、虚拟仿真、验证测试的信息系统融入赛博空间并进行集成融合，最终实现基于赛博空间的协同研发，时至今日，这一进程也才缓慢拉开序幕。

CAD、CAE、PLM 等软件技术的发展实现了基于模型的产品定义（MBD），这一模型正成为产品制造过程中赛博空间信息流转的载体，数字样机从传统的几何样机向性能样机、制造样机和维护样机拓展，并将进一步进化为与实体产品对应的产品数字孪生（Digital Twin）。波音 787、空客 380 飞机的设计制造过程均成功采用了这一生产方式。

2）软件支撑和定义的虚拟制造

在产品数字孪生的基础上，企业的工艺路线、生产布局、生产设备、制造流程和运营服务等都可以一一映射到虚拟生产环境中，基于三维设计和仿真工具，在赛博空间构建起虚拟生产线、虚拟车间和虚拟工厂。

伴随工厂生产设备数字孪生、生产工艺数字孪生的推广普及，无论在离散行业或流程行业，都将实现实物生产过程与虚拟生产过程实时映射。例如，制造执行系统（MES）与三维数字模型相结合的典型实践为现实生产过程虚拟化提供了最初的探索，将为企业生产进入虚拟世界、开启虚拟制造模式提供可行选择。

2. 软件与制造范式的迁移

如果说制造范式是在一定时期、特定技术条件下，对制造业价值观、方法论、发展模式和运行规律的认识框架，那么这一认识框架发生变革的原因之一，是软件通过创造一个与实物制造相对应的虚拟制造空间，实现了研发设计、仿真、试验、制造、服务在虚拟空间的仿真测试和生产，形成人类认识和改造世界的新方法。这一新方法推动了制造范式的迁移，通过构建制造业快速迭代、持续优化、数据驱动的新方式，重建制造效率、成本和质量管控体系。

1）快速迭代

人类认识世界的传统方法是观察、试验、归纳、理论化，在工业时代，爱迪生的“试错法”是对这一方法论最好的阐释。面对快速变化的市场和竞争环境，传统的“试错法”已难以满足竞争的需要，基于数字仿真的“模拟择优法”，依托基于模型的产品定义、全数字化样机、数字孪生等一系列新技术、新理念，通过推动产品研发、验证、制造、服务业务在赛博空间的快速迭代，实现研发生产率的大幅提升。

中国的“飞豹”战机通过采用全数字化样机设计技术，利用多次模拟仿真代替大量反复试验，大大减少了耗资巨大的模型风洞试验次数，设计周期缩短一半，工程量减少 80% 左右。现在，数字化样机设计技术正从单件小批量的军工产品领域向多品种大批量的家电等产品领域延伸，快速灵活的设计方式帮助设计人员减少了设计失误和大量实物试验验证的成本支出。

2）持续优化

智能制造的本质是通过对制造要素和过程的实时感知、科学决策和精准执行，不断优化制造资源配置效率。这种优化从单机设备、单一环节、单一场景、单一要素的局部小系统优化不断向大系统、巨系统优化演进，从部门内优化到企业级优化，再到产业链优化，乃至产业生态系统优化演进。

智能制造发展的过程，将是研发设计、制造装备、工艺流程、产品服务等制造资源和生产过程不断数字化并在赛博空间建立虚拟镜像的过程，是在赛博空间重建制造全要素、全流程的过程，是实体制造与虚拟制造实时交互的过程。赛博空间制造过程优化的实时高效、零边际成本、灵活构架等特点和优势，从根本上变革了资源配置方式和配置效率。软件是物理世界虚拟化的重要手段，是构建赛博空间的重要载体，是虚实空间资源调配的关键工具，对于生产方式持续优化起到至关重要的作用。

3）数据驱动

企业竞争的本质是在不确定环境下为谋求自身生存与发展而展开的对资源的争夺，竞争的内在原因决定了企业需要适应动态变化的市场环境。数据驱动的本质是企业通过支撑设计、生产、采购、销售、经营及财务等部门的业务系统，对生产全过程、产品全生命周期、供应链各环节的数据进行采集、存储、分析和挖掘，确保企业所有部门以相同的数据协同工作，通过数据价值再造实现生产、业务、管理和决策等过程的优化，提升企业的生产运营效率。

面对工业领域总量大、种类多、情况复杂的大数据，软件作为虚拟空间中承载、管理、挖掘数据的核心载体，将从原来的以流程为中心向以数据为中心转变，形成数据驱动型企业。

3. 虚拟制造的三个阶段

虚拟制造的应用将会经历，从碎片化到一体化、从局部到全局、从静态到动态的过程，逐渐涵盖研发设计、制造过程、服务运营的全流程。虚拟制造大致分为三个阶段（见图 4-7）。

1）局部虚拟制造阶段

虚拟设计、虚拟产品、虚拟工厂、虚拟工艺等伴随设计、生产、管理软件及工具的出现而兴起，当前仍处于碎片化、局部虚拟制造阶段。软件和信息系统散落在工业生产的各个环节，在虚拟空间尚没有形成一个系统的整体，单机设备、单项环节、单一场景的虚拟化应用带来的是局部环节效率的提升，不同环节之间的整合尚需要人为活动的介入和物理过程的实现。

图表来源：作者自绘

图 4-7　虚拟制造的三个阶段

作为世界航空业领军制造商的波音公司，在过去的 30 多年逐步实现了设计、制造等环节的虚拟制造。自 1986 年开始采用三维数字化技术以来，分别在波音 737 三维生产过程、波音 747 三维概念设计、波音 757 数字化预装配、波音 767 三维数字样机及制造、波音 777 全三维数字化样机等新产品的研发设计中，逐步提高虚拟设计和虚拟制造应用的广度和深度。

2）静态虚拟制造阶段

随着虚拟化进程的不断深入，制造业产品、装备、工艺及制造过程各环节在赛博空间构建起数字孪生、实现虚拟映射，在虚拟环境下构建起与现实世界制造全流程对应的生产体系。物理制造过程运行一个周期之后，即可实现生产过程数据互连互通、流程衔接有序和资源高效配置，虚拟世界可以实现对物理世界的模拟、仿真，并持续优化。

在通常情况下，离散工业以周、天为周期，流程工业以批次为周期。企业将运转的过程和结果输入虚拟空间进行模拟优化，可以对下一周期的工业生产进行有效指导。西门子等公司的工厂经过多年技术改造，部分试验工厂实现了从产品研发、生产到物流配送全过程的数字化映射，能够通过对虚拟空间的历史数据分析，不断优化下一生产周期的资源配置。

3）动态虚拟制造阶段

在静态虚拟制造的基础上，人员、机器、物料、工艺、环境、产品等各种要素在虚实空间进一步实现完整、实时、动态映射，生产运行情况都能实时反映到虚拟空间，虚拟空间优化后的决策能够实时地反馈到现实生产活动中。虚拟与现实已不是存在简单映射关系的“孪生体”，而是相互连接、相互传控、相互作用的统一体。

物理世界任何变化都会体现在虚拟世界中，虚拟世界任何调整都会反馈到物理世界中，将会形成虚实结合、实时交互、高度智能的生产制造方式。这将是虚拟制造的最高级阶段，也将是一个需要长期努力才能实现的生产场景，其实现过程将会是长期、复杂并富有挑战的。

（二）制造模式的变革：从规模生产到定制生产，以数据的自动流动化解制造系统的不确定性、多样性和复杂性

在当前全球产能过剩的大环境下，企业面对的产品和服务需求日益呈现差异化、多元化趋势，这大幅增加了研发设计、生产制造、产品服务等过程的不确定性、多样性和复杂性，规模化、标准化、预制化的传统生产方式已无法满足日益增长的定制化需求。智能制造的关键在于承载着信息和知识的数据能够沿着产品价值方向自由流动，从而解决制造系统的不确定性、多样性和复杂性等问题。宁振波和郭朝晖两位专家在多个场合也强调，复杂性是发展智能制造的重要原因。数据自动流动的背后需要制造全过程的隐性数据显性化、隐性知识显性化。

1. 隐性数据显性化——数据的完整性、及时性和准确性

智能制造与传统制造的本质区别在于，在生产制造过程中，人员、机器、产品之间信息交流的载体、方式、效率不同。智能制造的基础是数字化，传感器、智能装备终端、工业网络、工业软件的大量使用促进了生产制造全过程的数字化，数据采集、传输、存储、分析和挖掘的手段相比传统制造更加丰富，大量蕴含在生产制造过程中的隐性数据不断被采集、汇聚、加工，形成新的知识、决策，不断优化制造资源的配置效率，数据的自动

有序流动实现了物资流、资金流的高效利用。

在信息化的背景下，数据正成为一种新的资产、新的资源和新的生产管理要素，数据的及时性、完整性和准确性，数据开发利用的深度和广度，数据流、物流和资金流的协同水平和集成能力，数据流动的自动化水平，都是企业未来核心竞争力的来源。

2．隐性知识显性化——工业知识的软件化

工业发展的过程是知识转化和积累的过程，越来越多的知识融入到各种载体，与专利、工艺、创新能力及企业的专有技能等一起成为工业知识的具体表现形式。在智能制造推进过程中，流程和系统软件是工业知识显性化的重要载体，工业知识软件化的过程也是隐性知识显性化的过程。工业知识的软件化，是对工业研发技术、生产工艺、业务流程、员工技能、管理理念等知识的逻辑化、数字化和模型化，这使得大量隐性工业知识被固化在各类软件和信息系统中。

工业知识的软件化，一方面，通过软件完成大量原本需要人参与的重复性工作，将人解放出来去做更高级、更具创造性的工作；另一方面，通过对记录在软件和信息系统中的数据进行分析和挖掘，利用机器学习等技术获得新的知识。高质量的工业软件是一个优秀制造企业核心竞争力的集中体现，波音、GE等企业拥有大量不为行业内其他企业所掌握的工业软件。在波音787研制的过程中，使用了8000多种软件，其中有7000款是非商业化专业软件，这7000款非商业化专业软件是波音多年工程技术经验和方法的载体。

3．软件——构筑数据自动流动的规则体系

美国国家标准与技术研究院（NIST）曾经提出，智能制造就是要解决差异性更大的定制化服务、更小的生产批量和不可预知的供应链变更。智能制造的一个重要任务就是应对制造复杂系统的不确定性，这种复杂性既来自产品的复杂性，也来自定制化生产等新生产方式所带来的制造成本、质量和效率的挑战。从这个意义上讲，制造业数字化、网络化、智能化的

过程，就是要促使承载信息和知识的数据在产品研发、生产计划、生产执行、市场营销、售后服务等环节有序自由流动，实现生产全过程、产品全生命周期、全产业链的高效运转和价值再造。实际上，是数据流动的自动化解决了制造系统的不确定性、多样性和复杂性等问题。

实现数据的自动流动必须在虚拟空间构建一个数据自动流动的规则体系，这套体系的核心是软件。软件是算法的代码化，算法是对现实问题解决方案的系统描述，是人类认识世界运行规律的思想结晶。制造过程数据的自动流动，是指在给定的时间和目标背景下，实现企业制造资源最优化配置的数据“自动”流动。数据在流动中产生知识、知识成为信息、信息成为决策、决策优化资源配置。

（三）制造系统的重建：从封闭体系走向开放体系，以网络化协同实现制造资源局部优化向全局优化的演进

伴随制造业的数字化、网络化、智能化，各种制造资源逐步形成一个相互作用的复杂系统网络，制造业正在构造一个复杂系统。制造系统的演进将经历从单个系统、局部系统向全局系统拓展，从企业内部、产业链延伸到全社会，不断突破地域、组织、机制的界限，实现对人才、技术、资金等资源和要素的高效整合，从而带动产品、模式和业态创新。

回顾工业软件过去几十年的发展逻辑，也遵循了从解决单一局部问题向系统全局问题演进这一规律，软件的功能沿着“点—线—面—体”的思路不断丰富和完善，人们为解决工业设计问题开发出了CAD、CAE等研发工具，为解决生产工艺问题开发出了CAPP，为解决经营管理问题开发出了MRP、ERP，为解决车间生产管理问题开发出了MES，为解决产品数据管理问题开发出了PDM，制造业在数字化转型中不断催生出各种开发工具、管理软件、业务系统，树起了一座座烟囱、数据孤岛，而数字化价值实现在于跨部门、跨系统的数据互联、互通、互操作，实现纵向集成、横向集成、端到端集成，实现制造资源从局部优化到全局优化的演进。软件产业发展的过程就是持续优化资源配置的过程，从计算机辅助设计（CAD）到基于模型的设计（MBD）、基于模型的企业（MBE），从物资需求计划（MRP）

到企业资源计划（ERP），从制造执行系统（MES）到制造运营管理（MOM），资源优化的范围越来越广（见图 4-8）。

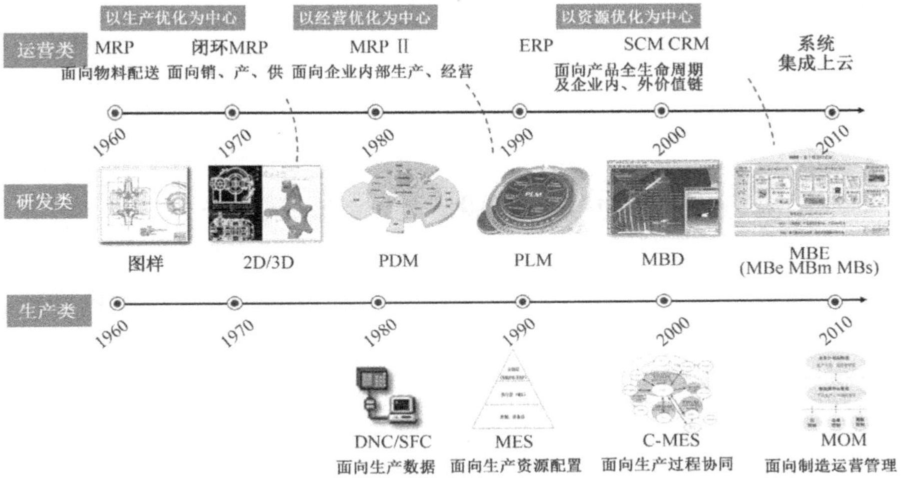

图表来源：作者自绘

图 4-8　资源优化配置从局部优化到全局优化

制造系统演进的过程，是网络化协同生产不断深化的过程，是从封闭系统不断走向开放的过程，其将经历 3 个阶段。

1．从部门级协同到企业级协同

传统组织的边界是资源管理优化的边界，制造资源的数字化、网络化为打破部门边界，为重建企业内部资源管理边界和优化管理模式创造了条件。在研发设计领域，研发设计工具及管理平台的普及，有效整合企业内部研发设计资源，也在加速重构企业传统的研发模式、重建企业创新业务的边界。

当前，许多企业研发的定位正在从基于产品功能和性能的研发，向物料可采购性、客户需求实时响应性、产品可维护性、产品可盈利性转变；研发参与主体从单纯的研发部门向制造、采购、营销等其他部门拓展，突破了原有研发部门的边界；研发创新的流程从串行向并行转变，大大缩短了研发周期、提高了研发效率。华为借助协同研发平台构建的集成研发流程（IPD），解决了早期研发产品和规划的匹配度低、客户满意度低、产品方向决策失误多现、版本混乱、开发效率低等诸多问题，实现了由技术驱动向客户需求驱动的转变。

2．从企业级协同到产业链协同

所有企业都是产业链上的一环，如何构建一个面向产业链目标一致、信息共享、资源与业务高效协同的跨企业生产体系，是许多企业面临的共同挑战。伴随信息技术应用不断深化，传统制造企业与产业链上下游企业的业务协同不断地被在线化、网络化，企业级的业务协同正在向产业链级业务协同演进，企业内部的协同研发创新平台、供应链管理平台等不断向产业链上下游拓展，实现跨企业业务系统的互连、互通、互操作，不断提升面向最终客户的产品和服务的质量和效率。

无论是美国波音研制 787、洛克希德•马丁研制联合攻击战斗机（JSF），还是中国商飞研制 C919，都构建了面向供应商的网络化协同研发平台，实现了多国、多地、多家研发人员的协同，其本质是企业信息系统集成边界的拓展，是企业资源优化的边界从内部走向全产业链、从封闭走向开放。

3．从产业链协同到构筑产业生态

制造业数字化、网络化步伐加快，不仅仅推动产业链合作从线下走到线上，而且不断催生出新的网络化协同制造的新业态、新模式，从产业链协同向构筑产业生态演进。GE 的 Predix 平台、西门子的 MindSphere 平台都体现了产业生态的发展方向。

面向智能制造的产业生态正在不断催生出网络化协同制造的新模式，它与传统协同制造的不同表现在三个方面：一是企业间合作模式从传统的长期固定合作向短期随机合作演进；二是网络协同平台的功能从传统的业务协作平台向产品、要素、能力的交易平台演进；三是网络协同平台从传统研发、供应链协同向制造、产品全生命管理等业务协同演变，从线性协作走向网络协作。这将意味着网络化协同制造 2.0 时代已经到来。

五、软件定义企业新型能力

每次产业技术的重大变革，都会带来企业新旧竞争能力的更替，这种能力更替的速度、深度和广度往往成为变革时代企业优胜劣汰的核心要素。那么，IT是决定和支撑企业新型竞争能力的核心要素吗？2003年，美国《哈佛商业评论》主编尼古拉斯·卡尔的文章“IT Doesn't Matter”（IT无关紧要）引起广泛关注，比尔盖茨、韦尔奇对此观点进行了反驳。2009年，他再次发表文章“IT still doesn't matter”（IT仍然无关紧要），其核心观点是：由于信息技术的能力和普及性已经达到成熟阶段，它的战略重要性降低了，IT和电一样，随处可以买到。

20世纪70年代中期，美国航空公司和联合航空公司分别开发了一套名为Sabre和Apollo的计算机订票系统，它们垄断了80%的市场份额，而曾经作为美国航空业第五的People Express公司最后一任总裁Donald Burr在后来的回忆中说：公司在很短的时间内倒闭，其中铸成大错的就是我们如何处理计算机订票系统，我们认为它对航空运输业是无关紧要的！对此，尼古拉斯·卡尔观察问题的角度是：后来所有的航空公司都采用了计算机订票系统，航空公司又站在同一起步线上。尼古拉斯·卡尔的观测点有两个局限性：一是他认为信息化都是可以买来的，而事实上，有些信息化是买不来的；二是他认为信息化是有终点的，而事实上，信息化只有起点，没有终点。但尼古拉斯·卡尔之问的意义在于，所有的信息化都要从企业竞争力提升的视角去观察，信息化就是培育企业的新型能力。那么，尼古拉斯·卡尔错了吗？IT系统对于一个企业能否超越竞争对手有用吗？

（一）产品研发创新能力

研发指通过系统性、创造性的工作，形成新理论、新知识、新材料、新技术及新产品的活动。从微笑曲线看，研发创新处于工业产品价值链的最上游，不仅是企业利润的重要来源，也是一个企业核心竞争能力的重要体现。当前，CAD、CAE、CAM、CAPP 等软件已经全面融入产品研发的各个环节，直接推动需求分析精准化、研发创新高效化、研发资源集约化，在提高企业研发效率、增强企业创新活力、打造企业新型能力方面发挥着越来越重要的作用。

（1）需求分析精准化。研发创新处于工业产品生命周期的前端，在很大程度上决定着产品性能、质量和成本，影响产品全生命周期的各个环节，因此研发创新需求的精准化显得尤为重要。各行业在分析、研究、借鉴国外先进经验的基础上，摸索和建立了各有特色的研发创新方法和路径，有基于产品数据管理（PDM）的产品研发集成系统、基于集成产品开发（IPD）的研发系统、基于产品过程项目管理的研发系统等，每种研发方法都有其成功的经验，但这些方法的本质是通过软件实现了研发需求的透明化、研发流程的显性化、研发管理的闭环化，最终实现研发创新活动的可感、可知、可管、可动态调整。

（2）研发创新高效化。近 20 年，我国制造业引进了大量 CAD、CAE 和 PDM 等先进软件和智能设备，在门类、数量等方面已经居于世界前列，但是利用这些世界一流的软件和设备，我们的创新能力却没有达到世界一流水平，也没有创造世界一流的产品。这是为什么呢？其中一个原因是，我们缺乏包含工业技术的软件，这是我们与美国、德国等制造强国的巨大差距。培根当年曾说“知识就是力量”，在软件定义的时代，“软件化的知识就是更强大的力量”。如何通过知识复用来降低创新成本、提高创新效率是工业技术软件化的长期课题。在我国，由于长期忽视工业技术的软件化建设，这使我们工业化进程中产生的许多核心技术和知识产权，无法持续积累、有效保护和充分利用，研发效率大大降低。因此，软件的真正价值在于实现了隐性知识的显性化、分散知识的集成化、封闭知识的共享化，工业技术软件化是提高研发创新效率的重要保障。

（3）研发资源集约化。研发是一项系统工程，尤其是在互联网时代背景下，参与企业研发创新的主体正在发生深刻变革，需要企业内部市场开拓、技术预研、产品设计开发、生产制造和集成、试验验证、售后服务等部门的协作协同，甚至需要产业链企业及全社会的协同。一些企业通过工业云等软件平台，发展企业间协同研发、众包设计、供应链协同等新模式，能有效降低资源获取成本，大幅延伸资源利用范围，打破封闭疆界，加速从单打独斗向产业协同转变，促进产业整体竞争力提升。2010 年，美国启动 AVM 自适应运载器制造项目，采用协同云平台，使设计、仿真、试验、工艺、制造厂商基于互联网实现大规模协作，变革和重塑了装备制造业，将武器装备研制周期缩短到现在的五分之一。

（二）精益及柔性生产能力

工业经历了 300 多年生产方式持续优化的发展，从手工作坊到福特制流水线，再到丰田制精益生产，我们正从“电力驱动机器”的时代进入“软件驱动”的时代，生产方式一步步走向精细化、柔性化。越来越多企业通过采用数控机床、工业机器人、大型自动化成套设备等信息化手段，实现企业生产的零库存、低成本和快速反应，满足客户日益强烈的个性化、多样化需求。

（1）精益生产能力。精益生产（Lean Production，LP）是美国麻省理工学院专家对日本丰田准时化生产方式 JIT（Just In Time）的赞誉和称谓，日本更是凭借精益管理思想一跃成为世界汽车大国。精益生产的核心思想是：通过持续改进，杜绝一切无效作业与浪费。统计数据表明，精益生产可以让生产时间减少 90%、库存减少 90%、生产率提高 60%、市场缺陷减少 50%、废品率降低 50%、安全指数提升 50%。精益生产不仅是一种理念，一种文化；也是一种不断演进的生产方式，一趟没有终点的旅程。随着现代信息技术的发展，精益生产的内涵更加丰富，精益生产是信息集成水平不断深化的过程，是生产制造过程不断优化的过程，精益生产是软件定义的生产，是数据驱动的生产，是基于模型和算法的生产。

（2）成本精细控制能力。企业管理的目标是提高质量、提高效率、降低成本。降低成本是企业内部管理永恒的主题，全面加强成本管理是企业做大做强的需要，也是企业提升竞争力的重要内容。企业成本的精细管理，离不开 ERP 的支持，ERP 成本管理是按照管理会计的原则，对企业的生产成本进行预测、计划、控制、决策、分析与考核，进而实现企业成本控制的精细化、科学化、智能化。成本的精细控制是一种能力，以 2008 年国际金融危机为例，钢铁价格变化犹如过山车，这对每个企业的管理能力、成本控制能力都是一种考验。南钢（南京钢铁联合有限公司）面对钢铁企业工艺复杂、产品线长、跨区经营等特点，利用信息化手段提升钢铁成本管理水平，通过主要业务与财务管理系统的集成应用，关账时间从 1 个月缩短为 1 日，并细化到具体的品种规格，合同兑现率从 87% 提高到 96%，大幅提高了财务效率，降低了企业成本。

（3）产品全生命周期质量管理能力。关于质量管理的理论有质量管理大师戴明（E. Deming）和朱兰（J. Juran）提出的全面质量管理（TQM），以及美国 GE 的六西格玛管理理论。它们的精神不限于生产产品，而是渗透到企业经营业务的方方面面，覆盖产品全生命周期。个别时间段的统计，我国产品质量和技术标准整体水平不高，国家监督抽查产品质量不合格率高达 10%，出口商品处于国外通报召回问题产品数量的首位，制造业年度质量损失曾超过 2000 亿元，间接损失超过万亿元。利用 CAX、MES、ERP 系统等工业软件提升研发设计、生产制造、经营管理等产品全生命周期的质量管理能力，不仅是每个企业提高核心竞争力的重要内容，也是我国制造业转型升级的内在要求。

（三）市场需求实时响应能力

当前，制造业正在从以生产为中心向以客户为中心转变，构建客户需求深度挖掘、实时感知、快速响应、及时满足的创新体系日益成为企业新型能力。通过信息化手段，促进客户订单、原材料采购、产品质量设计、生产制造、销售服务等一系列生产经营活动的一体化，提高市场需求实时响应能力，是互联网时代制造企业必须具备的能力和必须应对的挑战。

（1）客户精准分析能力。任何一家企业都因为满足了顾客某种至关重要的需求而存在，无论企业销售的是服饰还是手机，都需要对市场和客户进行精准分析。对传统企业来说，市场调研是获取客户需求的重要手段，通常的做法是定义某个范围的目标客户，而非定义每个客户，因此企业在做产品定义和设计的时候很难满足每个特定的需求。以电子商务为代表的互联网平台可以让企业跳出狭隘的竞争空间，通过大数据分析让企业更加主动地选择客户，更加有效地识别客户需求，更加有针对性地开发出满足目标客户需求的产品和服务。当前，一些企业基于互联网、物联网、大数据、云平台等手段，开展社交化客户关系管理，通过建立用户数据库，对用户消费行为进行大数据画像，变被动满足用户需求为交互式主动营销。华为通过对客户需求进行大数据分析，提高了手机的精准营销能力。洋河通过大数据分析对用户进行画像，提高了白酒营销能力。

（2）实时感知能力。在产业互联网时代，传统产品被具有感知、存储和通信功能的智能产品所取代，每个企业不再只是产品生产者、服务提供者，而是通过产品与服务，与客户建立“强关系”，成为24小时在线、了解、预测客户需求的“客户运营商”。智能产品＋智能软件成为企业感知用户需求并向用户提供服务的重要渠道，一方面，智能产品是一个需求感知平台，它可以实时采集、分析客户使用产品的情况；另一方面，智能产品是一个客户服务平台，它可以基于智能产品形成新的商业模式，面向用户提供各种个性化、精准化服务。对智能手机、智能电视企业来说，它可以做到实时感知用户需求，用户看哪个频道、哪个节目、什么时间看、看了多长时间，所有信息都被后台的智能电视厂商、视频厂商监测，进而为客户推送针对性服务。

（3）快速响应能力。互联网时代颠覆了企业的竞争模式，传统的空间竞争被时间竞争超越。传统企业的业务扩张是以空间拓展和空间竞争为主，通过不断进行市场拓展和丰富产品线来获得竞争优势。而在互联网时代，客户更加关注需求满足和交付周期，使企业之间的竞争由空间竞争向时间竞争转变。围绕打造“客户服务快速响应能力”，徐工集团建设营销服务一体化平台，承诺做到“10分钟响应，2小时到位，24小时完工，48小时回访”。小米公司通过软件对客户需求进行深度挖掘、实时感知、快速响应和及时满足，同时小米公司在手机及系统开发过程中，吸引手机发烧友参与，根据发烧友的反馈意见不断改进，并每周更新，既提高了创新效率，又增加了用户黏度。

（四）全生命周期服务能力

在信息技术应用日益广泛和深入的背景下，制造业价值链各环节发生重大变化，高附加值环节不断向产业链的上下游两端转移，服务已经成为一种独立的商品形态，生产型制造的利润空间受到的挤压越来越严重，而服务在制造过程中所占的比重越来越大，开展基于产品全生命周期服务成为提升企业利润和竞争力的重要手段。

（1）可预测性维护能力。随着产品智能化水平的不断提高，大型工业产品实时维护越来越迫切，在线监测和实时维护已成为一个产品的基本功能。越来越多的客户在购买产品时，会关注产品带来的服务，而不仅是产品本身；越来越多的客户会倾向与产品提供商签订服务合同，而不是签订简单的产品买卖合同，可预测性维护能力成为互联网时代企业的一种新型能力。全球最大的飞机发动机制造商罗尔斯•罗伊斯（Rolls Royce）与航空公司签订的是绩效保证式合同，它在报出发动机价格的同时会提供发动机保养及在线维护服务，通过软件对发动机进行实时监控、故障诊断和维修支持，这使其一跃成为航空发动机在线维护服务领导者。GE 使用设备管网系统 InSite 后，41% 的故障可以远程排除，平均消耗时间仅为 15 分钟，而 34% 的故障可以进行远程诊断和到点维护设备，平均故障排除时间降低到了 2 小时，设备的停机率缩短至小于 1 天 / 年。

（2）制造资源分享能力。据统计，当前我国部分行业数控机床利用率不超过 50%，监测设备的利用率只有 10%，推动这些闲置设备生产能力的在线交易、协同，将会孕育分享经济的巨大市场。信息通信技术的发展解决了制造能力分享交易三个最基本的问题，即和谁交易、交易什么，以及怎么交易。

六、软件定义产业生态

信息通信技术的发展正将制造业带入一个新时代，带入一个要素单元不断整合为小系统、小系统不断融入大系统、大系统不断演进为超级复杂系统的新时代。新的应用技术、新的生产主体、新的设施与标准、新的产业环节在系统内构筑起新的复杂关系，形成了互生、共生、再生的生态共同体，以及以生态为特征的制造业发展新范式。当前，软件支撑和定义的产业生态，正在从传统 Wintel 体系、移动智能终端向智能装备、智能制造系统演进。GE、西门子、博世等国际制造业巨头，通过参与组建工业互联网联盟（IIC）、工业 4.0 平台等新载体，加快构建以平台软件为支撑的智能制造产业新生态，全球制造产业生态系统竞争的时代正在到来。

（一）软件定义的智能终端产业生态

半个多世纪以来，信息通信产业的生态竞争从微型机、服务器到智能手机、智能家电，围绕以操作系统为核心的产业生态系统的竞争愈演愈烈，市场在从封闭式创新走向开放融合的过程中，企业的顺势崛起或黯然退场都反映出“优胜劣汰，适者生存”的生态法则。我们能够发现，智能终端产业生态营造的成功者，在战略端引领技术革新方向、实现生态链共赢，在产品端深度整合软件与硬件、终端与服务，“大者恒大”的马太效应正在这一领域持续演变。

（1）基于 Wintel 体系的计算机产业生态。20 世纪 80 年代初，IBM PC 的兼容机战略孕育了 Wintel 体系，并成功演化为全球产业生态竞争的典范。30 多年来，微软和 Intel 推动软硬件功能的深度适配、协同创新和持续升级，Wintel 体系以操作系统为核心，构建了计算机几乎所有主流外设适配的兼容体系，形成了数百个各类基于 Windows 的软件开发工具，在全球围绕九大类软件产品建立了上千万名研发人员参与的开发者社区，每年培训了数以亿计的各类应用软件开发人员，基于 Windows 的应用软件和 App

已经超过66.9万个，拥有超过10亿名用户。Wintel体系通过整合软件、硬件、整机、外设及开发者、用户等资源，建立起独一无二的产业生态，形成全球个人计算机市场难以撼动的竞争优势。

（2）移动智能终端产业生态。苹果（iPhone）的推出标志着功能手机向智能手机的成功演进，全球移动智能终端形成基于Android、iOS两大操作系统的产业生态，美国借此重新夺回移动互联网和智能终端的领先地位。苹果移动智能终端以软硬件深度适配为重点，以操作系统为纽带，构建起以"CPU（ARM）+操作系统（iOS）+开发工具+应用商店+各类App"为核心的产业生态。当前，苹果智能终端拥有数亿级用户，聚集了1300多万名应用开发者，开发了约210万款App，App Store自2008年7月发布以来已为iOS开发者带来超过800亿美元的收入。苹果公司通过构建移动智能终端的产业生态，打造新的竞争优势，以全球手机市场9%左右的出货量，获得了75%的利润。

当前，全球移动智能终端产业生态正在从智能手机向智能电视、智能穿戴等领域拓展，以操作系统为核心、以软件提升硬件价值为特点的智能终端生态正在快速形成。

（二）软件支撑和定义的智能装备产业生态

伴随新一代信息通信技术的创新和应用，万物互联时代正在到来。当前，传感、通信、软件、计算等新技术、新功能不断涌入，传统装备加快向智能装备演进，基于互联网平台化的控制系统、应用软件和服务解决方案正在构建智能机器人、智能机床等智能装备的产业新生态。

（1）智能机器人产业生态。智能机器人是机械结构和软件高度耦合的集成化产品，具有感知、判断、行动能力，能够根据预设程序适应环境变化，实现自主学习和自我管理。伴随着机器人操作系统从碎片化走向集成化、从封闭走向开放，以及开发工具从单一走向多元，带来了产品结构和生态的重建。软件算法实现了机器人灵活运动与精确控制，标准化的开发工具提高了代码复用率，降低了开发难度，系统的开源开放实现了机器人零部件厂商、整机厂商、软件提供商、集成商、渠道商等产业力量的生态聚集。2008 年，从谷歌离职的 Scott Hassan 开发出了标准化开源机器人操作系统 ROS；2015 年，中国发布国内第一款智能机器人操作系统 Turing OS，智能机器人产业生态正在加速形成。

（2）智能机床产业生态。传统机床的数控系统正在从专用走向通用、从封闭走向开放，它带来了机床使用方式、商业模式的深刻变革，使新的产业生态加速形成。面向互联网的控制软件是实现机床智能化的基础，能够实现机床供求信息、位置信息、作业能力的可感知和可控制。同时先进的模型算法是优化机床资源配置的核心，能够在正确的时间把正确的制造任务下达给正确的企业及其装备资源。我国 i5 智能机床，通过 iSESOL 云制造平台，聚集了机床制造、数控系统开发等企业，以及创客、威客、物流等第三方资源，并通过生产力交易连接机床供需企业，形成了以机床为核心的产业生态，目前智能设备连接数已超过 1 万台。

（3）智能工程机械产业生态。各类服务系统与信息化软件被应用到传统制造业中，促进了先进装备制造企业创新服务模式的形成，服务在变得有形化、可存储、可贸易的同时，也形成了以设备为中心、以服务为纽带的生态圈。例如，美国农用机械制造企业 John Deere 通过在农机上安装 GPS 和测试土壤成分的传感器，并结合高级数据分析，构建了农机制造、农药供应商、肥料供应商的合作生态，进一步为用户提供作物生产管理服务。

（三）软件定义的智能制造产业生态

传统制造业在发展过程中，逐渐形成了以制造企业为中心、立足于合作和市场交易行为构成的松散联盟生态。具体而言，IT 层、OT 层的解决方案是企业分别向制造企业客户需求方提供不同层级的解决方案，最终由客户方进行整合。随着技术融合和产业发展，微软、谷歌等在 ICT 领域开创的局面让全世界都看到了跨产业生态链的魅力，一些行业巨头企业立足于各自的优势领域，着力构建智能制造产业生态，正如美国智能制造领导力联盟（SMLC）所描述的：智能制造发展的一个重要目标就是在商务系统、制造工厂和供应商之间实现企业生态联盟的集成。而这种生态构成，是以集成化软件产品为核心、跨界合作为重要发展模式，其具体表现在以下3个方面。

（1）构建基于智能机器的数据采集系统。通过将不同标准接口的设备进行统一集成，将不同类型的机械设备（不同年代、不同生产商）进行连接打通，实现对OT层数据的打通及采集，进而将设备厂商、元器件厂商纳入生态系统中。GE Predix Machine和PTC CPS HUB均是实现设备资源互联和实时控制的代表性产品。

（2）形成智能分析工具。通过整合IT软件企业、大数据专业服务商及互联网企业的云服务能力，提升数据分析速度和精度，从而支撑设备、资产、流程优化。博世通过与SAP构建生态合作关系，利用SAP数据模型库，优化其物联网解决方案。GE形成了Predix Service多种资产管理和设备优化解决方案。过去10年，西门子通过不断并购，构建了一个涵盖了多个细分行业仿真、验证、测试等多个领域的大数据分析、软件工具体系。

（3）搭建开放平台实现工业App的开发。随着新一代信息技术和制造技术的融合，智能制造新型集成化产品不断涌现，显现出以开放化平台为核心，向下整合硬件资源、向上承载软件应用的发展趋势，集成了多种网络通信协议、应用协议、数据协议的工业IoT平台，成为IT、自动化、制造领域领先企业的新宠。国际产业巨头（如GE、IBM、Intel、SAP等）均陆续开始涉足工业IoT平台。GE建立了基于Predix Machine、Predix Connectivity、Predix Cloud的平台体系，融合了技术开发和业务应用两个领域，开发了针对电力、能源等行业领域的大数据分析应用。PTC等通过与GE战略合作，构建了基于通用工业IoT平台的行业App定制开发体系。

CHAPTER 05

工业 4.0：他山之石的启示

工业 4.0 是德国应对新一代信息技术与制造业融合发展作出的战略抉择。对德国工业 4.0 理解和认识的深化，有助于对中国两化深度融合战略理解和认识的深化。想要准确认识和深刻理解德国工业 4.0，要从德国工业 4.0 提出的时代背景（为什么？）、基本概念（是什么？）、我们的理解认识（如何看？）及启示意义（怎么干？）等方面进行系统剖析，并以此为借鉴推动我国强国战略的落地实施。

一、工业 4.0：为什么

2011 年，在德国汉诺威工业博览会上，德国相关协会提出工业 4.0 的初步概念，此后由德国机械设备制造联合会等协会牵头，来自企业、政府、研究机构的专家成立了工业 4.0 工作组，其职责是进一步加强工业 4.0 的研究并向德国政府进行报告。2013 年，该工作组发表了《工业 4.0 标准化路线图》，并组建了由协会和企业参与的工业 4.0 平台（Platform-i4.0），德国政府也将工业 4.0 纳入《高技术战略 2020》中，由此工业 4.0 正式成为一项国家战略。德国工业 4.0 在很短的时间内得到了来自党派、政府、企业、协会、院所的广泛认同，并达成共识。工业4.0从一个来自民间的概念迅速演变成国家产业战略，它正从一个产业政策上升为国家法律。工业4.0在这么短的时间内在德国得到广泛认同，有其偶然性也有其必然性，这种认识来自德国长期以来把工业作为国家经济的基石，来自信息通信技术给工业带来的革命性影响，也来自新一轮科技革命中德国对其工业地位的担忧。概括起来，这种认识主要是源于三种意识：危机意识、机遇意识和领先意识。

（一）危机意识

德国是传统的科技与工业强国，但是在新一轮产业技术革命中，其传统的竞争优势受到了来自各方面的挑战，一部分新兴产业成长乏力，各界对德国未来发展表现出某种忧虑。

（1）对新兴产业创新能力的忧虑。信息通信技术是全球新一轮产业变革中最具活力的技术，德国各界的普遍共识是，德国乃至整个欧洲丧失了全球信息通信产业发展的机遇。在全球产业创新最活跃的互联网领域，全球市值最大的20个互联网企业中没有欧洲企业，欧洲的互联网市场基本被美国企业垄断。全球通信产业蓬勃发展，但欧洲企业节节败退，仅有少数企业在苦苦支撑。欧洲的集成电路公司纷纷转型为设计企业，并不断从消费市场退出。意法半导体公司CEO曾说，在全球智能手机和个人电子产品市场上，欧洲已经完全丧失了领导者地位，并为自己参与到这场竞争中而感到羞愧。德国的政界人士曾言，Facebook、亚马逊、苹果和谷歌代表着残忍的信息资本主义，而欧洲必须立即进行自我保护，欧洲面临着沦为“全球互联网巨头数字殖民地”的危险，互联网企业正成为了美国殖民主义的代理机构。当前，美国的互联网及ICT巨头与传统制造业领导厂商携手，GE、Cisco、IBM、AT&T、Intel等多家企业成立了工业互联网联盟，重新定义了制造业的未来，并在技术、标准、产业化等方面做出一系列前瞻性布局，工业互联网已成为美国先进制造伙伴计划的重要任务之一。欧洲及德国对新兴产业创新能力及对未来发展前景表现出了一种深深的忧虑。

（2）对传统产业竞争优势的忧虑。德国传统工业在全球的竞争优势仍十分突出，但是在新一代信息技术与工业加速融合，产品、装备、工艺、服务智能化步伐不断加快的背景下，德国能否跟上时代发展的潮流，德国各界对此有深刻的危机意识。德国总理默克尔也指出，目前 90% 的创新在欧洲以外产生，欧洲不能错失下一代工业技术变革。默克尔同时对德国的制造业能否及时与现代的信息和通信技术实现对接，以保证德国制造业在世界上的领先地位表示担忧。德国企业界对美国再工业化、中国制造业发展给予了充分的关注。2014 年 6 月 24 日，德国机械设备制造业联合会（VDMA）主席在日本说，德国和日本将携手应对中国的挑战。德国信息技术、通信与新媒体协会工业 4.0 部部长曾说，不仅亚洲对德国工业构成竞争威胁，而且美国正通过各种计划应对"去工业化"，以加快先进制造业发展。

（3）对国家产业战略方向的忧虑。2008 年，国际金融危机过后，新一代信息技术的突破扩散及与工业融合发展，引发了国际社会对第三次工业革命、能源互联网、工业互联网、数字化制造等一系列发展理念和发展模式的广泛讨论和思考。欧盟及美国、日本、韩国等纷纷制定了一系列规划和行动计划，实施制造业回归战略。这既体现了发达国家对制造业传统发展理念的深刻反思，也反映了其抢占新一轮国际制高点的意图和决心。德国作为全球制造业强国，在新一轮技术变革中能不能找到工业发展方向并引领全球工业发展，是德国各界广泛关注的问题。

（二）机遇意识

在与德国工业 4.0 参与方的交流中，我们能深切体会到，尽管德国各界对有些产业发展不尽如人意表现出了忧虑，但对德国传统优势产业的竞争力还是表现出强烈的自信，认为德国工业经济发展面临许多机遇。

（1）市场机遇。信息通信技术与制造业融合发展带来一个重要的变革就是智能制造时代的来临，云计算、大数据、人工智能、机器学习等驱动人类智能迈向更高境界，推动着人类各种生产工具的智能化和现代化，在廉价体力劳动不断被机器替代的同时，越来越多的脑力劳动者正在被智能工具所替代，人类正在迈向第二次机器时代，其带来的产业变革和对就业结构的影响将超越过去300多年的工业化历史。基于新一代智能装备生产组织方式将广泛普及，从普及单机智能化到普及智能生产线、智能车间、智能工厂，其背后是庞大的、快速成长的智能装备市场。德国各界一直在探讨以什么样的方式抓住快速成长的市场。

（2）技术机遇。智能制造不仅需要单项技术突破，也需要各种技术综合集成，而这正是德国的优势所在。面对全球新一代信息技术与制造技术融合的趋势，德国迎来了巩固和强化技术优势的机遇。具体来说，一是工业软件优势。工业软件是智能装备的核心和基础，德国企业资源管理（ERP）、制造执行系统（MES）、产品生命周期管理（PLM）、可编程逻辑控制器（PLC）等核心工业软件在全球都处于领导地位。二是工业电子优势。集成了传感、计算、通信的工业电子是智能装备的核心，这也是德国的优势领域所在，一批德国企业在汽车电子、机械电子、机床电子、医疗电子等领域引领全球发展。三是制造技术优势。德国工业的基础材料、基础工艺、基础装备、基础元器件核心技术领域一直在全球处于领先地位，德国机械设备制造业联合会（VDMA）发布的数据报告显示，德国的机械出口占全球16%，居全球首位，其在创新性制造技术领域的研究、开发和生产，以及复杂工业过程管理的领先性无人能比。传统制造技术与工业软件、工业电子技术的结合，为德国抢占智能装备竞争制高点带来了难得的机遇。

（3）产业机遇。装备制造业是德国最具优势的产业，面对全球智能制造带来的机遇，德国各界的共识是，要把握信息通信技术与装备制造业融合的趋势，瞄准全球快速成长的智能工厂装备市场，确保德国企业成为全球智能制造产业“领先供应商”地位。对于德国而言，这个市场是潜在的，也是现实的，没有哪个国家比德国更有条件和优势发展智能制造。德国相关协会调查表明，60%的德国机械设备制造商确信他们的技术和产品竞争优势在未来五年会得到提高。正如德国所说，欧洲失去了互联网的机遇，但不能失去物联网的机遇，物联网应用的主战场是工业领域，德国不仅可以而且能够在物联网的技术变革中抓住机遇引领潮流。

（三）领先意识

在新一轮技术革命和产业变革中，德国人有危机感，也看到了新机遇，并试图在工业领域继续保持全球领先的地位。实现这一目标的基本途径就是，在向工业化 4.0 迈进的过程中先发制人，与世界制造强国争夺新科技产业革命的话语权，抢占产业发展的制高点。具体来讲，领先意识就是要实现以下五个领先。

（1）理念领先。信息技术领域从来不缺乏新概念和新理念，但真正能够被各界广泛认可并快速传播的发展理念屈指可数。物联网、移动互联、云计算、大数据等新一代信息技术得到广泛普及并推进了生产方式变革，当各国纷纷提出数字化制造、工业互联网、能源互联网等制造业发展新理念时，德国作为欧洲传统的工业强国，需要一个既能继承传统工业发展思想，又能启发未来工业趋势的新理念，以此抢占发展理念的制高点，并引领德国工业继续保持全球领导地位。正是在这一背景下，德国工业 4.0 的概念出现了。这一概念最大的成功在于，它把几百年工业发展的历史与现代信息技术趋势进行了完美的集成，是继承性与创新性的统一、理论性与通俗化的统一、严肃性与时尚性的统一，其传播的速度、广度、深度也超过了德国人的预期。

（2）技术领先。当前，信息技术创新步伐不断加快，正在步入泛在、智能、集成的新阶段。从计算、传输到处理，从感知、传感到智能，泛在连接和普适计算已无所不在，云计算、大数据、人工智能、机器学习等正在驱动人类智能迈向更高境界，虚拟化技术、3D 打印、工业互联网、大数据等技术将重构制造业技术体系。德国提出“工业 4.0”，其宗旨也是支持工业领域新一代革命性技术的研发与创新，大力推动物联网和服务互联网技术在制造业领域的应用，从而应对新一轮科技革命带来的挑战，以此抢占信息技术与工业融合发展中技术的制高点。

（3）产业领先。在新一轮科技革命的影响下，全球新的产业分工体系和分工格局正在形成，基于信息物理系统（CPS）的智能工厂和智能制造模式正在引领制造方式的变革，全球研发设计、生产制造、服务交易等资源配置体系正在加速重组，网络众包、异地协同设计、大规模个性化定制、精准供应链管理等正在构建企业新的竞争优势，全生命周期管理、总集成总承包、互联网金融、电子商务等正在加速重构产业价值链新体系。德国提出工业 4.0 的目的是，在智能生产体系的支撑下重构全球的生产方式。德国信息技术、通信、新媒体协会工业 4.0 部部长说，德国传统工业的核心架构及它在国际上的卓越地位，能够与 ICT 技术结合并改革德国的传统工业，德国希望在新一轮产业技术革命浪潮中扮演主要角色。

（4）标准领先。产品的智能化、装备的智能化、生产的智能化、管理的智能化及服务的智能化，迫切要求装备和产品之间，装备和人之间，以及企业、产品和用户之间全流程、全方位、实时地互联互通，以实现数据信息的实时、准确交换、识别、处理、维护。由于研发、生产、管理、服务的高度协同对智能制造的标准化提出了新的要求，这就必须制定和执行许许多多技术标准、服务标准、管理标准和安全标准。智能制造的标准体系是全球产业竞争的一个制高点，德国已抢先一步，制定了《工业 4.0 标准化路线图》，以此抢占工业 4.0 标准化领域的制高点。

（5）市场领先。巩固并不断扩大全球市场的优势是德国工业 4.0 的根本出发点，也是各界的共识。在工业 4.0 战略中，德国采用了“领先的供应商战略”与“领先的市场战略”双重战略来释放市场潜力。“领先的供应商战略”强调德国装备制造供应商要通过技术创新和集成，不断提供世界领先的技术解决方案，并借此成为“工业 4.0”产品全球领先的开发商、生厂商；“领先的市场战略”强调将德国国内制造业作为主导市场加以培育，率先在德国国内制造企业加快推行工业 4.0 与部署信息物理系统（CPS），进一步壮大德国装备制造业。

二、工业 4.0：是什么

与国际社会关于第三次工业革命的说法不同，德国学术界和产业界认为，前三次工业革命的发生，分别源于机械化、电力和信息技术。他们将 18 世纪引入机械制造设备定义为工业 1.0，将 20 世纪初的电气化定义为工业 2.0，将始于 20 世纪 70 年代的生产工艺自动化定义为工业 3.0，而物联网和制造业服务化迎来了以智能制造为主导第四次工业革命，或革命性的生产方法，即工业 4.0。德国工业 4.0 战略旨在通过充分利用信息通信技术和信息物理系统（CPS）相结合的手段，推动制造业向智能化转型。

（一）工业 4.0 是互联

西门子、博世和蒂森克虏伯的专家在交流时都提到，工业 4.0 的核心是连接，要把设备、生产线、工厂、供应商、产品、客户紧密地连接在一起。“工业 4.0”适应了万物互联的发展趋势，将无处不在的传感器、嵌入式终端系统、智能控制系统、通信设施通过信息物理系统（CPS）形成一个智能网络，使产品与生产设备之间、不同的生产设备之间，以及数字世界和物理世界之间能够互联，使机器、工作部件、系统及人类会通过网络保持数字信息的交流。

（1）生产设备之间的互联。从工业 2.0 到工业 3.0 时代的重要标志是，单机智能设备的广泛普及。工业 4.0 工作组把 1969 年第一个可编程逻辑控制器 Modicon 084 的使用作为工业 3.0 的起点，其核心是各种数控机床、工业机器人自动化设备在生产环节的推广，我们可以把它理解为单机设备智能化水平不断提升并普及推广。工业 4.0 的核心是单机智能设备的互联，不同类型和功能的单机智能设备的互联组成智能生产线，不同智能生产线间的互联组成智能车间，智能车间的互联组成智能工厂，不同地域、行业、企业的智能工厂的互联组成一个制造能力无所不在的信息物理系统，这些单机智能设备、智能生产线、智能车间及智能工厂可以自由地、动态地组合，以满足不断变化的制造需求，这是工业 4.0 区别于工业 3.0 的重要特征。

（2）设备和产品的互联。正如德国总理默克尔在 2014 年汉诺威工业博览会上所讲的，工业 4.0 意味着智能工厂能够自行运转，零件与机器可以进行交流。由于产品和生产设备之间能够通信，使产品能理解制造的细节及自己将被如何使用。同时，它们能协助生产过程，回答诸如“我是什么时候被制造的”“哪组参数应该被用来处理我”“我应该被传送到哪”等问题。

（3）虚拟和现实的互联。信息物理系统（CPS）是工业 4.0 的核心，它通过将物理设备连接到互联网上，让物理设备具有计算、通信、控制、远程协调和自治五大功能，从而实现虚拟网络世界与现实物理世界的融合。信息物理系统（CPS）可以将资源、信息、物体及人紧密联系在一起，从而创造物联网及相关服务，并将生产工厂转变为一个智能环境，这是实现设备、产品、人协调互动的基础。智能制造的核心在于实现机器智能和人类智能，实现生产过程的自感知、自适应、自诊断、自决策、自修复。

（4）万物互联（Internet of Everything，IoE）。信息技术发展的终极目标是实现无所不在的连接，所有产品都将成为一个网络终端。万物互联就是人、物、数据和程序通过互联网连接在一起，实现人类社会所有人和人、人和物及物和物之间的互联，重构整个社会的生产工具、生产方式和生活场景。人们能够以多种方式连接到互联网，基于感知、传输、处理的各类人造物将成为网络的终端，人、物、数据在网络环境下进行流程再造，基于物理世界感知和人群交互的在线化、实时化的数据与智能处理改变着我们对外部世界的响应模式。

（二）工业 4.0 是集成

工业 4.0 将无处不在的传感器、嵌入式终端系统、智能控制系统、通信设施通过 CPS 形成一个智能网络，使人与人、人与机器、机器与机器及服务与服务之间能够互联，从而实现横向、纵向和端对端的高度集成。集成是德国工业 4.0 的关键词，也是长期以来中国推动两化融合的关键词。在两化融合评估体系中，将两化融合分为起步阶段、单项应用阶段、综合集成阶段、协同创新阶段四个阶段，综合集成是信息化和工业化融合走向纵深的重要标志，中国两化融合主要强调了企业内部的纵向集成和企业间的横向集成，而德国工业 4.0 增加了端到端集成。

（1）纵向集成。纵向集成不是一个新话题，它伴随着信息技术与工业融合发展常讲常新。换句话说，企业信息化在各个部门发展阶段的里程碑，就是企业内部信息流、资金流和物流的集成，是在哪个层次、哪个环节、哪个水平上，是在生产环节上的集成（如研发设计内部信息集成），还是跨环节的集成（如研发设计与制造环节的集成），还是产品全生命周期的集成（如从产品研发、设计、计划、工艺到生产、服务等全生命周期的信息集成）。工业 4.0 所要追求的就是在企业内部实现所有环节信息无缝链接，这是所有智能化的基础。

（2）横向集成。在市场竞争牵引和信息技术创新驱动下，每个企业都在追求生产过中的信息流、资金流、物流无缝链接与有机协同，在过去，这一目标主要集中在企业内部，但现在企业要实现新的目标：从企业内部的信息集成走向产业链信息集成，从企业内部协同研发体系走向企业间的研发网络，从企业内部的供应链管理走向企业间的协同供应链管理，从企业内部的价值链重构走向企业间的价值链重构。横向集成是企业之间通过价值链及信息网络所实现的一种资源整合，为实现各企业间的无缝合作，提供实时产品与服务，推动企业间研产供销、经营管理与生产控制、业务与财务全流程的无缝衔接和综合集成，实现产品开发、生产制造、经营管理等在不同企业间的信息共享和业务协同。

（3）端到端集成。从某种意义上来讲，端到端集成是一个新理念，各界对于端到端集成有不同的理解。所谓端到端就是围绕产品全生命周期的价值链创造，通过价值链上不同企业资源的整合，实现从产品设计、生产制造、物流配送、使用维护的产品全生命周期的管理和服务，它以产品价值链创造来集成优化供应商（一级、二级、三级……）、制造商（研发、设计、加工、配送）、分销商（一级、二级、三级……），以及客户信息流、物流和资金流，在为客户提供更有价值的产品和服务的同时，重构产业链各环节的价值体系。

（三）工业 4.0 是数据

德国机械设备制造联合会及 SAP 的专家在交流时都提出，工业 4.0 的核心就是数据。SAP 高级副总裁柯曼说，企业数据分析就像汽车的后视镜，开车没有后视镜就没有安全感，但更重要的是车的前风窗玻璃——对实时数据的精准分析。从工业 1.0、工业 2.0、工业 3.0 演进的角度来看，这一认识不无道理，数据是区别于传统工业生产体系的本质特征。在工业 4.0 时代，制造企业的数据将会呈现爆炸式增长态势。伴随着工业互联网、工业大数据、信息物理系统（CPS）的推广，智能装备、智能终端的普及，以及各种各样传感器加速普及使用，将会带来无所不在的感知和无所不在的连接，所有的生产装备、感知设备、联网终端，包括生产者本身都在源源不断地产生数据，这些数据将会渗透到企业运营、价值链乃至产品的整个生命周期，是工业 4.0 和制造革命的基石。

（1）产品数据。它包括设计、建模、工艺、加工、测试、维护、产品结构、零部件配置关系、变更记录等。产品的各种数据被记录、传输、处理和加工，使得产品全生命周期管理成为可能，也为满足个性化的产品需求提供了条件。首先，外部设备将不再是记录产品数据的主要手段，内嵌在产品中的传感器将会获取更多实时的产品数据，使得产品管理能够从需求、设计、生产、销售、售后贯穿到淘汰报废等产品全生命周期。其次，智能互联产品实时产生大量数据，通过挖掘和分析这些数据，可动态感知并实时响应消费需求。

（2）运营数据。它包括组织结构、业务管理、生产设备、市场营销、质量控制、生产、采购、库存、目标计划、电子商务等数据。工业生产过程中无所不在的传感、连接，带来了无所不在的数据，这些数据会创新企业的研发、生产、运营、营销和管理方式。首先，生产线、生产设备的数据可以实现对设备的实时监控，同时生产数据反馈至生产过程中，使得工业控制和管理最优化。其次，通过对采购、仓储、销售、配送等供应链环节上的数据采集和分析，将带来效率的大幅提升和成本的大幅下降，并将极大地减少库存，改进和优化供应链。最后，利用销售数据、供应商数据的变化，可以动态调整优化生产、库存的节奏和规模。此外，基于实时感知的能源管理系统，能够在生产过程中不断实时优化能源效率。

（3）价值链数据。它包括客户、供应商、合作伙伴等数据。企业在当前全球化的经济环境中参与竞争，需要全面地了解技术开发、生产作业、采购销售、售后服务等环节的竞争力要素。大数据技术的发展和应用，使得价值链上各环节数据和信息能够被深入分析和挖掘，为企业管理者和参与者提供看待价值链的全新视角，使得企业有机会把价值链上更多的环节转化为企业的战略优势。例如，洋河酒厂通过大数据平台构建全营销系统，核心是让一瓶酒从最初的酒厂发出去，然后经过经销商、终端到消费者，整个过程中每个环节的信息都在全营销系统中体现出来。

（4）外部数据。它包括经济运行、行业、市场、竞争对手等数据。为了应对外部环境变化带来的风险，企业必须充分掌握外部环境的发展现状以增强自身的应变能力。大数据分析技术在宏观经济分析、行业市场调研中得到了越来越广泛的应用，已经成为企业提升管理决策和市场应变能力的重要手段。少数领先的企业已经通过为包括从高管到营销到车间工人在内的员工提供信息、技能和工具，引导员工更好、更及时地在“影响点”做出决策。刘世锦提出了数字时代经济活动实时在线分析这一概念，他认为，在数字经济时代，有可能通过及时获取各种高频数据，对经济形势进行实时在线分析预测。

（四）工业 4.0 是创新

工业 4.0 的实施过程实际上就是制造业创新发展的过程，技术、产品、模式、业态、组织等方面的创新将层出不穷。

（1）技术创新。未来工业 4.0 的技术创新在三条轨道上进行，一是新型传感器、集成电路、人工智能、移动互联、大数据在信息技术创新体系中不断演进，并为新技术在其他行业的不断融合渗透奠定技术基础。二是传统工业在信息化创新环境中，不断优化创新流程、创新手段和创新模式，在既有的技术路线上不断演进。三是传统工业与信息技术的融合发展，既包括信息物理系统（CPS）、智能工厂整体解决方案等一系列综合集成技术，也包括集成工业软硬件的各种嵌入式系统、虚拟制造、工业应用电子等单项技术突破。

（2）产品创新。信息通信技术不断融入工业装备中，推动着工业产品向数字化、智能化方向发展，使产品结构不断优化升级。一方面，传统的汽车、船舶、家居的智能化创新步伐加快，如汽车正进入“全面感知＋可靠通信＋智能驾驶”的新时代，万物互联（IoE）时代正在到来。另一方面，制造装备从单机智能化向智能生产线、智能车间到智能工厂演进，提供工厂级的系统化、集成化、成套化的生产装备成为产品创新的重要方向。

（3）模式创新。工业 4.0 将发展出全新的生产模式、商业模式。首先在生产模式层面，工业 4.0 对传统工业提出了新的挑战，要求从过去的“人脑分析判断＋机器生产制造”的方式转变为“机器分析判断＋机器生产制造”的方式，基于信息物理系统（CPS）的智能工厂和智能制造模式正在引领制造方式的变革。其次在商业模式层面，工业 4.0 的“网络化制造”“自我组织适应性强的物流”“集成客户的制造工程”等特征，也使它追求新的商业模式以率先满足动态的商业网络而非单个公司的需求，网络众包、异地协同设计、大规模个性化定制、精准供应链管理等新型智能制造模式将加速构建产业竞争新优势。

（4）业态创新。伴随信息等技术升级应用，从现有产业领域中衍生叠加出的新环节、新活动，将发展成为新的业态，进一步来讲，在新市场需求的拉动下，将形成引发产业体系重大变革的产业。就目前来看，工业云服务、工业大数据应用、物联网应用都有可能成为或者催生出一些新的产业和新的经济增长点。制造与服务融合的趋势，使全生命周期管理、总集成总承包、互联网金融、电子商务等加速重构产业价值链体系。

（5）组织创新。在工业 4.0 时代，很多企业将利用信息技术手段和现代管理理念，进行业务流程重组和企业组织再造，现有的组织体系将被改变，符合智能制造要求的组织模式将出现。基于信息物理系统（CPS）的智能工厂将加快普及，进一步推动企业业务流程的优化和再造。企业组织管理创新，也是两化融合管理体系标准的重要内容，在两化融合管理体系的九大原则、四大核心要素、四个管理域中都涉及了，如何围绕企业获取可续的竞争优势，不断优化企业的业务流程和组织架构。从实践的角度来看，国内企业在组织创新方面做了很多积极的探索。

（五）工业 4.0 是转型

在"工业 4.0"时代，物联网和（服）务联网将渗透到工业的各个环节，形成高度灵活、个性化、智能化的产品生产与服务模式，推动生产方式向个性化定制、服务型制造、创新驱动转变。

（1）从大规模生产向个性化定制转型。工业 4.0 给生产过程带来了极大的自由度与灵活性，通过在设计、供应链、制造、物流、服务等各个环节植入用户参与界面，新的生产体系能够针对每个客户、每个产品进行不同设计、零部件采购、安排生产计划、实施制造加工、物流配送，在极端情况下可以实现个性化的单件制造，问题的关键是，设计、制造、配送单件产品是盈利的。在这一过程中，用户由部分参与向全程参与转变，用户不仅出现在生产流程的两端，而且还能广泛、实时地参与生产和价值创造的全过程。然而实现真正的个性化定制将是一个漫长而艰辛的过程，这一进程只有起点没有终点。

（2）从生产型制造向服务型制造转型。服务型制造是工业 4.0 理念中工业未来转型的重要方向，越来越多的制造型企业围绕产品全生命周期的各个环节不断融入能够带来市场价值的增值服务，以此实现从传统的提供制造业产品向提供融入了大量服务要素的产品与服务组合转变。事实上，在德国工业 4.0 概念提出之前，服务型制造的理念已得到广泛认同。2012 年，关于制造业服务化的专著《制造业服务化路线图：机理、模式与选择》中就提出服务型制造的四种基本模式：一是围绕增强产品效能，拓展在线维护、个性化设计等服务；二是围绕提高产品交易便捷性，拓展融资租赁、现代物流和电子商务等服务；三是围绕提高产品线效能，提供专业化产品集成服务；四是围绕客户全方位需求，实现从基于产品的服务到基于需求的服务。在与德国三个大协会及西门子、博世、蒂森克虏伯等企业交流时，他们都从不同角度提出，推动制造业服务化转型是工业 4.0 的核心理念。

（3）从要素驱动向创新驱动转型。以廉价劳动力、大规模资本投入的传统要素驱动发展模式将难以为继，移动互联网、云计算、物联网、大数据等新一代信息技术在制造业的集成应用，带来了产业链协同开放创新、用户参与式创新，以及制造业技术、产品、工艺、服务的全方位创新。这些信息技术不断催生和孕育出新技术、新业态和新模式，从而激发了整个社会的创新创业激情，加快了企业从传统的要素驱动向创新驱动转型。

工业 4.0 是一个发展的概念、是一个动态的概念，它是一个理解未来信息技术与工业融合发展的多棱镜，站在不同的角度会有不同的理解。工业 4.0 是互联、集成、数据、创新、服务、转型；工业 4.0 是 CPS、智能工厂、智能制造；工业 4.0 是国家战略、企业行为。但从根本上来讲，工业 4.0 是一种在信息技术发展到新阶段产生的新的工业发展模式。从终极目标来看，工业 4.0 不能为技术而技术，其核心在于提高企业、行业乃至国家的整体竞争力。从企业来看，通过工业 4.0 可以大幅提高劳动生产率，加快产品创新速度，满足个性化需求，减少能耗，大幅提高产品质量和附加值，显著增强企业核心竞争力；从行业来看，通过工业 4.0 可以建立起高度协作的创新服务体系，提高整个行业的资源配置和运行效率；从政府来看，通过工业 4.0 进一步巩固德国制造业优势，抢占新一轮产业竞争的制高点。

三、工业 4.0：如何看

面对新一代信息技术与制造业融合发展的趋势，各国提出了一系列新概念、新战略、新举措，如产业互联网、工业 4.0、数字化制造等，客观来讲，这些概念伴随着技术持续创新、应用普及推广、实践不断积累、理论不断丰富，认识也在不断深化。从这个意义上来说，人们对工业 4.0 的内涵、目标、特征、路径的认识也是一个不断深化的过程。当前，理性客观地分析研究工业 4.0 概念的形成演化、政策演变、组织方式、实施路径和战略重点，有利于我们在实施中国两化深度融合的战略中，找到突破点，明确切入点，抢占竞争的制高点。这要求我们在认识和看待工业 4.0 的时候，既不能仰视，过分夸大其意义和作用；也不能俯视、轻视，认为其是商业炒作、新瓶装旧酒。我们应当正视，理性客观地分析其战略意图、核心理念和路径方法。从中国把握新一轮技术革命与产业变革的机遇，实现工业由大变强的历史性跨越的角度，我们可以从以下几个角度来认识工业 4.0。

（一）工业 4.0 与两化深度融合：如出一辙、异曲同工、殊途同归

德国工业 4.0 战略与中国的信息化和工业化深度融合战略在核心理念、主要内容和具体做法等诸多方面殊途同归。工业和信息化部领导在接受人民日报专访时说，我国提出的两化深度融合战略与德国提出的工业 4.0 战略如出一辙、异曲同工。尽管中德两国工业化阶段不同、企业水平不同、技术基础不同、主导产业不同、运行机制不同，但面对新一轮产业技术革命的趋势，二者有相同的危机感和紧迫感，都认识到了发展的机遇和挑战，都有举全国之力抢占新一轮产业竞争制高点的战略意图，两国的战略在核心理念、发展重点、方法路径等方面也比较相似。

（1）在核心理念方面。剥开工业 4.0、产业互联网及两化深度融合等这些新概念的外壳，可以看到不同国家应对新一轮产业技术变革的理念和战略布局的差异性，但其最根本的内核是一致的。工业 4.0 是互联、集成、数据、创新、服务、转型，而这些理念也是推进两化深度融合所秉持的核心理念。就集成而言，德国工业 4.0 提出三个集成，即纵向集成、端到端集成、横向集成。在推进两化深度融合实践中，业界普遍的共识是，两化融合的重点在集成、难点在集成，要取得显著成效也在集成。我们曾提出一个新

概念：企业信息化集成应用困境，也提出要把引导企业向集成应用跨越作为当前推进两化深度融合的着力点和突破点。在集成这一点上，中德两国的认识是一致的。

（2）在实施路径方面。近年来，各地在推进两化融合方面做了很多探索，如果我们认真分析观察具体路径和重点，可以看到中国的两化融合与德国工业 4.0 的相似之处。浙江结合自己的实践在两化融合工作中提出了六个“换”的思路：产品换代（实现产品的智能化升级）、机器换人（制造设备的智能化、自动化、网络化）、制造换法（车间级的设备互联、企业级设备互联的智能工厂）、电商换市（以电子商务拓展新的市场）、商务换型（云制造、服务型制造等新的商业模式）、管理换脑（发挥云计算、大数据在企业管理决策等方面的作用）[1]。浙江几年前就提出推进工厂设备的互联网，提出“机联网”与“厂联网”等新概念，这些源自于基层实践经验提炼的“土味”概念，思路清晰、方向明确，其本质上与德国工业 4.0 所强调的智能车间、智能工厂、个性定制、数据驱动、服务化转型等发展路径是一致的。

（3）在企业实践方面。提升企业核心竞争力是所有产业战略规划的出发点和落脚点，对中国如此，对德国也是如此。西门子、博世、SAP 等从各自的角度提出一些能够体现工业 4.0 特征的示范工厂和企业，其在企业管理、业务模式和生产方式等方面开展了一系列创新，这既是德国工业 4.0 的方向，也是中国两化融合的方向。事实上，国内企业在这些方面也做了一些积极探索，家电、服装、家具等行业正形成以大规模个性化定制为主导的新型生产方式。维尚家具、小米科技等一批创新型企业通过建立新的生产模式实现了逆势增长。工程机械、电力设备、风机制造等行业服务型制造业务快速发展，陕鼓集团、徐工集团、中联重科等企业产品全生命周期服务、总集成总承包服务日益成为企业利润的重要来源。汽车、钢铁、石化等行业企业间的协同供应链管理水平在不断提高，宝钢与供应商之间建立了供应商早期介入（EVI）和及时生产（JIT）体系。这些企业转型的

1 毛光烈．物联网的机遇与利用 [M]. 北京：中信出版社，2014.

方向就是工业 4.0 所倡导的方向。

从目标、理念、路径、方法的角度来看，中国两化深度融合与德国工业4.0如出一辙、异曲同工、殊途同归，但事实上，中国企业整体的信息化与德国还是有较大差距的。德国工业企业整体上处于工业 3.0 阶段，而中国企业整体上处于工业 2.0 阶段，中国面临更加复杂而艰巨的任务，面临两步并作一步走的挑战。然而我们也要看到自己的优势，尤其是不要低估了中国互联网企业在这一轮产业变革中的引领作用。习近平总书记在给世界互联网大会的贺词中说，互联网日益成为创新驱动发展的先导力量。李克强总理在会见大会中外代表时说，互联网是大众创业、万众创新的新工具。如果说企业信息化是企业在学游泳的话，那么诞生在互联网的电子商务企业天生就长着“腮”，不需要教练教它们用什么姿势游泳。它们每天都在实践着专家们 PPT 上的所谓互联网思维、信息化战略、工业 4.0 理念。淘宝上的店小二们多年前就从传统的 B2C、C2C 向大规模个性化定制的 C2B 转型，电子商务正在从传统的交易平台向研发设计平台、生产加工平台、物流配送平台、金融融资平台拓展和转型，品牌化、个性化定制已成为淘宝网上家具、服装等产品销售的重要模式。在这方面中国已经走出一条不同于欧美国家的新路，这些业务转型的方向，也是工业 4.0 所倡导的方向。

（二）工业 4.0：德国制造的新品牌、新名片

当提到硅谷时，我们自然会联想到全球 IT 产业创业创新基地。当提到德国时，我们会联想到高可靠、高精密、高质量、高安全的德国工业产品。德国制造作为一种品牌已成为德国的重要资产，这是德国人历经百年打造的，但德国人并不满足，在新一轮信息技术革命背景下，他们要赋予德国制造以新的内涵。德国工业 4.0 是德国工业发展的新理念、国家的新战略，更为重要的是，它正在成为德国制造的新品牌，为德国的工业体系贴上新的标签，它在强化德国制造原有内涵的基础上，赋予了新的内容，即高技术、高品质、高效率。德国人已经意识到，当人们谈到工业 4.0 的一系列概念，如柔性、智能、绿色、灵活、精准、高效时，就会自然地把这些概

念和德国联系起来，都会把这些理念作为德国制造的重要特征，作为德国制造业应有之义。工业 4.0 强化了德国制造高品质的形象。西门子经常讲的案例是实施工业 4.0 后，百万产品缺陷率仅为 15，相当于产品合格率为 99.9985%；工业 4.0 不断强化德国制造高效率的形象，虚拟工厂、无人工厂、智能工厂作为工业 4.0 的核心理念已深入人心；工业 4.0 不断强化德国制造高品质服务的形象，工业 4.0 反复讲的一个概念是产品全生命周期服务、（服）务联网，高质量的服务正成为德国制造的新内涵。

伴随着工业 4.0 战略推进，德国通过双边和多边国际组织不断强化国际合作，实施工业 4.0 的国家品牌营销，把德国的工业 4.0 转化成为欧盟的 4.0、G20 的 4.0。它们针对不同国家也制定了不同的策略。

美国是德国机械工程重要的出口市场，德国持续强化与美国在工业 4.0 领域的贸易合作。一是利用其强大的工业基础，深化与美国公司在互联网、软件和服务业等领域的合作，支撑德国工业 4.0 与美国工业互联网联盟在标准、技术和知识产权领域的合作交流；二是关注数据安全，当前许多大型美国公司正在构建工业 4.0 或工业物联网软件平台，德国在支持数据安全领域合作的同时，强化自己数据的主权；三是开展人才交流合作，德国高度重视国际初创企业对传统商业模式带来的影响，不断加强德美人才交流合作，推动德国技术与美国创业文化的结合。

德国将中国视为推动工业 4.0 国际化发展的“加速器”和德国标准的“放大器”。具体而言，一是通过向中国提供自动化设备、工业软件和系统解决方案，迅速开拓市场并实施工业 4.0 标准，并确保中国成为德国高科技产品的进口商；二是采取与大企业合作的“搭载战略”进驻中国市场，充分利用合作伙伴的基础设施和客户网络资源；三是通过构建面向省市的中德合作平台，在中国市场开发专业技术和客户关系，逐步推动核心业务在全国的拓展和落地。

近年来，德国不断加强与欧盟及日本、韩国等制造业发达的组织和国家在工业 4.0 领域的合作，与多个国家签订双边或多边协作，把德国工业 4.0 变成欧盟工业 4.0、OECE 的工业 4.0。与相关国家加强全方位交流与合作，主要聚焦在以下三个方面：一是加强工业 4.0 标准化领域的合作，促进工业 4.0 标准的国际化及在各国的推广；二是制定灵活的合作策略，联合开展测试床建设、示范项目推广；三是共同推动数字化人才培养，开展技术、知识产权等领域的合作。

（三）德国工业 4.0 战略的实施：举全国之力

从德国推进工业 4.0 一系列战略举措来看，德国工业 4.0 战略的实施更像是"举全国之力""集中力量办大事"的国际版。工业 4.0 作为一个新理念凝聚了德国各界的共识，并演变成了共同行动，这种共同行动跨越了党派、中央、地方、企业，展现出德国强大的组织和动员能力。那么德国是如何举全国之力、集中了谁的力量、办了什么事？

（1）联邦政府。德国联邦政府以最快的速度把一个来自民间的概念转化为国家产业战略，在工业 4.0 概念提出不久就将其纳入国家《高技术战略 2020》，作为德国未来十大高技术项目之一。德国总理默克尔是工业 4.0 战略的超级推销员，她把工业 4.0 作为大国外交合作的重要议题。2013 年德国新政府成立时，将交通部改为交通和数字基础设施部，目的是要强化网络基础设施建设。同时，新政府安排经济和能源部、教育和研究部全面负责工业 4.0 战略的实施，把工业 4.0 作为研发和产业化项目支持的优先领域。

（2）联邦议会。工业 4.0 战略已成为国家产业政策的重要组成部分，但这还远远不够。当联邦政府的官员们为工业 4.0 摇旗呐喊的时候，德国联邦议员正讨论如何为工业 4.0 的实施提供法律、预算等方面的支持，部分议会党团已经就工业 4.0 提出了一些建议，呼吁政府制定相关政策。2014 年 2 月，德国议会成立了"数字化议程"委员会，目的是让其参与德国联邦政府工业 4.0 及高技术战略相关预算和战略实施中。

（3）各州政府。前文提到很多参与工业 4.0 的企业都是大企业，但德国人认为让中小企业参与到 4.0 战略中更为重要，在新一轮的技术革命和产业变革中，一个都不能少。德国联邦教育和研究部国务秘书曾说，工业 4.0

要提供一个在技术和组织上适应中小企业需要的解决方案。为此，德国多个州政府不断完善创新集群政策和中小企业创新政策，围绕帮助中小企业全方位参与工业 4.0，整合政府、协会、院所及大企业资源，组织开展专题咨询、技术支持、平台建设、创业辅导、融资扶持、人才培训等全方位服务。

（4）行业协会。德国的行业协会具有较强的动员能力和组织能力。德国机械设备制造业联合会（VDMA），信息技术、通信与新媒体协会（BITKOM），以及电气电子和制造商协会（ZVEI）等，既是德国工业 4.0 的发起者、组织者，也是引领者、实施者。2013 年 4 月，上述三个协会与相关企业合作设立了工业 4.0 平台（Platform-i4.0），成立了 4.0 平台董事会、指导委员会、科学顾问委员会、秘书处办公室、业务工作组五个组织机构，全面负责工业 4.0 的推广普及工作。作者在调研和访谈过程中可以感受到，德国工业 4.0 平台在业界很有号召力，工作推进能力较强，并且成效显著。

（5）重点企业。德国企业是工业 4.0 战略的真正主体，他们的积极性、主动性和创造性才是工业 4.0 成败的关键。ABB、巴斯夫、宝马、博世、戴姆勒、英飞凌、SAP、西门子、蒂森克虏伯、通快（TRUMPF）、蔡司（zeiss）是德国工业 4.0 坚定的支持者、引领者和实践者。戴姆勒开始研究工业 4.0 语境下的智能汽车端到端系统架构，SAP 根据工业 4.0 概念提出装备制造业整体解决方案（Idea to Performance），西门子提出智能工厂整体解决方案。工业 4.0 在非常短的时间内引起了一大批企业的积极响应。2013 年，德国三大协会发起了主题为“德国工业 4.0 战略前景”的调查研究，结果显示 47% 的公司已参与到工业 4.0 战略中，18% 的公司正参与工业 4.0 战略的研究工作，12% 的公司已把工业 4.0 战略付诸实践，工业 4.0 作为一种国家战略正在嵌入到企业发展战略中。

（6）研究院所。当前，联邦政府和州政府的研究所及大学已参与了工业 4.0 技术开发、标准制定和人才培养体系，成为工业 4.0 战略实施的一支重要力量。德国人工智能研究中心、德国国家科学与工程院等顶级研究机构已开展涉及工业 4.0 的一系列项目研究。弗劳恩霍夫协会在其所属的七个研究所引入工业 4.0 研发项目，凯泽斯劳腾大学、隆德大学、慕尼黑大学、达姆施塔特工业大学、莱茵美茵应用科技大学等围绕信息物理系统（CPS）、智能工厂、智能服务、系统生命周期管理（Syslm）等开展了一系列前瞻性的研发、人才培养，部分大学也参与到工业 4.0 平台（Platform-i4.0）的工作体系中。

（四）优先行动：标准、技术、人才

如何将工业 4.0 的理念和战略转化为具体行动，德国人提出系列行动计划，包括标准化、网络设施、信息安全、流程再造、人才培训、法律政策等，这些都是重要而且必要的行动，但如果一定要更聚焦到三个最核心的行动上，那么可以考虑将标准、技术和人才作为工业 4.0 最优先考虑的领域。

（1）标准先行。据德国三大协会的调查结果表明，数据的标准化是工业 4.0 面临的最大挑战。德国也把标准作为工业 4.0 战略实施的优先领域，这既是信息技术与工业技术融合发展的内在要求，也是德国工业发展进程中长期以来坚持的基本理念。德国电气电子和信息技术协会于 2013 年 12 月发表了《工业 4.0 标准化路线图》，为工业 4.0 行业标准制定提供了概览和规划基础，在参考体系结构、用例、术语与模型、技术流程、仪器和控制系统、服务流程、人机交互技术、开发流程、标准库、知识库等 12 个领域提出了具体建议。德国工业 4.0 平台（Platform-i4.0）、德国电气电子和信息技术协会（VDE）、德国电工委员会（DKE）及相关企业联合组成跨行业、跨领域的工作组，目的是为加快标准化路线图的实施，当前的重点是加快工业 4.0 参考模型、术语及急需标准的制定工作。

（2）技术引领。当一波一波的新技术涌来，并不断推动生产方式持续变革时，我们需要新的理念、新的思维、新的概念，在产品形态、管理方式、组织架构、商业模式等方面进行一系列变革，但回顾工业 1.0、工业 2.0、工业 3.0 走过的百年历程，最基本的规律是，产业革命的前提是技术革命，任何华丽概念的背后最终都会回归到最基本的问题——技术的领先。从国家角度来看，没有核心技术支撑的产业变革终将会是昙花一现。德国人清

醒地认识到，工业是德国经济的基石，而这块基石的基础是百年来德国在工业技术领域坚持不懈的创新，这也是德国人最引以为豪的地方。就工业4.0战略的实施而言，德国要继续保持并不断强化德国在工业软件、工业电子、基础材料、基础工艺、基础装备、基础器件及交叉融合领域的技术优势，并力图在虚拟仿真、人工智能、智能工厂、智能产品、信息物理系统（CPS）等新的技术领域抢占先机。德国教育和研究部、经济和能源部、交通和数字基础设施部，弗劳恩霍夫研究所等一批联邦政府和州政府支持的研究院所，SAP、西门子、博世及一批“隐形冠军”，已经参与到抢占新一轮技术制高点的竞争中。德国已提出要成为智能制造技术的主要供应商和信息物理系统（CPS）技术及产品的领导者。

（3）人才优先。在德国企业界谈到工业4.0未来面临的挑战时，无论是传统制造业企业，还是ICT企业，都把人才问题看作他们面临的共同挑战。德国企业普遍认为，工业4.0导致了对优秀员工评价标准的转变，工业4.0建立在一个开放、虚拟化的工作平台之上，重复性的熟练体力和脑力工作不断被智能机器所替代，人机交互及机器之间的对话将会越来越普遍，员工从服务者、操作者转变为一个规划者、协调者、评估者、决策者。德国认为，目前德国传统的大学教育体系中的学科设置和教学理念是基于20世纪70年代工业需求制定的，过去的40年学科专业不断细分的教育模式难以培养能够驾驭日益复杂综合的制造业体系，工业4.0的实践不仅仅对企业自身提出了挑战，而且对传统的教育体制也提出了新挑战。

（五）信息安全：全球的共同挑战

信息技术越普及、越深化，信息安全问题就越突出，企业实施工业4.0的一大挑战和困惑就是，工业生产智能控制的信息安全问题，这既是一个对企业的挑战，也是对国家的挑战。德国各界对此有清醒的认识，并把工控安全作为工业4.0需要解决的核心议题。

四、工业 4.0：怎么干

2008 年的金融危机过后，各国都在反思传统的发展道路和发展模式，工业 4.0、产业互联网等新概念应运而生，这体现了发达国家对未来制造业的走向和战略布局的认识。中国关于信息技术与经济社会转型早在十多年前就进行了战略布局。党的十六大提出信息化带动工业化、工业化促进信息化；党的十七大提出推进信息化和工业化融合；党的十八大进一步提出推动两化深度融合战略。通过研究分析发达国家的发展战略可知，它们的根本出发点还在于如何把自己国家的事办好。德国工业 4.0 战略给了我们很多启示，很多地方值得我们认真学习，我们要结合中国的实践，回归制造业本质，因地制宜、循序渐进，坚定不移地实施两化深度融合战略。

（一）凝聚行业共识：把智能制造作为两化融合的主攻方向

智能制造是两化深度融合、德国工业 4.0、美国产业互联网概念的最大公约数。两化深度融合应当成为建设制造强国的制高点，要把智能制造作为两化融合的主攻方向。我们理解，智能制造是利用信息物理系统（CPS）等，依托于传感器、工业软件、网络通信系统、新型人机交互方式，实现人、设备、产品等制造要素和资源的相互识别、实时联通、有效交流，促进制造业研发、生产、管理、服务与互联网紧密结合，推动生产方式的定制化、柔性化、绿色化、网络化，从而不断充实、提升、再造制造业全球竞争新优势。我们可以从五个方面认识和理解智能制造，即产品的智能化、装备的智能化、生产的智能化、管理的智能化和服务的智能化。

（1）产品的智能化。产品的智能化即把传感器、处理器、存储器、通信模块、传输系统融入到各种产品中，使产品具备动态存储、感知和通信能力，实现产品的可追溯、可识别、可定位。有人说，90 后是互联网的“原住民”，60 后、70 后是互联网的“移民”，还有一部分人是互联网的“边民”，他们被边缘化了。事实上，对于“物”也是一样的。计算机、智能手机、智能电视、智能机器人、智能穿戴是物联网的“原住民”，这些产品在诞生的时候就是一个网络终端；传统的空调、冰箱、汽车、机床、风机等都是物联网的“移民”，这些产品正排着队准备连接到网络世界中。专家估计，到2020年这些物联网的“原住民”和“移民”加起来将超过500亿个；尽管人们提出了万物互联（IoE）的概念，但多年以后，还会有大量的物联网“边民”，难以成为一个网络的终端。但它给每个企业提出了一个富有挑战性的问题，企业的产品会在什么时间、以什么样方式实现智能互联，成为一个智能产品？

（2）装备的智能化。装备的智能化是指通过先进制造、人工智能等技术的集成融合，形成具有感知、决策、执行、自主学习及维护等自组织、自适应功能的智能生产系统，以及网络化、协同化的生产设施。装备的智能化至少是在两个维度上进行的，即单机智能化及单机设备互联形成的智能生产线、智能车间、智能工厂，这一进程将伴随着ICT技术创新应用的演进而不断深化，需要用30年这样的时间尺度来考虑这一进程的发展阶段。

（3）生产的智能化。更准确地说，生产的智能化是生产方式的现化化、智能化。当在一个产品的生产过程中每个环节传感无所不在、连接无所不在、计算无所不在、服务无所不在的时候，就意味着生产组织方式全面变革时代的来临，来自不同国家、不同行业、不同规模的企业都在不断探索个性化定制、极少量生产、服务型制造及云制造等新业态、新模式，其本质是在重组客户、供应商、销售商及企业内部组织的关系，重构生产体系中信息流、产品流、资金流的运行模式，重建新的产业价值链、生态系统和竞争格局，它带给人们的启示是，企业需要不断思考：我是谁、我在哪里、我的边界在哪里、我的竞争优势来源在哪里、我的价值在哪里等这样一些基本问题。

（4）管理的智能化。工业和信息化部自2009年以来，在12万多家企业开展两化融合水平评估的基础上，提炼和形成了旨在指导中国企业实践的两化融合管理体系标准，通过将信息技术与现代管理理念融入企业管理，实现企业流程再造、信息集成、智能管控、组织优化，以形成数据驱动型的企业，从而不断提升信息化背景下企业的核心竞争力，这项工作从全球来看，也具有创新性。

（5）服务的智能化。德国工业 4.0 中有一个非常重要的概念叫（服）务联网，他们把智能服务作为智能制造的一个核心内容。服务的智能化，既体现为企业如何高效、准确、及时挖掘客户的潜在需求并实时响应，也体现为产品交付后对产品实现线上线下（O2O）服务，实现产品的全生命周期管理。两股力量在服务的智能化方面相向而行，一股力量是传统的制造企业不断拓展服务业务，另一股力量是互联网企业从消费互联网进入产业互联网。这两股力量的胜利会师将不断激发智能服务领域的技术创新、理念创新、业态创新和模式创新。

把智能制造作为两化深度融合的主攻方向，就是要把握全球新一代制造技术变革的新趋势，以实现重大智能装备和产品的自主可控为突破点，以推广普及智能工厂为切入点，以提升制造企业研发、生产、管理和服务的智能化水平为落脚点，完善制造业国家创新体系和综合标准化体系，建设智能制造人才培养体系，打造制造业竞争新优势，实现中国制造的跨越式发展。

（二）整合产业资源：把增强智能装备和产品自主发展能力作为智能制造的突破口

尽管产品智能化已走过了很长的历史进程，但从新一代信息技术的潜能来看，我们现在所看到的产品智能化仍处于起步阶段，在未来 30 年乃至更长的时间尺度内，重大装备和产品的智能化有可能走向成熟。因此，需要围绕重大装备和大宗消费品的智能化，整合科技创新资源，打造贯穿全产业链的新兴信息技术推广应用服务平台，以增强重大智能产品的自主发展能力。

（1）重大智能装备的自主可控。重大智能装备的自主可控就是要适应智能制造发展趋势，在产业发展的布局上，在集中力量突破单机智能设备及关键部件核心技术和产业瓶颈的基础上，集中优势资源，加强前瞻布局，加快实现汽车、轨道交通、船舶、电子、家电、纺织、钢铁、石化、冶金等重点行业的智能生产线、智能工厂核心装备技术和产品的自主可控，从智能生产线装备、智能工厂装备等系统级的角度重新思考产业突破方向。

（2）大宗消费型智能产品的自主可控。这里有两条主线需要关注。一是传统产品智能化之路。吉利的李书福说，汽车是“四个轮子＋两个沙发”，比尔·盖茨说汽车是“四个轮子＋一台计算机”。在两种极端状态下，汽车的智能化有很多形态。二是新的智能硬件产品不断涌现。我们看到北京、深圳、上海正在兴起一轮创客潮流，以新的智能硬件（硬件＋软件＋互联网）为代表的创新创业形态正在兴起，一个新的创新网络、分工网络正在形成。因此，围绕传统产品智能化和新的智能产品形态这两条主线，完善信息技术与制造技术的协同创新机制，发展智能汽车、智能服务机器人、消费电子、智慧家庭、医疗设备、智能穿戴等产品，以此带动制造业产品高端化发展。

（三）突出试点示范：把推广普及智能工厂作为智能制造的切入点

发现最佳实践—总结行业经验—加强交流推广—开展试点示范，是过去几年推进两化融合工作的基本思路，也是德国推行工业 4.0 的基本方法。西门子、大众、宝马、博世等企业在讲到智能制造时，都提到他们认为的最能体现工业 4.0 理念的全球最佳智能工厂，而且有许多是在中国。在行业及区域层面推广智能工厂和智能制造体系应是下一步可以考虑的重要工作方向。

（1）在行业层面推广智能工厂。选择电子、汽车、机床、机械、冶金、纺织等重点行业开展智能工厂应用示范，首先要推广普及单机智能化，围绕推广普及智能制造单元—智能车间—智能工厂—智能制造系统，组织开展装备智能升级、工艺流程再造、基础数据共享、远程诊断维护等试点，逐步实现车间级、工厂级的智能化改造，不断探索智能工厂普及过程不同行业新的产业生态系统的演进规律和发展模式。这将是一项长期而艰巨的历史任务。

（2）在区域层面推广智能制造系统。在产业集群内构建跨企业的智能制造生产体系是制造业未来发展的重要方向，未来的智能制造将是一个复杂的巨系统。在这个方面，德国工业 4.0 和 IBM 的智慧地球都用了同一关键词：系统之系统（System of System）。IBM 说城市是系统之系统，弗劳恩霍夫协会也曾说到智能制造是系统之系统。制造过程的信息感知、互联、集成必然把制造带到一个系统之系统时代，树立智能制造的系统观也是理解智能制造本质的重要内容。我们要以增强国家级产业集群竞争优势为出发点，围绕集群内生产装备的数字化、智能化、网络化改造，深化产业链上下游协同研发设计、协同供应链管理、网络制造的集成应用，探索如何构建企业间高效协同的智能制造体系和产业价值链体系。

（四）创新体制机制：把培育新业态、新机制、新模式作为智能制造的核心任务

全球互联网企业市值最大的 20 家企业中，中国有 9 家。在新一轮产业技术变革中，在抢占新一轮产业竞争制高点的过程中，我们要充分认识到中国在互联网经济方面的优势，这一优势是德国及欧洲其他国家所不具备的。如何持续创新体制机制，把互联网与工业融合创新这篇大文章做好，事关工业由大变强的整体战略布局。

（1）理性客观认识互联网经济在智能制造战略布局中的地位。目前，关于互联网企业在中国制造业转型发展中的作用各方有不同认识，站在不同角度这些认识都是可以理解的。但是有一点是明确的，不能把中国的互联网企业与制造业的作用对立起来，不是谁把谁颠覆、谁把谁灭掉、谁把谁替代这样一种关系，而是在中国崛起的道路上互联网企业与传统制造企业如何融合创新、手牵手向前走的关系。如果把国家间的产业竞争比作两军对垒，我们可以看到，中国的一支突击队、先遣队已经占领了前方阵地的制高点，并在引导、指挥、掩护后续大部队（传统制造业）跟上。这支突击队、先遣队就是中国的互联网企业和 ICT 企业，互联网是中国企业转型千载难逢的机会。

（2）积极培育引导新技术、新业态、新模式。把握云计算、物联网、

大数据等新一代信息通信基础设施对制造模式的变革作用，积极研究制订工业云、工业大数据创新发展的相关指导意见，支持面向中小企业的工业云服务平台建设，推进软件服务、制造资源、标准知识的开放共享，培育社会化、共享式制造新模式。鼓励发展基于互联网的个性化定制、网络众包、云制造等新型制造模式。

（3）推进制造业服务化。智能服务是德国工业4.0的核心，也是美国产业互联网的重要议题，其本质是在连接无所不在、数据无所不在的新时代，如何重构生产者与消费者的关系，建立一种服务无所不在的新模式。我们要把制造业服务化作为智能制造战略中的核心任务，摆到全局更加重要地位，做到认识到位、布局到位、政策到位，积极推进制造企业由生产型制造向服务型制造转变，引导在线监控诊断、全生命周期管理、总集成总承包、电子商务、供应链金融等新业务发展。

（五）坚持标准先行：把制定智能制造标准化作为智能制造的优先领域

把握智能制造发展的特点和规律，整合国内标准化资源，学习借鉴德国《工业4.0标准化路线图》、美国先进制造和工业互联网标准建设的工作思路和组织方式，加快智能制造标准化体系建设。

（1）制定智能制造标准化路线图。遵循智能制造发展规律和标准化工作的一般规律，建立包括电子、通信、软件、自动化、装备等行业代表组成的智能制造标准工作组，加快制定智能制造综合标准化体系，研究制定智能制造系统互联互通的相关标准，确定在系统架构、基本原理、技术系统、组织流程等重点领域的标准化需求，明确时间表、路线图。

（2）加快急需领域标准的制定工作。重点支持智能装备、智能生产线、智能车间、智能工厂等领域技术标准和规范的研制。加快制定智能产品的相关标准，包括智能工业软件和智能工业电子产品统一的系统集成、测评测试规范。研究制定面向工业控制系统、工业互联网的智能制造信息与网络安全标准。

（3）建设和推广企业两化融合管理体系。将实施两化融合管理体系作为推进两化融合实现智能制造的重要抓手，推进两化融合管理体系标准的研制、发布和国际化，加强两化融合管理体系的试点应用和推广，率先培育一批专业的咨询、认定和培训服务力量。积极培育和规范第三方咨询、认定和培训服务市场。

（六）夯实产业基础：把构建自主信息技术产业体系和工业基础能力作为建设智能制造的重要支撑

现在业界经常讲的一句话是我们的计算机产业“缺芯少魂”，我们沿着这个思路展望一下个 10 年后的产业格局，当越来越多的产品高度智能化的时候，我们会不会也面临智能汽车、智能机器人、智能穿戴、智能家电、智能工厂等这些产品“缺芯少魂”的局面。当 Intel、高通、博通、英伟达等芯片巨头，以及苹果、谷歌、微软等软件互联网巨头在三四年前已围绕智能汽车的芯片和操作系统的研发进行全方位布局的时候，我们有理由对智能产品未来的“空芯化”问题表示忧虑。构建技术领先、自主可控、安全可靠的信息技术产业体系的任务更加紧迫而艰巨。

（1）完善面向智能制造的网络基础设施。加快宽带网络演进升级，推动下一代互联网（IPv6）与移动互联网、物联网、云计算融合发展，促进数据中心、服务器、感知设施与宽带网络的优化匹配和协同发展。加强对信息物理系统（CPS）的研发，鼓励企业探索行业 CPS 应用新模式。加快推广下一代互联网（IPv6），做好行业、企业、设备、产品的 IPv6 地址配置研究规划，为企业之间、智能设备之间、智能产品之间的信息交互传输奠定基础。

（2）增强电子信息技术支撑服务能力。依托科技重大专项，创新产业融资方式，突破核心电子器件，以及高端芯片、关键工艺、装备、材料的核心技术和产业化瓶颈，加快汽车、医疗、机床、电力、航空等行业应用电子发展。坚持产用互动，重点突破国产研发设计工具、制造执行系统、工业控制系统、大型管理软件等关键软件瓶颈。面向智能工厂行业应用，完善产业链协同创新体系，加大力度培养一批面向行业的智能工厂系统解决方案提供商。

（3）强化工业基础能力。针对关键基础材料、核心基础零部件、先进基础工艺、产业技术基础（四基），支持产业链上下游开展协同创新和联合攻关，系统解决研发、设计、材料、工艺、检测和产业化等关键问题。

（七）强化保障能力：人才、信息安全和制造业创新体系

在新一轮产业技术变革中，人才、信息安全和创新体系建设都是各国关心的重大课题。

（1）关于制造业创新体系。2008年金融危机过后，发达国家加快构建跨领域、协同化、网络化的创新平台，不断重组传统的制造业来创新体系，这是适应基础研究、应用研究、技术开发和产业化边界日趋模糊，制造业创新活动不断突破地域、组织、技术界限的结果。欧盟建立了欧洲创新与技术研究院（ETI），组织了若干个由大学、研究所、企业组成的知识和创新社区（KICs），美国政府正在建立国家制造创新网络（NNMI）。当前，我们要思考如何围绕智能制造趋势，结合中国实际，建立自己的国家制造业创新体系，重组国家、企业、院所、中介在交叉融合领域的组织体系和运行机制。

（2）关于人才问题。《第二次机器革命》和《21世纪资本论》讨论了一个共同话题——谁来控制财富和资源的分配。《21世纪资本论》强调了资本在财富分配中的重要性，认为工业革命以来资本的收益率长期来看高于国民收入的增长率，换句话说，长期以来资本收益高于劳动的收益，社会财富分配越来越不均衡，这是一切不平等的根源。《第二次机器革命》及该书作者关于幂率经济的文章（New World Order: Labor, Capital, and Ideas in the Power Law Economy）都强调了创新性人才的重要性。作者认为，数字化技术使得资本不再是稀缺资源，创新型人才是“第二次机器时代”最稀缺的资源，那些具有创新精神并创造出新产品、新服务或新商业模式的人才正成为市场的主要支配力量，是资本追逐的对象，是社会财富的主

要分配者，创新型人才比以往任何时候都重要。2013 年，牛津大学调查了美国 702 种工作，并分析了其未来 10 ～ 20 年被机器取代的可能性，其中 47% 的员工肯定会被替代，19% 的员工有可能被替代，这意味着你在职场上的竞争对手将不是你的校友，而是智商快速提升的机器人，智能制造时代让人们都要思考，什么样的工作将会被机器替代？全社会应当如何打造一支适应智能制造体系的新型产业工人大军？面向智能制造应当如何建立一套新的教育理念、学科体系和培养模式。

（3）关于信息安全问题。核心是培养三个能力，即智能制造系统中信息安全隐患的“可发现”能力、“可防范”能力和“可恢复”能力。“可发现”能力就是要实现对智能制造系统实时动态监测，建立安全预警预报平台，全面掌握并及时发现系统数据篡改、盗取、丢失等安全漏洞。“可防范”能力就是要实现对系统安全未来态势发展的感知和预测，以形成具体的防范措施方案，将安全隐患扼杀在萌芽初期。“可恢复”能力就是要实现当安全问题爆发后能够及时采取应急应对措施，及时高效地隔离相关安全问题，并稳定地切换到备份保障系统中。

中　篇

工业互联网：从基于产品的分工到基于知识的分工

工业互联网是制造业与互联网深度融合的必然产物，是工业技术软件化、IT技术平台化的必然结果，是全球产业竞争体系化、平台化、生态化的新载体，也是制造资源配置的新方式，工业互联网正成为领军企业竞争的新赛道、全球产业布局的新方向、制造大国竞争的新焦点。从智能制造到工业互联网，是信息技术体系从传统架构向云架构的迁移，是制造资源从局部优化到全局优化的演进，是业务协同从企业内部到产业链的扩展，是竞争模式从单一企业竞争到生态体系竞争的升级，是产业分工从基于产品的分工到基于知识的分工深化，但其内部逻辑是一致的——以数据的自动流动化解复杂制造系统的不确定性，提高制造资源的配置效率。

CHAPTER 06

探索制造业与互联网融合发展之路

我国是制造业大国，也是互联网大国，制造业与互联网融合空间广阔、潜力巨大。深化制造业与互联网融合发展有利于发挥我国制造业大国和互联网大国的优势，形成叠加效益、聚合效应、倍增效应，同时也是我国加快产业结构调整和新旧动能转换、实现制造业由大变强和转型升级的关键举措。

一、制造业是实施“互联网 +”行动的主战场

（一）这是由制造业的战略地位决定的

从国际来看，国际金融危机后，全球制造业正处于重塑发展理念、调整失衡结构、重构竞争优势的关键节点。伴随着新一代信息技术的突破和扩散，柔性制造、网络制造、绿色制造、智能制造、服务型制造等日益成为生产方式变革的重要方向，并引发了国际社会对第三次工业革命、能源互联网、工业互联网、数字化制造等一系列发展理念和发展模式的广泛讨

论和思考。发达国家积极应对新一轮科技革命和产业变革带来的挑战，纷纷实施“再工业化”和“制造业回归”战略。美国“先进制造业伙伴计划”、德国“工业4.0”、法国“新工业法国”等一系列战略规划的提出和实施，其根本出发点在于打造信息化背景下国家制造业竞争的新优势。这既体现了发达国家对制造业传统发展理念的深刻反思，也反映了其抢占新一轮国际制造业竞争制高点、调整失衡的产业结构的战略意图和决心。

从国内来看，制造业是国民经济的主体，是立国之本、兴国之器、强国之基。一是规模巨大。经过改革开放40年的积累和发展，我国制造业综合实力和国际竞争力显著增强。工业和信息化部公开数据显示，2017年，我国制造业产出占世界比重达33%，连续八年保持世界第一的大国地位。二是创新活跃。制造业是技术创新的主战场，是创新最集中最活跃的领域。经过多年的积累，我国工业领域的技术创新经过模仿创新、集成创新、引进消化吸收再创新等多个阶段，创新要素在总量上逐步接近世界前列，在水平上与发达国家的差距正在逐步缩小，产业总体创新能力明显增强。三是带动性强。我国制造业已成为国家安全的保障和国防实力的重要支撑，成为人民幸福安康、社会和谐稳定的物质基础，成为实现我国工业化、信息化、城镇化、农业现代化同步发展的主要推动者，对国内经济和社会发展做出了重要贡献。

（二）这是催生中国经济增长新动能的客观要求

中国是制造业大国，产业规模最大、产业体系最完整；中国也是互联网大国，是互联网产业规模、企业规模、应用终端规模大国。就整体实力而言，我国是仅次于美国的互联网大国，互联网经济规模快速扩张，对经济增长拉动作用愈发凸显。阿里、腾讯等9家企业已进入全球互联网企业市值前20名，培育形成了云计算、大数据、人工智能等方面新的竞争优势。互联网应用在中国普及率持续提高，各类新型应用呈现爆发式增长，截至2017年12月，网上支付、网络购物、旅行预订用户规模分别达到5.31亿人次、

4.67 亿人次和 3.76 亿人次，全年增长率分别为 11.8%、14.1% 和 25.6%[1]。

互联网在消费领域的渗透和应用已经催生了一系列新的技术、产品、业态和模式，激发了全社会的无限创新潜能和创造活力，但从总体上看，互联网与制造业融合仍处于起步阶段，服务于制造企业转型发展的产业互联网潜力巨大。仅以电子商务发展水平看，我国网络零售即消费型电子商务发展无论从规模还是从服务水平上在全球都名列前茅，交易量超过美国，位居全球第一，但在工业企业间电子商务方面，我们与发达国家尚有较大差距。由于我国制造企业信息化起步晚、基础较差，互联网在实现价值创造的制造环节方面应用尚不够深入，制造领域互联网应用步伐亟待加快。

（三）这是互联网与制造业融合的特征和趋势决定的

与“互联网 +”其他领域相比，“互联网 +”制造有 3 个特点：一是互联网与制造业融合的过程，是价值创新过程，而不仅是价值传递过程；二是互联网与制造业融合，不仅提高了制造业交易效率，而且提高了生产率。习近平总书记在网络安全和信息化工作座谈会上指出，着力推动互联网和实体经济深度融合发展，以信息流带动技术流、资金流、人才流、物资流，促进资源配置优化，促进全要素生产率提升，为推动创新发展、转变经济发展方式、调整经济结构发挥积极作用。三是互联网与制造业融合是全方位的融合，是发展理念的融合、技术和产品的融合、生产体系的融合、业务模式的融合。

正是基于这样一些特征，把制造业与互联网融合放到整个“互联网 +”布局中看，可以形成以下几点认识：一是制造是关键环节。关键是因为制造环节是价值创新的环节，全球制造业巨头在标准、技术等方面长期掌控阵地，互联网融入制造环节将带来新旧力量的角逐。二是制造业是“互联网 +”的主战场。这是由制造业作为强国之基、立国之本的地位决定的。

1　数据来源：2018 年第 41 次中国互联网络发展状况统计报告。

三是制造企业是主力军。在制造业与互联网融合的过程中，我国的互联网企业具有技术、人才、观念及资本等方面的优势，但面对制造业由大变强的繁重而艰巨的历史性任务，只有激发制造企业深化互联网应用的积极性、主动性和创造性，推动发展理念、技术产品、组织管理、生产模式、商业模式等方面的创新，才能真正推动制造业与互联网深度融合，制造企业是融合发展的主力军、主攻手。四是智能制造产业生态系统是产业竞争制高点。无论是美国工业互联网联盟，还是德国工业4.0平台，其核心都是打造产业生态系统。

二、我国制造业与互联网融合发展的新进展

近年来，我国在互联网技术、产业及跨界融合等方面取得了积极进展，已具备加快推进制造业与互联网融合发展的坚实基础。

（一）基于互联网的开放式“双创”平台不断涌现，成为支持制造业转型升级的重要依托

李克强总理强调：“我国经济保持中高速增长、迈向中高端水平必须要有基本依托，这个基本依托就是推动形成大众创业、万众创新的新动能。”大型制造企业、电信企业和互联网企业积极构建基于互联网的开放式“双创平台”，在推动制造业转型升级方面发挥了重要作用。海尔、中航工业、航天科工、中信重工、联想、小米等制造企业通过打造“双创平台”，构建新型研发、生产、管理和服务模式，提升企业内部整体创新能力和水平，同时这些大企业的“双创”平台已经成为技术攻关、创业孵化、投资融资和人才培养的高地，为大中小企业协同发展提供了新路径。中国移动、百度、阿里、腾讯、猪八戒网努力构建为中小制造企业服务的第三方“双创”平台，并积极营造大中小企业合作共赢的“双创”新环境，通过“大手拉小手”开创了大中小企业联合创新创业的新局面。

（二）骨干企业研发设计迈向集成协同新阶段，新型研发组织模式不断涌现

互联网不断融入研发设计各个环节，由单项应用加速向集成应用阶段拓展，研发设计新模式不断涌现。工业企业普遍利用计算机辅助设计、系统仿真等技术开展产品研发和工业设计，企业数字化研发设计工具普及率达 67.4%，其中大型企业达到了 82.9%，中型企业达到了 74.8%[1]，极大提升了企业研发创新的能力和效率。骨干企业纷纷进行研发制造协同方面的探索，2014—2018 年，我国实现网络化协同研制的离散型制造企业比例由 25.2% 增至 33.7%（见图 6-1）。华为、三一重工、潍柴、吉利等一批行业骨干企业建立了全球多地协同研发体系，如华为借助协同研发平台构建的集成研发流程（IPD），解决了早期研发产品和规划的匹配度低、客户满意度低、产品方向决策失误频繁、版本混乱、开发效率低等诸多问题，实现了由技术驱动向客户需求驱动的转变。

图表来源：根据两化融合服务平台（http://www.cspiii.com）数据整理绘制

图 6-1　2014—2018 年我国实现网络化协同研制的离散制造业企业比例

（三）智能装备在重点行业开始普及，成为增强产业核心竞争力的重要途径

智能装备和现代生产工艺在重点行业不断普及，生产过程信息化向纵

1　数据来源：两化融合服务联盟。

深发展。机械、船舶、汽车、纺织等行业生产设备和重大技术装备的数字化、网络化、智能化改造步伐加快。重点行业大型企业生产装备数字化水平不断提高，达到50.5%。钢铁、石化、有色、煤炭、纺织、医药等行业过程控制和制造执行系统加快普及，企业关键工序数控化率为48.4%，其中大型企业为57.1%，中型企业为45.3%，大幅提高了精准制造、极端制造、敏捷制造能力。

（四）信息技术与制造业融合发展，推动制造业生产方式持续变革

越来越多的企业认识到，产业竞争已不仅是技术、产品、人才和管理的竞争，也是生产组织方式的竞争，近年来国内形成了一系列新的生产组织方式。服装、家具等行业正在兴起以大规模个性化定制为主导的新型生产方式，韩都衣舍、维尚家具、小米等一批创新型企业通过构建新型生产模式实现了逆势增长。工程机械、电力设备、风机制造等行业服务型制造快速发展，陕鼓集团、徐工集团、三一重工、中联重科、东方电气等企业的全生命周期管理、融资租赁成为企业利润的重要来源。

（五）生产性服务业引领制造业转型升级，新的基础设施体系不断完善

2017年，我国的电子商务B2B交易额达17.5万亿元，钢铁、石化、冶金等行业形成的年交易额超过千亿元、百亿元的电子商务平台分别达到20个以上、50个以上。传统B2C、C2C向大规模个性化定制C2B转变，电子商务从交易平台向生产平台转变，品牌化、个性化定制已成为家具、服装等产品销售的主要模式。电子商务平台、现代物流、网络支付、信用服务、电子认证及智能终端、宽带网络、云计算、大数据正在构建数字经济的基础设施，其必将成为推动中国实现跨越的重要驱动力。

总之，我国制造业与互联网融合步伐不断加快，在激发“双创”活力、培育新模式新业态、推进供给侧结构性改革等方面已初显成效，但仍存在

以下问题：

（1）平台支撑能力不足。目前基于互联网的“双创”平台在汇聚整合创业创新资源，带动技术产品、组织管理、经营机制创新的潜力远没有发挥出来。

（2）应用水平不高。我国制造业与互联网融合进程面临“综合集成”跨越困境，处于两化融合集成提升以上阶段的企业仅为22.4%。

（3）核心技术薄弱。感知和自动控制关键技术、核心工业软件、工业网络、工业互联网平台等制造业新型基础设施的技术产业支撑能力不足。

（4）安全保障有待加强。工业网络、工业控制系统、工业大数据平台安全防护能力薄弱，信息安全测试、评估、验证能力不强。

（5）体制机制亟待完善。制造业与互联网融合带来新业态、新模式，需要在财税金融、国企改革、科技创新等方面取得突破。

三、制造业与互联网融合发展面临的新形势

全球新一轮产业变革的重要特征是以互联网为代表的新一代信息技术持续创新并与传统产业融合，在经历了从局部扩散到全面融合、从量的积累到质的转变、从生产变革到组织创新之后，正推动研发、产品、装备、生产、管理、服务实现数字化、网络化、智能化，从而加速重构制造业发展体系。

（一）互联网加速构建新的创新体系，日益成为制造业转型升级的新动力

互联网开放、共享、协同、去中心化的特征正在推动制造业创新主体、创新流程、创新模式的深刻变革。

（1）移动互联网、工业互联网、开源软硬件、3D打印等新技术的应用推动着创新组织的小型化、分散化和创客化，面向大企业及中小企业的各类创新创业平台不断涌现，支持万众创新的产业生态正在完善。

（2）企业创新资源的配置方式和组织流程正在从以生产者为中心向以

消费者为中心转变，构建客户需求深度挖掘、实时感知、快速响应、及时满足的创新体系日益成为企业新型能力。

（3）技术创新、业态创新、商业模式创新相互交织、激荡融合，协同创新、迭代创新、众创、众包、众筹、线上线下（O2O）等新的创新模式密集涌现。互联网优化创新资源配置，不断激发全社会的创新活力，成为制造业转型升级的新动力。

（二）互联网加速开辟市场需求新领域，拓展制造业发展新空间

互联网等新一代信息技术与传统产业的融合发展进一步提升了劳动力、资本、土地、技术、管理等要素的配置效率，增强了产业供给能力、提高了产业供给水平，其将为经济增长持续注入新活力、新动力，以拓展产业发展的新空间。

（1）经济增长的新空间。新一代感知、传输、存储、计算技术加速融合创新，极大激发了泛在获取、海量存储、高速互联、智能处理和数据挖掘等技术的创新活力，智能制造、生物医药、新能源、新材料等领域的交叉融合创新方兴未艾，新的经济增长点不断涌现。

（2）产业投资的新空间。工业云、工业大数据、工业核心软硬件、信息物理系统（CPS）、物联网、智能机器人等正成为支撑制造业发展的关键设施和装备，也是当前及今后一段时间产业投资的热点，并将进一步带动高速、移动、安全、泛在的信息基础设施建设，以及能源、交通等重要基础设施的智能化改造。

（3）信息消费的新空间。互联网的普及正在推动形成新的消费习惯、消费模式和消费流程，智能穿戴、智能家居、智能汽车、服务机器人等新产品不断涌现，其不断刺激信息产品和信息服务的新消费需求。互联网从产业、投资、需求等方面不断催生大量新兴增长点，开辟制造业发展新空间。

（三）互联网加速构建新型制造体系，重塑国际竞争新优势

互联网与制造领域加速融合，引发基础设施、生产方式、竞争格局的

持续变革。

（1）“云”“网”“端”正逐步成为制造业发展的新基础设施。工业大数据、工业 App 的集成应用不断激发对工业云的迫切需求，工业网络宽带化、IP 化、无线化稳步推进，网络化、智能化的机器设备已成为新型制造体系的关键要素。GE、SAP、IBM 等跨国公司纷纷抢先布局工业大数据平台和产业生态。

（2）软件支撑和定义制造业的基础性作用不断凸显。计算机辅助设计仿真（CAE）、制造执行系统（MES）、产品全生命周期管理（PLM）等工业软件正在解构和重塑工业活动，并重新定义工业产品、企业流程、生产方式、新型能力、商业模式和产业生态。

（3）定制化、服务化成为生产方式变革的新趋势。传统产品将被具有感知、存储和通信功能的智能产品所取代，消费者正成为深度参与生产制造全过程的产消者（Prosumer），传统的大批量集中生产方式正在加快向分散化、个性化定制生产方式转变，产品全生命周期管理、总集成总承包、精准供应链管理、互联网金融、电子商务等正在加速构建产业新型价值链体系。

（4）构建智能制造产业生态系统是各国产业竞争的焦点。互联网等新技术推动了制造过程中人、机器、产品等要素的泛在连接，形成了制造、器件、网络、软件、芯片、解决方案等多方参与的协同攻关、标准合作、能力适配、规则共制的利益共同体，工业互联网联盟（IIC）、工业 4.0 平台（Industrie 4.0 Platform）作为产业生态发起者、推动者、构建者的地位将不断巩固和加强，新的竞争规则正在孕育和形成。

四、“双创”平台是推进制造业与互联网融合的抓手

近年来，一批优秀企业尤其是中央企业加快实施创新驱动发展战略，主动融入大众创业、万众创新，着力打造基于互联网的协同创新平台、企

业孵化平台、金融支持平台和创新服务平台等各类“双创”平台，营造“双创生态圈”。

（一）“双创”助力制造业提质增效、转型升级

（1）“双创”提升了传统制造业的发展潜力。“双创”带来了新技术、新管理和新模式，为传统制造业加快优化升级步伐创造了条件。以消费者需求为中心的“互联网 +”，彻底革新了以往生产什么卖什么的理念，倒逼传统制造企业瞄准市场加速创新。一些企业通过组织结构与管理机制变革，加快向扁平化、平台化的创新型组织转型，极大地释放了企业内部的创新活力，催生了大量新技术、新产品、新业态和新模式，加速了制造业向研发设计、增值服务等价值链高端环节延伸。

（2）“双创”加速了先进制造业发展步伐。在“双创”过程中，一批全球性、跨行业的开放式创业创新平台蓬勃兴起，有效集聚了各类企业、研究机构、专业人才及风险投资等创新资源，通过协同设计、众包研发、创新联盟等方式联合攻关，加速突破一批关键共性技术，在高起点上推动先进制造业发展。“双创”加速了工业技术和信息技术跨行业深度融合，催生了云制造、无人工厂、大规模个性化定制等新型制造模式，推动制造业开启智能化进程。

（3）“双创”推动了制造业向生产服务型转变。“双创”激发制造企业竞相开展管理创新、模式创新和业态创新，开拓个性化定制、全生命周期管理、远程运行维护等服务。一些大型制造企业不仅通过“双创”加快从生产制造向提供系统集成和整体解决方案的服务化转型，还依托“双创”促进信息流、技术流、资金流和物流的贯通与整合，以此大幅降低制造企业服务化转型的成本，推动制造业与服务业加速融合，不断提升发展的质量和效益。

（二）大企业是推动“双创”的主力军

大企业是“双创”的重要主体。李克强总理强调，大众创业、万众创

新既是小微企业生存之路，又是大企业繁荣兴盛之道。大企业规模大、实力强、管理好、素质高，拥有成熟的技术、领先的管理经验、多元化的人才、丰富的营销渠道、雄厚的资金支持和市场资源，同时，大企业信息化水平高，具有建设“双创”平台的基础，因此，大企业在推进“双创”工作中起到旗舰引领作用，是“双创”的主力军。以制造业为例，大企业占 2.5%，但资产总额占 44.7%，营业收入和利润指标均占 1/3 以上，出口占比更是高达 57%。

大企业“双创”的带动作用突出。在“双创”实践中，大企业充分发挥自身优势，通过设立产业投资基金、开展供应链金融服务、搭建创业孵化平台和协同创新平台等模式，加速创意孵化和技术成果产业化，助推一批中小企业快速成长。一些大企业组建面向行业的开放式创新平台，成为技术联合攻关和人才培养的新高地，也为大中小企业协同发展提供了新路径。“双创”还催生了一批服务全行业的第三方资源平台，有效促进了大中小企业间的资源协同与供需对接，推动形成了一批竞争优势明显的虚拟制造产业集群。各类“双创”平台的特征及典型案例如表 6-1 所示。

表 6-1　各类“双创”平台的特征及典型案例

平台类型		参与主体	核心目标	技术特征	典型案例
企业内	协同研发平台	研发部门、制造、营销	提高研发效率，缩短研发流程	基于主模型的 CAD/CAE，基于云平台的研发设计平台	中核集团“华龙一号”项目
	创业平台	企业员工	激发企业活力，调动员工积极性	基于私有云的资源接入平台	海尔 HOPE 平台
产业链	协同研发平台	产业链各环节供应商	提升行业协作水平，提高复杂系统的研发效率	基于 PDM 的全球数字化协同研发，多学科虚拟样机工程	长安汽车数字化协同研发平台 潍柴研发共同体 华为

续表

平台类型		参与主体	核心目标	技术特征	典型案例
产业链	创业平台	产业链各环节供应商	构建产业生态，提升企业竞争力	B2B 电子商务平台 供应链系统 第三方支付 / 物流	河南鲜易网 欧冶云商
全社会	社会化开放式“双创”平台	企业、创客、用户等多元化主体	打造平台化企业，汇聚全球“双创”资源	云双创资源接入及共享应用平台（整合 CAD/CAE、ERP、PDM、MES 等各类资源）；云双创应用服务平台（支持云设计、仿真、生产、云营销创新应用）	海尔 HOPE 平台 航天云网 中航爱创客

图表来源：作者自制

（三）“双创”平台建设是两化融合的深化

推进制造企业、互联网企业搭建基于互联网的“双创”平台，是制造业应对全球新一轮科技革命和产业变革的重要突破口和切入点。“双创”平台建设牵引和引领着企业转型，推动企业发展理念、战略、组织、流程、管理和商业模式的创新，与两化融合一脉相承，其建设过程可从四个方面理解。

（1）“双创”平台建设过程是企业综合集成水平不断提升的过程。制造企业无论是建设面向企业内部的“双创”平台，还是面向社会的“双创”平台，都需要构建涵盖研发、设计、生产、采购、配送、服务等多个部门的业务协同体系，需要能够打通和整合企业内部的各类资源，需要多个业务系统的集成。企业业务系统的综合集成，既是“双创”平台建设的基础，也将伴随着“双创”平台建设不断深化。企业“双创”体系越完善，越需要深化企业纵向集成、横向集成和端到端集成，通过整合企业内部研发设计、经营管理、制造执行、生产设备等资源，深化企业的纵向集成；整合供应和销售网络以加快横向集成；通过引入用户参与生产全流程，推广个性化定制，推进产品全生命周期管理，以加快端到端集成。

（2）“双创”平台建设过程是管理模式持续创新的过程。工业化的进程总是伴随着管理观念和管理理论的重大变革。工业革命以来，在企业管理模式上有两次革命性突破，一次是以福特制流水线为代表的古典管理理论，其助力美国成为制造业强国；一次是以丰田精益管理为代表的经典管理理论，其推动日本成为制造业强国。基于互联网、面向“双创”的新型管理模式有可能成为继福特模式和丰田模式之后的第三次管理革命。在“双创”平台建设过程中，无论企业管理变革是激进还是保守，都将面临如何调整、改善或优化传统企业管理模式，面临如何再造与优化内部管理流程，面临如何重新定位企业员工、管理、客户、供应商的关系。其核心是在互联网时代，企业如何激活企业中的人和组织，重构企业运作的基本单元，重建企业内部运营机制。前两次企业管理模式革命都是发生在国外，我们有充分的理由相信，在推动“中国制造 2025 + 互联网 + 双创”的进程中，有可能探索形成新的管理理念和管理模式，引领第三次管理变革。

（3）“双创”平台建设过程是产业生态逐步完善的过程。大企业“双创”平台是一个资源汇集的平台、能力交易的平台、客户参与的平台、供需对接的平台。通过开放“双创”平台聚集的各类资源，建立资源富集、创新活跃、高效协同的“双创”新生态，从而加快从企业独立发展向产业链协同竞争的转变。河南鲜易网打造了一个开放共享、共生共赢的智慧生鲜供应链创业创新生态圈，其汇集了数万个供应商、采购商、品牌商、运营商和服务商，它们共享金融、数据、技术、标准、信息等资源要素。

（4）“双创”平台建设过程是新型能力培育的过程。近年来，工业和信息化部开展两化融合管理体系工作的重要思路是把培育互联网时代的企业新型能力作为主线。通过对企业 2200 项能力进行分类加工和总结，最后归纳出了当前企业两化融合关心的 6 种能力，包括协同研发设计、大规模个性化定制生产管控、供应链协同管控、制造业服务化转型、网络化经营管控、财务管控互联网化等能力。企业“双创”平台建设，就是要激活企业的技术、装备、系统、流程和组织，构建新的发展理念、商业模式和管理模式，培育企业互联网时代背景下新的竞争优势。

近年来，中核集团、航天科工、中航工业、招商局集团、海尔集团、中信重工等制造企业通过互联网整合资源，在推动“双创”平台建设，探索新的商业模式、组织方式和管理机制等方面取得了巨大的成绩。站在全球新一轮产业变革的角度看，这些企业的实践在全球主要国家都具有领先性，或者至少与美欧站在同一起跑线上。

五、新模式是制造业与互联网深度融合的重要标志

制造业与互联网融合的主线是激发制造企业创新活力、发展潜力和转型动力，融合的目的就是要推动新旧发展动能和新旧生产体系的转换，融合的重要标志是形成了新模式、新业态和新产品。网络化协同制造、个性化定制、服务型制造及制造业分享经济是制造业与互联网深度融合催生的典型制造新模式。

（一）网络化协同制造

网络化协同制造的核心是企业间研发设计和供应链管理的协同，其对应两化融合的横向集成，是企业进入综合集成阶段的重要标志。目前，我国处于两化融合集成提升以上阶段的企业为22.4%，其中大中型企业是关键推动主体。

网络化协同制造并不是一个新的概念，航空、汽车等行业开展网络化协同制造已经有几十年的历史。例如，航空发动机研制是一项多领域迭代耦合过程，由于航空发动机具有几何形状复杂、性能要求高、研制信息量大、涉及学科多、制造工艺难、研发周期长等特点，其研制需要由多团队、多学科、多设计所、多制造企业共同参与完成。中国商飞研制的C919大型客机，通过网络化协同制造平台，实现了国内70多家机体结构供应商、材料供应商，200多家国内企业、20多所高校，以及17家国际机载系统供应商的跨领域多主体全球化的协同创新，由此缩短了飞机的研制周期，降低了研制成本，提高了研制质量和研制效率。

随着新一代信息通信技术的发展，赋予了网络化协同制造新的内涵。网络化协同制造是指企业借助互联网或工业云平台，发展企业间协同研发、

众包设计、供应链协同等新模式，以此能有效降低资源获取成本，大幅延伸资源利用范围，打破封闭疆界，加速从单打独斗向产业协同转变，促进产业整体竞争力提升。航天科工利用航天云网专有云平台，实现在线仿真计算、复杂产品模块协同测试、制造资源统一查看和灵活排产，有效促进了集团生产能力优化配置与生产率的显著提升。

从演变路径看，网络化协同制造可分为三个不同发展水平阶段。一是网络化协同制造 1.0 阶段。这一阶段将线下业务复制到线上，实现从一地协同到异地协同，但由于缺乏组织流程、管理模式等方面的变革，业务协同的效益难以充分显现。二是网络化协同制造 2.0 阶段。在这一阶段企业逐步构建一体化的组织单元，研发、生产组织模式由串行向并行演进，网络化协同在研发设计、生产制造等环节的效益逐步体现。如长安汽车围绕产品线进行组织建设，研发、生产、营销等多部门人员共同组成业务团队，打造全球汽车研发平台，使企业的研发效率和质量大幅提升。三是网络化协同制造 3.0 阶段。这一阶段是基于信息物理系统（CPS）的一种协同制造模式，协同的主体从确定性走向不确定性，协同的形式从业务协同向能力交易协同转变。网络化协同制造的三个阶段如图 6-2 所示。

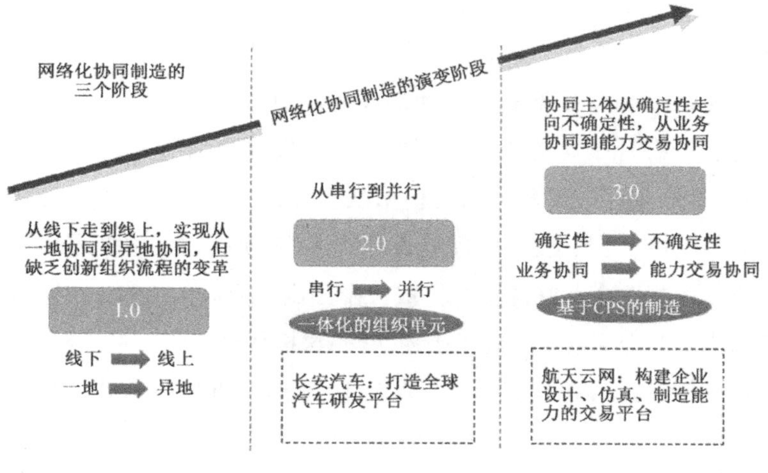

图表来源：作者自绘

图 6-2　网络化协同制造的三个阶段

（二）个性化定制

个性化定制是从传统工业过渡到智能制造阶段的重要标志。其本质是利用互联网平台和智能工厂建设，将用户需求直接转化为生产排单，开展以用户为中心的个性定制与按需生产，以有效满足市场多样化需求，解决制造业长期存在的库存和产能问题，从而实现产销动态平衡，满足成本、质量和效率等多方面需求。个性化定制的本质如图 6-3 所示。

个性化定制有以下四个特点：

（1）从生产方式变革的角度看，个性化定制是智能制造需要解决的重大课题。智能制造就是要用数据的自动流动解决制造系统的复杂性和不确定性，这种不确定性既来自产品生产本身的不确定性，也来自生产方式引发的不确定性，即从规模生产、大规模定制向个性化定制变革，如图 6-4 所示。

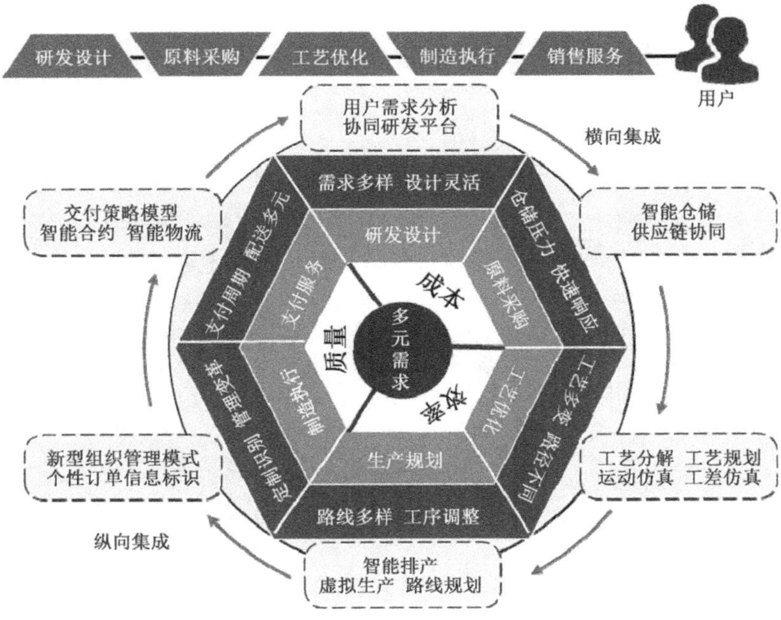

图表来源：作者自绘

图 6-3　个性化定制的本质

智能制造的一个重要特征就是个性化定制。美国国家标准与技术研究院（NIST）认为智能制造要解决的问题就是：差异性更大的定制化服务，更小的生产批量，不可预知的供应链变更和中断。德国工业 4.0 的典型代表——德国埃尔斯特集团（Elster Group）认为最能体现工业 4.0 本质的就是高度定制化极小批量生产。西门子成都工厂曾用一句话来总结工业 4.0 的本质：高效率的个性化定制。工业 4.0 给生产过程带来了极大的自由度与灵活性，通过在设计、供应链、制造、物流、服务等各个环节植入用户参与界面，使新的生产体系能够实现对每个客户、每个产品进行设计、零部件采购、安排生产计划、实施制造加工、物流配送，在极端情况下可以实现个性化的单件制造，而且问题的关键是设计、制造、配送单件产品是盈利的。在这一过程中，用户由部分参与向全程参与转变，用户不仅出现在生产流程的两端，而且能够广泛、实时地参与生产和价值创造全过程。

图表来源：作者自绘

图 6-4　个性化定制引发生产方式变革

（2）从技术路径视角来看，个性化定制就是实现数据流动的自动化。自动化可以理解为机器、系统在没有人或较少人参与下，按照人的要求，实现预期目标的行为和状态。自动化有两种，一种是看得见的自动化，另一种是看不见的自动化。

看得见的自动化，如数控机床、机器人、自动供料机、物流 AGV 小车等，它们能够自动完成某个动作、工序或流程。过去几百年的工业发展史就是自动化程度不断提高的发展史，这种自动化是看得见的。例如，20 世纪 80 年代中期自动化与数字化融入到汽车生产中，大幅提高了汽车工业的产品开发业绩，如表 6-2 所示。

表 6-2 20 世纪 80 年代中期各地区汽车工业的产品开发业绩

汽车制造商 / 新车研发周期	日本制造商	美国制造商	欧洲大规模制造商	欧洲专业汽车制造商
每种新车平均设计工时（百万）	1.7	3.1	2.9	3.1
每种新车平均开发周期（月）	46.2	60.4	57.3	59.9
项目团队员工数（人）	485	903	904	
每种新车的车身类型数（个）	2.3	1.7	2.7	1.3
平均通用件比例	18%	38%	28%	30%
供应商设计比例	51%	14%	37%	32%
设计变更成本占模具总成本比例	10% ～ 20%	30% ～ 50%	10% ～ 30%	
延迟的产品比例	1/6	1/2	1/3	
模具开发周期（月）	13.8	25	28.0	
样车交货周期（月）	6.2	12.4	10.9	
投产至初次出售时间（月）	1	4	2	
新车型投产后恢复到正常生产率时间（月）	4	5	12	

图表来源：引自詹姆斯 • P. 沃麦克 . 精益思想 [M]. 北京：商务印书馆，2007.

看不见的自动化，即数据流动的自动化。随着各种设计工具、仿真模型、管理软件、工业数据的积累，随着信息物理系统（CPS）在更广范围内的应用，在企业研发、测试、生产、物流、管理、服务等环节，在企业横向、纵向和产品全生命周期数据集成过程中，实现没有人为干预的数据互联、互通、互操作，即看不见的自动化。没有数据流动的自动化，就难以实现个性化定制。红领集团能够做到个性化定制服装的根本原因在于其在内部建立了一个数据自动流动的生产体系，实现了数据的自动采集、自动传输、自动处理、自动执行，把正确的数据在正确的时间发送给正确的人和机器，解决了生产定制化过程中的不确定性、多样性和复杂性。

（3）从组织变革视角看，个性化定制需要构建新的组织管理模式。个性化定制生产模式的关键在于如何快速响应每个客户的需求，这就需要组织上的变革，“企业能力平台 + 自组织”正在成为互联网时代一种全新的组织景观，企业内部可以根据需要组建新的团队、自动配置各类资源、自动优化调整运行机制。例如，华为在开展新产品研发时，通过“数字化平台 + 特种兵部队”这一模式，在全球几十个研发中心组织研发队伍资源，构建了一个自组织的研发团队。韩都衣舍为了应对快速变化的互联网服装市场，将传统的科层组织转化为扁平化、自组织的 300 个产品小组，赋予他们设计、生产和定价权，在最小业务单元上实现了责、权、利的统一。

（4）从市场竞争视角看，个性化定制是互联网时代企业的新型能力。工业和信息化部自 2014 年启动贯标工作以来，已有 13000 余家企业开展了两化融合管理体系标准应用，3400 余家贯标企业通过了第三方评定。实践表明，两化融合管理体系正在成为引导企业战略调整、业务转型、组织变革、新型能力培育的重要抓手，一批试点企业在个性化定制、精益管理、风险管控、供应链协同、市场快速响应等方面的竞争优势已初步显现。个性化定制正成为互联网时代企业对客户需求深度挖掘、实时感知、快速响应、及时满足的新型能力，这种能力是企业竞争优势的重要组成部分。

（三）服务型制造

我国制造业长期以加工制造为主，处于价值链的中低端，加快从传统单一的制造环节向两端延伸、提高产品附加值是我国产业向高端发展的关键。推进制造业从生产型制造向服务型制造转变是制造业与互联网融合发展的重点工作之一。

（1）从国家战略角度看，大力发展服务型制造，是各国应对新一轮产业变革趋势达成的共识。美国工业互联网的本质是一场基于制造业服务化的效率革命，德国把智能服务和工业 4.0 作为数字化竞争中硬币的两面。党中央、国务院对于制造业拓展服务业务、提高价值链水平，已经做出了一体系列部署，十八届五中全会指出：“推动制造业由生产型向生产服务型转变”，中国智能制造战略规划把“积极发展服务型制造和生产性服务业”

作为九大战略任务和重点之一。2016年7月，工业和信息化部、国家发展和改革委员会、中国工程院共同牵头制定了《发展服务型制造专项行动指南》。

（2）从制造企业的实践来看，服务型制造已成为企业获得竞争优势的重要来源，并演变成企业的共同战略和群体行为。制造业竞争正面临以下四个转变：一是市场需求正从产品导向向产品服务系统导向转变；二是高价值环节从制造环节为主向服务环节为主转变；三是基于产品服务的竞争正成为增强产品竞争优势的重要途径；四是市场交易正从短期交易向长期交易转变。基于上述四个转变，一些企业积极开展服务型制造，探索开展基于产品研发设计的增值服务、基于产品效能提升的增值服务、基于产品交易便捷化的增值服务、基于产品集成整合的增值服务及从基于产品的服务到基于需求的服务。开展服务化转型的企业有以下共同特点：有一位具有服务化转型战略意识的领导者，制定了清晰的服务化转型发展战略，开展基于服务业务的兼并重组与剥离，创新性地开拓面向服务的新业务，构建面向服务业务的企业组织新架构，推动制造业开展商业模式创新。

（3）从理论的视角看，服务型制造是产业分工深化的必然结果和新形态，是一种范围经济。产业分工的深化在经历了部门专业化、产品专业化、零件专业化、工艺专业化、生产服务专业化之后，由制造商提供的集成了产品和服务活动的产品服务系统正成为产业分工深化的重要形态，是产业分工的新阶段。服务型制造是一种范围经济，制造企业加快服务化转型的内在动力在于产品服务系统具有成本弱增性，而且产品服务系统越复杂，成本弱增性越强，这也是制造企业扩大产品和业务领域，加快纵向一体化发展的根本原因。

当前，我国制造业服务化转型主要体现在远程在线服务、产品全生命周期管理与服务、网络精准营销等方面。电子、纺织、机械、交通设备制造等离散行业服务化转型成效显著。根据两化融合服务平台（www.cspiii.com）的监测数据，2018年我国在远程在线服务、产品全生命周期管理与服务、网络精准营销、个性化定制等方面探索服务化转型的企业达到24.7%。国内风机行业巨头陕鼓集团成功走出了一条从单一产品供应商向解决方案商和服务商转型之路，在转型中不断拓展服务业务，由基础性服务向高级服务拓展，由传统售后服务、基于核心技术的产品服务向交钥匙工程、融资服务、工业气体服务等方面拓展，最终实现从出售单一风机产品向出售个性化的透平成套机组及解决方案转型。

（四）制造业分享经济

《国务院关于深化制造业与互联网融合发展的指导意见》强调："推动中小企业制造资源与互联网平台全面对接，实现制造能力的在线发布、协同和交易，积极发展面向制造环节的分享经济，打破企业界限，共享技术、设备和服务，提升中小企业快速响应和柔性高效的供给能力。"推动制造环节的分享经济是深化制造业与互联网融合发展的一项重要任务。

（1）制造业是"互联网 +"的主战场，未来也将是分享经济的主战场。当前，我国分享经济正在蓬勃发展，涌现出了滴滴出行、神州专车等应用，分享经济领域服务提供者已达 7000 万家，参与分享经济活动的人数已经超过 7 亿人次[1]。但总体上来看，制造业分享经济的发展才刚刚起步，未来的分享要从消费资料迈向生产资料，从消费环节进入生产环节，从为个人消费者服务转向为企业提供服务，从而提高企业的交易效率和生产率。据统计，当前我国部分行业数控机床利用率不超过 50%，许多不超过 30%，监测设备的利用率只有 10%，推动这些闲置设备生产能力的在线交易、协同，将会孕育分享经济的巨大市场，制造业将会成为分享经济的主战场。

2016 年 6 月 2 日，沈阳市政府办公厅发布了《关于支持沈阳机床 i5 战略的实施意见》，沈阳机床历时多年开发了 i5 操作系统，就像从诺基亚塞班操作系统（Symbian）到苹果的 iOS 系统，"i5 机床"的战略意义可以从自主数控系统、机床全生命周期管理、新的商业模式等多个维度去理解，从分享经济的视角去观察，实现了"0 元购机、在线交付"，用户按照 i5 机床加工零部件的品种、数量、加工时间进行付费。用户购买的不是机床，而是机床加工能力；拥有的是机床使用权，而不是机床的所有权，这就是分享经济在从消费环节进入生产环节、从分享消费资料到分享生产资料的

1　数据来源：国家信息中心分享经济研究中心，《中国共享经济发展年度报告（2018）》。

重要标志。

在国外，对农用机械、建筑机械、运输机械的分享非常普遍。美国农民有2000多亿美元的机械设备，大部分时间都是闲置的，Machinery Link构建了一个农业机械分季节使用的分享平台，为农民提供了一个收获淡季向数百千米之外的农户出租闲置农业设备的服务新模式。在荷兰，成立于2012年的Floow2公司，搭建了面向建筑、运输、农业领域设备的共享平台，目前平台上共有2.5万台设备可租赁，这个思路与分享汽车是一样的。德国凯撒压缩机公司通过远程监控系统，将自身的业务从单纯的出售空气压缩机转变为按照客户使用压缩空气的体积、压力等指标对客户进行收费。此外，德国也在探索机床联网，把客户的富余加工时间或能力进行出租或出售，帮助客户按照加工时间或加工精度进行收费。

（2）分享经济是解决制造业与互联网融合现实问题的有益探索。当前，许多制造企业尤其是中小企业经营困难，许多中小企业认识到了推动制造业与互联网融合、发展智能制造的重要性，看到了其发展趋势和发展方向，但在具体实施时却面临很多问题和挑战。许多企业缺资金、缺技术、缺人才、缺理念、缺解决方案，从实践来看，分享工厂将是解决上述问题的有益探索。分享工厂通过以租代买、按时计费、按件计费的方式，可大大降低中小企业购买设备的成本。同时，分享工厂以较低成本分享技术人员、维护人员，可有效解决中小企业发展缺技术、缺人才的问题。阿里推出“淘工厂”业务，通过线下工厂数据化、工厂产能商品化的模式，为传统的OEM厂商转型提供了新的思路。

（3）分享经济蓬勃发展的内在动力在于信息通信技术的快速发展。信息技术尤其是移动互联网的发展解决了分享交易的三个最基本的问题，即谁和谁交易、交易什么及怎么交易。由于信息通信技术的发展，使分享经济付诸实施的三个基本问题得以解决，大大促进了隐性服务的市场化。对于第一个问题，无论是分享资源的提供者，还是分享的对象，交易双方是碎片化的、分散的市场，而信息通信技术提供了一个平台，以实现分散交易主体的精准匹配。对于第二个问题，在过去生产能力是不可计量的，现在信息技术可以对服务加工的能力进行计量，促使交易完成。对于第三个问题，由于信息通信技术的出现和应用，使搜寻成本、物流成本、支付成本都得到了降低，从而带来了交易成本的最小化。

六、“新四基”是深化制造业与互联网融合的关键支撑

（一）什么是“新四基”

工业有“四基”，包括基础材料、基础零部件和元器件、基础工艺和技术基础。我国在上述领域的技术和产业基础都比较薄弱，这已成为制约我国制造业发展“卡脖子”的问题，所以中国智能制造战略规划中提出要实施“工业强基工程”，强化工业基础能力。

深刻把握全球智能制造演变新趋势，从抢占产业竞争制高点、打造产业发展支撑平台的角度出发，在制造业与互联网融合发展的新阶段，制造业基础的内涵更加丰富，需要突破“新四基”，即加快感知和自动控制（一硬）、工业软件（一软）、工业网络（一网）、工业互联网平台（一平台）等新型基础能力和平台设施建设，这既是加强工业2.0补课、工业3.0普及的现实需要，也是支持我国实现工业4.0示范发展的客观要求。新型制造业基础设施架构如图6-5所示。

（二）为什么要发展“新四基”

在推动制造业与互联网融合发展的进程中，我国“新四基”基础薄弱。一是在感知和自动控制领域，欧美日等国家和地区的企业在高端PLC市场的占有率超过90%，它们通过将工控网络产品和装备捆绑销售，形成了事实标准。我国工业领域的传感器主要依赖进口，传感器核心材料和器件基本被跨国公司垄断。二是在核心工业软件领域，研发设计工具、制造执行系统、工业控制系统、大型管理软件等通用产品主要依靠国外软件，面向

航空航天、冶金化工、消费电子等特定行业的研发、工艺、测试、验证环节的专业软件严重缺失。三是在工业网络领域，工厂网络静态配置、刚性组织的方式难以满足未来用户定制、柔性生产的需要，工业控制网络技术呈现“诸侯割据，各自封闭”的状况，现场总线技术标准被国际巨头垄断，网络、数据、软件集成面临协议标准缺失的制约。四是在工业互联网平台领域，跨国公司围绕构建智能制造产业生态、抢占制造业竞争制高点，以工业云和大数据分析平台为载体，在加快全球战略资源的整合步伐方面，已经取得了阶段性成果。

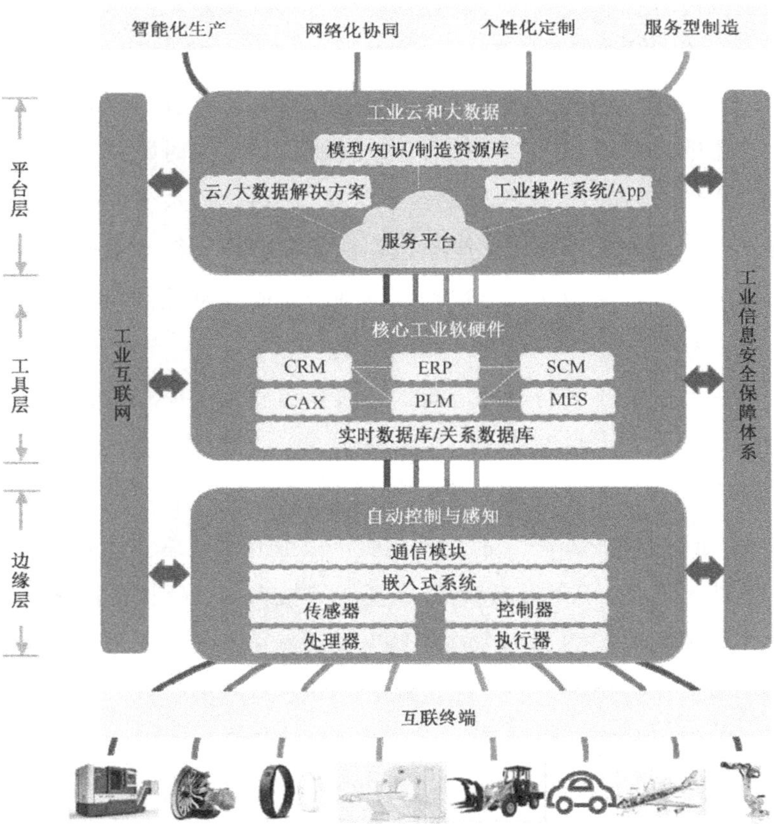

图表来源：作者自绘

图 6-5　新型制造业基础设施架构

（三）“新四基”发展重点

（1）夯实感知和自动控制基础。研究制定传感器产业发展路线图，应重点突破微机电系统、生物智能、无线传感、自动化测量仪器仪表等关键技术和设备，以提升传感器智能化、微型化和集成化水平。应突破工业控制系统中核心芯片、伺服电机、驱动器、现场总线、工业以太网等关键器件和技术的发展瓶颈，以加快推动可编程逻辑控制器、分布式控制系统、数据采集与监控系统等方面的研发和产业化。应组织实施“芯火”计划，以加快工艺过程控制、特殊控制模块等核心芯片产业化，从而推进国产嵌入式处理器的研发和规模应用。

（2）发展核心工业软件。应突破虚拟仿真、人机交互、系统自治等关键共性技术的发展瓶颈，夯实核心驱动控制软件、实时数据库、嵌入式系统等产业基础。应提升计算机辅助设计仿真、制造执行系统、企业资源计划、供应链管理、客户关系管理、产品全生命周期管理系统等工业软件的研发和产业化能力，以加强软件定义和支撑制造业的基础性作用。应建立信息物理系统参考模型、测试验证平台和综合验证试验床，以支持开展关键技术、网络、平台、应用环境的兼容适配、互联互通和互操作测试验证，从而推动工业软件与工业大数据平台、工业网络、工业信息安全系统和智能装备的集成应用。

（3）推动工业网络研发应用。应制定工业互联网总体体系架构方案，明确关键技术路径，加快 IPv6、泛在无线等技术在工厂内部网络的部署，推动软件定义网络、5G 等技术在网络基础设施中的应用。应组织实施工业互联网示范，开展无线工厂、标识解析、IPv6 等应用示范，支持企业探索工业互联网应用创新。应发挥工业互联网联盟等行业组织的作用，促进龙头企业跨界合作，以加快形成工业互联网健康发展新生态。

（4）建设工业互联网平台。围绕智能装备接入工业云的数据采集、网络连接和调度管理等重点环节，突破通信协议、数据接口、数据分析等关键技术，以提升工业云平台系统解决方案的供给能力。应开展工业云服务试点示范，支持装备、航天、钢铁等行业骨干企业工业云服务平台建设，推动工业设计模型、数字化模具、产品和装备维护知识库等制造资源向全社会开放共享，鼓励培育基于工业云的新型生产组织模式。应开展工业数据服务平台研发和应用示范，构建以传感与控制芯片、工业操作系统、工业 App 等为核心的智能制造产业生态。

CHAPTER 07

工业互联网平台：为什么，是什么，怎么看？

2017 年 11 月 27 日，国务院印发《关于深化“互联网 + 先进制造业”发展工业互联网的指导意见》，该意见对发展工业互联网做出重要部署，提出要着力打造网络、平台、安全三大体系，其中，网络是基础，平台是核心，安全是保障。当前，我国工业互联网平台的发展总体还处于起步阶段，技术体系、应用场景、商业模式、产业生态仍处于快速迭代、持续探索中，需要结合国际国内发展形势和应用实践，持续开展调查研究、总结经验、提炼规律、深化认识，打造我国多层次、系统性工业互联网平台体系。认识和理解工业互联网平台，要明确为什么发展工业互联网平台？工业互联网平台是什么，怎么看？

一、为什么

工业互联网是新一代信息通信技术与现代工业技术深度融合的产物，是制造业数字化、网络化、智能化的重要载体，也是全球新一轮产业竞争的制高点。工业互联网通过构建连接机器、物料、人、信息系统的基础网络，实现工业数据的全面感知、动态传输、实时分析，从而形成科学决策与智能控制，以提高制造资源配置效率。工业互联网正在成为领军企业竞争的新赛道、全球产业布局的新方向、制造大国竞争的新焦点。

（一）工业互联网平台是技术发展的新阶段

工业互联网平台是新一代信息通信技术与现代工业技术深度融合的产物。传感器、物联网、新型控制系统、智能装备等新产品和新技术的应用普及日益广泛，制造体系隐性数据显性化步伐不断加快，工业数据全面、高效、精确采集体系不断完善，基于信息技术（IT）和工业技术（OT）的数据集成深度、广度不断深化。5G、窄带物联网（NB-IoT）、时间敏感网络（TSN）、OPC UA 等网络技术及工业以太网、工业总线等通信协议的应用，为制造企业系统和设备数据的互联汇聚创造了条件，构建了低延时、高可靠、广覆盖的工业网络，实现了制造系统各类数据便捷、高效、低成本的汇聚。大数据和人工智能技术的发展，实现了不同来源、不同结构工业数据的采集与集成、高效处理分析，进而帮助制造企业提升价值。各领域技术的不断发展，并与工业技术融合，构建起了工业互联网平台综合技术体系，工业互联网平台应运而生。

在这一进程中，尤其值得关注的是云计算技术的发展。云计算技术的发展正在重构软件架构体系和商业模式。高弹性、低成本的 IT 基础设施日益普及，软件部署由本地化逐渐向云端迁移，软件形态从单体式向微服务不断演变。近年来全球 SaaS 市场增速以相当于 On-Premise（本地装机）5 倍左右的速度快速增长，2016—2018 年期间全球客户管理（CRM）、研发工具（CAD）、供应链管理（SCM）等软件的 SaaS 市场已超过了 On-Premise（本地装机），ERP 软件也将于 2021 年前后实现这一历史性转变，如图 7-1 所示。同时，开源云架构、容器技术为可重构、可移植、可伸缩的应用服务敏捷地开发和快速部署提供保障，各类新型工业 App 逐步推广应用，推动了制造资源优化配置。

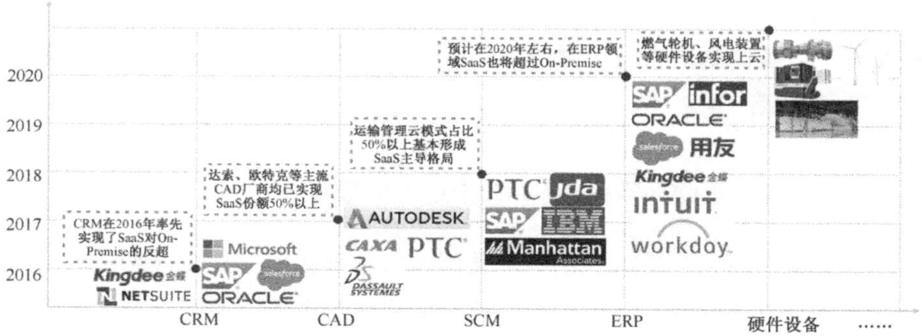

图表来源：作者自绘

图 7-1　SaaS 市场正在高速发展并即将超越本地装机市场

（二）工业互联网平台是企业竞争的新赛道

国际金融危机以来，GE、西门子、博世等跨国巨头围绕制造业数字化、网络化、智能化持续推进自身的战略转型，通过一系列兼并重组、业务转型、模式创新，在不断提高装备智能化水平、加快软件云化迁移步伐、打造开源社区生态的基础上，纷纷推出工业互联网平台。GE 着眼于巩固和强化其在航空发动机、燃气轮机、医疗设备等领域的全球市场优势推出了 Predix 平台。西门子着眼于面向全球提供智能制造行业系统解决方案，建立了基于 MindSphere 平台的智能工厂运营和高端智能装备管理体系。工业互联网平台正成为龙头企业竞争的新赛道，成为抢占全球新工业革命的制高点。

（三）工业互联网平台是产业布局的新方向

工业互联网平台是全球互联网发展与竞争的核心，谷歌、苹果等跨国巨头凭借强大的对消费互联网平台的掌控力主导了全球互联网应用与产业生态发展。当前，伴随着新一代信息通信技术和制造业的融合发展，以平台为核心的产业竞争正从消费领域向制造领域拓展，领军企业围绕“智能机器＋云平台＋工业 App”功能架构，整合“平台提供商＋应用开发者＋海量用户”生态资源，抢占工业大数据入口主导权、培育海量开发者、提升用户黏性，进而不断巩固和强化其在制造业的垄断地位。工业互联网平台正成为打造制造业新生态的布局方向。

（四）工业互联网平台正处在规模扩张的窗口期

据预测，2020年左右工业互联网平台将出现类似于消费互联网平台的爆发式增长。《关于深化“互联网+先进制造业”发展工业互联网的指导意见》中指出，到2020年要培育30万种工业App。国内龙头企业，如航天云网、海尔集团、三一重工、徐工集团、阿里、东方国信、浪潮、用友等都相继发布了工业互联网平台，培育了约1万种工业App。国内外领先企业均将未来2～3年视为规模化扩张的关键窗口时期。工业互联网平台发展的机遇稍纵即逝，亟待壮大本土工业互联网平台。

二、是什么

工业互联网平台是面向制造业数字化、网络化、智能化需求，构建基于云边协同的海量数据采集、汇聚、分析服务体系，进而支撑制造资源泛在连接、弹性供给、高效配置的载体。

（一）工业互联网平台的架构

可以从四个方面来理解工业互联网平台体系架构，其中数据采集（边缘层）是基础，IaaS是支撑，工业PaaS（平台层）是核心，工业App（应用层）是关键。工业互联网平台体系架构如图7-2所示。

1. 数据采集（边缘层）是基础

数字采集的本质是利用泛在感知技术对多源设备、异构系统、运营环境、人等要素信息进行实时高效采集和云端汇聚。核心就是要构建一个精准、实时、高效的数据采集体系，把数据采集上来，通过协议转换和边缘计算，将一部分数据在边缘侧进行处理，这适用于对实时性、短周期数据的快速处理，处理结果将直接返回到机器设备；将另一部分数据传到云端，通过云计算更强大的数据运算能力和更快的处理速度，对非实时、长周期数据进行综合利用分析，从而进一步优化形成决策。

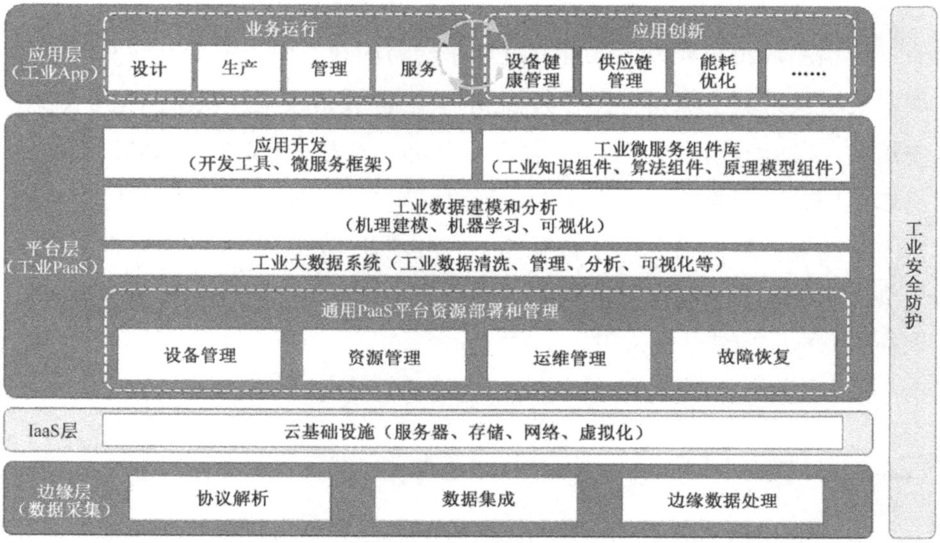

图表来源：工业互联网产业联盟《工业互联网平台白皮书》

图 7-2　工业互联网平台体系架构

工业现场数据云端汇聚面临的突出问题可以总结为“三不”（见图 7-3）：不敢传（数据安全问题）、不需传（本地化和实时性问题）、不能传（协议标准不统一），即无法支撑实时数据采集和实时分析、智能优化和科学决策。一是工业数据采集存在数据安全隐患。工业数据采集会涉及大量重要工业数据和用户隐私信息，在传输和存储时都会存在一定的数据安全隐患，也存在黑客窃取数据、攻击企业生产系统的风险。因此，急需从技术、管理和法律法规等多方面保障数据安全。二是工业协议标准不统一且数据开放性不够。目前在工业数据采集领域，存在 Modbus、CAN、ControlNet、DeviceNet、Profibus、Zigbee 等各种工业协议标准，各个自动化设备生产及集成商还会自己开发各种私有的工业协议，各种协议标准不统一、互不兼容；同时很多设备和系统的数据开放性不够，缺乏数据接口及文档说明，导致协议适配解析和数据互联互通困难。三是工业数据采集实时性要求难以保证。生产线的高速运转，精密生产和运动控制等场景对数据采集的实时性要求不断提高，传统数据采集技术对于高精度、低时延的工业场景难以保证重要信息实时采集和上传，无法满足生产过程的实时监控需求。

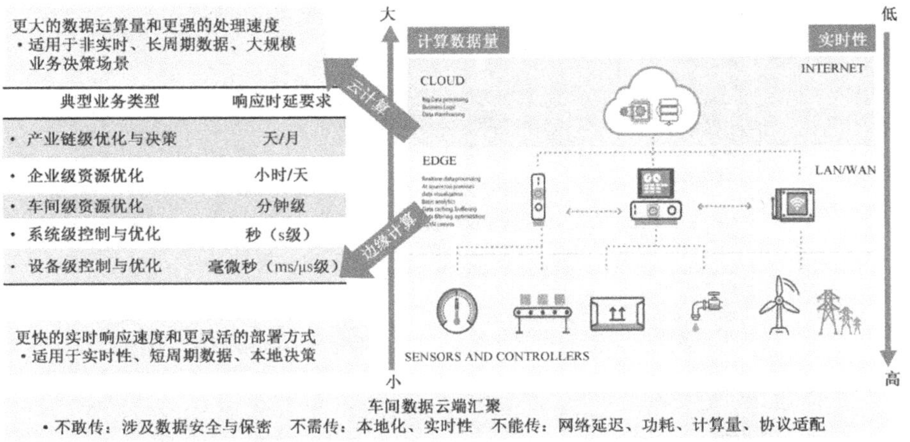

图 7-3　边缘计算与云计算协同

当前，突破数据采集瓶颈的主要思路包括以下两个方面。

（1）通过协议兼容、转换实现多源设备、异构系统的数据可采集、可交互、可传输。近 30 年来，围绕实现控制系统、生产装备、信息系统的连接，全球各类自动化厂商、研究机构、标准化组织推出了 40 多种现场总线协议、30 多种工业以太网协议、数十种无线协议，尽管当前通用协议比重在提升、行业细分协议逐渐消失（见图 7-4），但是仍然有多种形式协议广泛部署在生产车间，因此急需构建一套能够兼容、转换多种协议的技术产品体系，以实现工业数据互联、互通、互操作。从国际上看，GE 通过将数据采集转换模块 Predix Machine 部署在现场传感器、控制器和网关中，以多种方式实现不同协议的兼容和转换，来完成工业现场数据采集及云端汇聚。西门子通过在设备端部署数据采集模块 MindConnect Nano，实现通用协议兼容和私有协议转换及云端汇聚。从国内看，航天云网、树根互联、和利时等正加速构建端到端数据流解决方案，明匠智能、汇川技术、华龙讯达等中小企业正在积极开发能够实现多种协议兼容和转换的智能网关、智能控制器等产品。

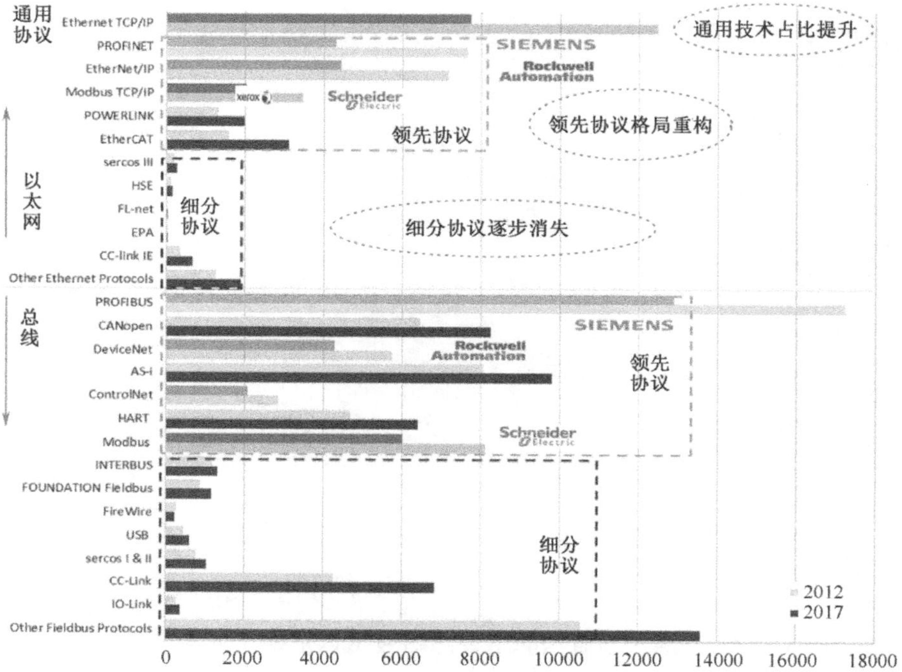

图表来源：中国信息通信研究院，《2017 年 ICT 深度观察——两化融合领域》

图 7-4　多种工业以太网、总线协议并存

（2）通过边缘计算等技术在设备层进行数据预处理，进而大幅提高数据采集、传输效率，以降低网络接入、存储、计算等成本，提高现场控制反馈的及时性。2015 年思科联合 Intel、ARM、DELL 等企业成立雾计算联盟，2016 年华为联合沈阳自动化所等成立边缘计算联盟，其均在构建边缘计算 + 云计算的新型架构体系。他们通过部署边缘计算模块，实现数据在机器设备端的轻量级运算和实时分析，以缓解云端传输、存储和计算压力。

工业数据采集产业供应侧主要有以下三类企业：一是工业自动化企业。这类企业从自身核心产品能力出发，主要为工业数据采集提供接入设备，它们被作为工业数据采集的源头，如西门子、研华、霍尼韦尔、安控等。二是工业网络服务企业。这类企业主要为工业数据采集提供工业网络协议转换、传输、安全等配套设备和服务，部分企业从原有优势领域正在积极向制造业领域延伸发展，如中国电信、中兴通讯、华为等。三是工业数据采集解决方案企业。这类企业主要提供工业数据采集解决方案、系统开发、项目实施、系统集成等服务，如北自所（北京机械工业自动化研究所）、和利时、明匠智能、华龙讯达、福大自动化等。

2. IaaS 是支撑

IaaS 是通过虚拟化技术将计算、存储、网络等资源池化，向用户提供可计量、弹性化的资源服务。IaaS 是工业互联网平台运行的载体和基础，其实现了工业大数据的存储、计算、分发。在这一领域，我国与发达国家处在同一起跑线，阿里、腾讯、华为等所拥有的云计算基础设施已达到国际先进水平，形成了成熟的提供完整解决方案的能力，并成为树根互联“根云”、海尔“COSMO”等国内工业互联网平台的云计算合作伙伴。

阿里云基础设施正向工业领域加速渗透。阿里云已成为仅次于亚马逊 AWS、微软 Azure 的全球第三大云基础设施提供商，目前其在全球建立了 14 个云计算中心（其中中国六个），占据国内 40% 以上的 IaaS 市场份额。2017 年阿里云推出 ET 工业大脑，与海尔集团、徐工集团、比亚迪、协鑫光伏、中策橡胶等合作，为上述企业提供大数据存储、计算等云计算基础服务，以及数据挖掘、分析等增值服务。阿里云通过对协鑫光伏生产数据的分析，使得其光伏切片生产线的良品率提高 1%，为企业每年创造上亿价值。

3. 工业 PaaS（平台层）是核心

工业 PaaS 本质是一个可扩展的工业云操作系统，它能够实现对软硬件资源和开发工具的接入、控制和管理，为应用开发提供了必要接口及存储计算、工具资源等支持，它为工业应用软件开发提供一个基础平台。

工业 PaaS 面临的突出问题是开发工具不足、行业算法和模型库缺失、模块化组件化能力较弱，现有通用 PaaS 平台尚不能完全满足工业级应用需要。当前，工业 PaaS 建设的总体思路是，通过对通用 PaaS 平台的深度改造，构造满足工业实时、可靠、安全需求的云平台，采用微服务架构，将大量工业技术原理、行业知识、基础模型规则化、软件化、模块化，并封装为可重复使用的微服务，通过对微服务的灵活调用和配置，降低应用程序开发门槛和开发成本，提高开发、测试、部署效率，为海量开发者汇聚、开放社区建设提供技术支撑和保障。工业 PaaS 是当前领军企业投入的重点，是平台技术能力的集中体现，也是当前生态竞争的焦点。

从国际上看，GE、西门子依托亚马逊、微软等成熟的云计算基础设施（IaaS 平台）搭建了工业 PaaS 平台，将行业核心技术和经验知识固化封装为模块化的微服务组件和开发工具，同时为工业 App 提供开发环境。

从国内看，工业 PaaS 在垂直细分领域已有局部应用，形成了三种典型模式：以航天云网为代表的协同制造工业互联网平台，以树根互联为代表的产品全生命周期管理服务工业互联网平台，以海尔为代表的用户定制化生产工业互联网平台。

4. 工业 App（应用层）是关键

工业 App 主要表现为面向特定工业应用场景，整合全社会资源推动工业技术、经验、知识和最佳实践的模型化、软件化、再封装（工业 App），用户通过对工业 App 的调用实现对特定制造资源的优化配置。工业 App 由通用云化软件和专用 App 应用构成，它面向企业客户提供各类软件和应用服务。工业 App 通过新商业模式的打造，不断汇聚应用开发者、软件开发商、服务集成商、工业用户和平台运营商等各方资源，正在成为行业领军企业和软件巨头构建、打造共生共赢生态系统的关键。

工业 App 面临的突出问题是，传统的生产管理软件云化步伐缓慢，专业的工业 App 应用较少，应用开发者数量有限，商业模式尚未形成。工业 App 发展的总体思路是，传统的 CAX、ERP、MES 等研发设计工具和管理软件应加快云化改造，基于工业 PaaS 实现云端部署和应用，以满足企业分布式管理和远程协作的需要。

当前，工业 App 发展的总体思路包括以下两个方面。

（1）传统的CAD、CAE、ERP、MES等研发设计工具和管理软件加快云化改造。云化迁移是当前软件产业发展的基本趋势，全球软件产品“云化”步伐不断加快，基于传统集中式架构的软件开发部署模式正在向高可用、易扩展、低成本的分布式云架构转型。

从国际看，CAD、CAE、PLM等研发工具类软件已基本完成云化改造，据调查，全球约35.3%的研发人员基于云平台进行产品开发。CRM、SCM、ERP、MES等运营管理软件加速向云端迁移，基于云端部署的设备管理、运营优化等工业App正在快速涌现，预计到2020年，60%的工业应用软件将基于云端进行部署。

从国内看，传统的研发设计工具、经营管理软件、制造执行系统正加速向云端迁移。用友、金蝶、宝信、数码大方等企业积极推动基于云架构的软件产品开发部署。用友已实现财务、OA、CRM等应用软件的云端迁移；数码大方构建了基于云平台的工业设计模型、数字化模具、产品和装备维护知识库等软件和应用服务。

（2）围绕多行业、多领域、多场景的云应用需求开发专用App应用。大量开发者通过对工业PaaS层微服务的调用、组合、封装和二次开发，将工业技术、工艺知识和制造方法固化和软件化，开发形成了专用App应用。

从国际看，GE于2015年发布Predix 2.0，实现对35000台航空发动机的全生命周期管理服务，目前其已在全球建成四个云计算中心，形成近2万人的开发者队伍，创建了超过160种工业App。西门子于2016年推出MindSphere平台测试版，围绕高端智能装备和智能工厂运营，初步形成约50种工业App，并在北美和欧洲的100多家企业开始试用。同时，工业App初创企业也成为资本市场投资的新热点。近两年来，美国风险资本围绕工业App领域的投资力度不断加大，已孵化出Uptake公司、C3 IoT公司等一批独角兽企业。

从国内看，一些平台类企业面向钢铁、工程机械、风电、船舶、高铁等复杂智能产品，开发出基于云平台的新型工业App，并不断在探索其商业化应用。东方国信基于炼铁高炉优化管理服务打造了工业互联网平台Cloudiip，目前平台上已经形成1000多个工业App，其高炉全生命周期管理 App 可对高炉燃烧效能、安全、使用寿命进行大数据分析，使劳动生产率平均提高 5%，单个高炉每年新增效益 2400 万元。

5. 总体情况

从参与主体和发展格局看，在数据采集方面，自动化企业和通信企业是参与主体，其发展在全球正处于起步阶段。在 IaaS 方面，由微软、亚马逊、阿里等云服务厂商主导，其发展处于寡头垄断的市场成熟期。在工业 PaaS 方面，GE、西门子等制造企业是主体，其发展正处在起步建设阶段，各企业均在进行商业模式探索。在工业 App 方面，平台商、平台合作伙伴、第三方开发者正在加快传统软件云化改造步伐和基于工业 PaaS 开发工业 App，全球工业 App 正迎来爆发期。工业互联网平台参与主体和发展格局如图 7-5 所示。

	地位	参与主体	发展格局
工业App	关键	• 平台商、平台合作伙伴、第三方开发者	• 传统软件云化改造+基于工业PaaS开发 • 正在迎来爆发期
工业PaaS	核心	• 制造领军企业 • GE、西门子	• 建设起步阶段 • 商业模式探索期
IaaS	支撑	• ICT领导厂商 • 微软、亚马逊、阿里	• 市场成熟期 • 市场集中度高
数据采集层	基础	• 自动化企业、通信企业 • 协议转换+边缘计算	• 起步阶段 • 专有方案多、通用方案少

图表来源：作者自绘

图 7-5 工业互联网平台参与主体和发展格局

继 GE 提出“工业互联网”概念以来，全球主要制造企业、互联网巨头都在纷纷加快工业互联网平台建设，以此作为抢占未来制造业制高点的战略布局。

国际上，GE、西门子、SAP、ABB 等大型企业通过增加投资、兼并收购、业务重组等方式，正在构建一个向下接入海量设备、自身承载工业知识与微服务，向上支撑工业App开发部署的“操作系统”。西门子MindSphere平台汇聚300多个用户，开发了流程优化、零部件监控等50多种工业App，其已具备制造工艺优化、能源管理等6类200种工业微服务。西门子推出“火箭俱乐部”全球初创企业计划，将打造MindSphere 3.0，以强化工业App开发与应用服务能力。GE将Predix类比为工业领域的“Android系统”，7年来GE累计投入40亿美元，先后收购了一批工业软件企业，打造出Predix.io开发者社区。目前Predix承载了300多个资产和流程模型、190多个工业微服务、100余万个数字孪生体，形成了高复杂设备管理与应用开发能力。PTC打造Thingworx平台提供了推动工业创新所需的高灵活性和可扩展性的功能组件，其汇集全球40万名开发者和1000多个合作伙伴，面向研发设计、设备管理、全生命周期管理、现场维修服务、仿真数字孪生等领域开发70多种工业App。

在国内，典型平台企业持续对标GE、西门子，不断丰富既有平台功能。航天云网强化设备连接与工业App开发等平台功能，推动云制造平台升级为Indics工业互联网平台，在该平台上已注册企业达到120余万家，平台已形成1000余种工业App，自主开发了INDICS-API软件接入接口和Smart IoT系列智能网关接入产品；东方国信构建Cloudiip工业互联网平台，自主研发了13种工业传感器并已在工业现场部署超过26万支，开发了支持116种工业协议的智能网关Cloudiip-Link和89种边缘计算算法、185个边缘智能模型，沉淀了26万个标准件数字化模型、1364个工业机理模型、1302个微服务组件和55个开发工具，培育了167个云化工业软件和1203个工业App。

此外，部分企业依托自身优势，也在积极构建工业互联网平台。装备自动化企业和利时、浙江中控从自身核心产品能力出发推出Hiacloud、SupOS；生产制造企业美的、徐工将自身数字化转型经验转化为平台服务，推出美云智数、徐工Xrea；工业软件企业用友、索为加强平台化的数据汇聚与处理能力，推出“精智”“众工业”；信息技术企业华为、浪潮发挥IT技术优势将已有平台向制造领域延伸，推出OceanConnect、M81；互联网企业阿里、腾讯在其云服务基础上叠加工业解决方案，构建了“工业 ET 大脑”等平台。

表 7-1　主要工业互联网平台建设情况

内容＼平台	GE	西门子	PTC	航天云网	东方国信
工业 App	300 多家合作伙伴，医疗、发动机、核电等设备资产管理超过 250 种 App 案例：日本东京风电公司基于 Predix 发电量提高 2%	300 多家平台用户，流程优化、零部件监控等 50 多种工业 App 案例：格林机床刀具寿命预测	40 万名开发者、1000 多家合作伙伴，在研发设计、设备管理、全生命周期管理、现场维修服务、仿真数字孪生等领域开发 70 多种工业 App 案例：卡特彼勒基于数字孪生工业 App 设备维修	涉及智能研发、精益制造、智能服务、智慧企业等 1000 多种工业 App 案例：常州 100 家企业（1000 余家）的 2 万台设备实现了状态信息监测，100 台设备实现了可预测性维护	167 个云化工业软件和 1203 种工业 App，横跨炼铁、能源、空压机、工业锅炉、资产管理等行业，涉及设备安全预警、工艺优化、能源管控、设备诊断、决策支持等 App 案例：60% 的炼铁企业建设了数字高炉
工业 PaaS	提供通用开发工具及针对高价值设备资产模型、对象关系分析等超过 190 种工业微服务、300 多种设备模型、100 万个数字孪生体	目前已有制造工艺优化、能源管理等 6 类 200 种工业微服务	基于微服务的研发工具、设备管理、工业数据连接、机器学习等组件	提供流程建模、仿真建模、人工智能建模、大数据分析算法库等微服务组件	26 万个标准件数字化模型、1364 个工业机理模型、1302 个微服务组件和 55 个开发工具

续表

内容＼平台	GE	西门子	PTC	航天云网	东方国信
IaaS	亚马逊 AWS、微软 Azure	亚马逊 AWS、微软 Azure 阿里云	亚马逊 AWS、微软 Azure	自建内蒙古、贵州两大数据中心	行云 X-Cloud
数据采集	Predix Machine、Predix Ready，协议兼容转换	数据采集模块 MindConnect Nano，协议兼容转换	Kepware OPC 异构设备协议转换	开发 INDICS-API 软件接入接口和 Smart IoT 系列智能网关接入产品	自主研发 13 种工业传感器并在工业现场部署超过 26 万支，开发了支持 116 种工业协议的智能网关 Cloudiip-Link 和 89 种边缘计算算法、185 个边缘智能模型

图表来源：作者自制

从国内外工业互联网平台核心技术对比看，我国和美国、德国等国存在 2 ～ 3 年的差距。一是在数据采集层面，美德制造企业数字化、网络化水平较高，垄断了全球的工控设备和通信协议，其拥有强大的数据采集、云端迁移、边缘计算能力。我国 95% 以上的中高端 PLC 市场、50% 以上的 DCS 市场被跨国公司垄断，设备数字化率为 45.9%、联网率为 39.4%。总体来看，我国缺乏有影响力的工控企业，缺乏完整的行业数据采集方案。二是在 IaaS 方面，美国主导全球 IaaS 生态演进，拥有亚马逊、微软等领导厂商。我国的阿里、华为、腾讯等企业云计算能力居全球前列，同美国差距不大。三是在工业 PaaS 方面，美国、德国等国在机械、汽车、航空、船舶等行业拥有上百年的工业知识、经验、方法的积淀，它们具备将核心经验知识固化封装为微服务的能力及平台资源整合能力。我国工业技术知识薄弱，工业机理、工艺流程、模型方法经验和知识积累不足，算法库、模型库、知识库等微服务提供能力不足。总体来看，我国企业整合控制系统、通信协议、生产装备、管理工具、专业软件等各种资源的能力不足，集业务流程咨询、软件部署实施、平台二次开发、系统运行维护等于一体的综合能力欠缺。四是在工业 App 方面，美国、德国等国垄断了传统的工业软件市场，拥有 Oracle、SAP 等软件巨头，形成了完整的开发者社区和海量开发者。而我国高端工业软件主要依赖进口，缺乏工业 App 开发者社区，因此在这些方面急需加快建设（见图 7-6）。

	国外现状	国内现状	对比分析
工业App	• 美国、德国等国垄断了传统的工业软件市场 • 拥有Oracle、西门子、SAP等软件巨头 • 形成了完整的开发者社区和海量开发者 • 正在涌现出一批新型的工业App企业 ★★☆☆☆	• 高端工业软件主要依赖进口 • 开发了少量工业App，在数据科学研究领域有一定基础 • 缺乏工业App开发者社区 ★☆☆☆☆	• 起步晚、认识不充分 • 开发者数量少 • 开发者社区建设经验不足
工业PaaS	• 美国、德国等国在机械、汽车、航空、船舶等行业拥有上百年的工业知识、经验、方法的积淀（工业机理+数据科学） • 具备将核心经验知识固化封装为微服务能力及平台资源整合能力 ★★★★☆	• 工业技术知识薄弱，工业机理、工艺流程、模型方法经验和知识积累不足，算法库、模型库、知识库等微服务提供能力不足 ★☆☆☆☆	• 整合控制系统、通信协议、生产装备、管理工具、专业软件等各类资源的能力不足 • 集业务流程咨询、软件部署实施、平台二次开发、系统运行维护等于一体的综合能力欠缺
IaaS	• 美国主导全球IaaS生态演进，拥有亚马逊、微软、谷歌、IBM等领导厂商 • 德国SAP ★★★★★	阿里、华为等云计算能力居全球前列 ★★★★★	• 同步于全球水平 • 技术实力方面中美差距不大
数据采集层	• 美国、德国等国制造企业数字化、网络化水平较高 • 垄断了全球的工控设备和通信协议 • 拥有强大的数据采集、云端迁移、边缘计算能力 ★★★★☆	• 95%中高端PLC市场、50%以上的DCS市场被跨国公司垄断 • 设备数字化率45.9%、联网率39.4% ★★☆☆☆	• 缺乏有影响力的工控企业、通信协议 • 缺乏完整的行业数据采集方案

图表来源：作者自绘

图 7-6　国内外工业互联网平台核心技术对比

（二）工业互联网平台的本质

工业互联网平台的本质是一套面向制造业数字化、网络化、智能化的解决方案，这套解决方案与传统方案最本质的区别就是基于云架构，这是需求场景、技术演进、生态构建共同作用的必然结果，其基本的逻辑就是“数据 + 模型 = 服务”，就是如何采集制造系统海量数据，把来自机器设备、业务系统、产品模型、生产过程及运行环境中的大量数据汇聚到工业 PaaS 平台上，实现物理世界隐性数据的显性化，实现数据的及时性、完整性、准确性，并将技术、知识、经验和方法以数字化模型的形式沉淀到平台上，形成各种软件化的模型（机理模型、数据分析模型等），基于这些数字化模型对各种数据进行分析、挖掘、展现，以提供产品全生命周期管理、协同研发设计、生产设备优化、产品质量检测、企业运营决策、设备预测性维护等多种多样的服务，从而实现数据—信息—知识—决策的迭代，最终把正确的数据、以正确的方式、在正确的时间传递给正确的人和机器，优化制造资源配置效率（见图 7-7）。

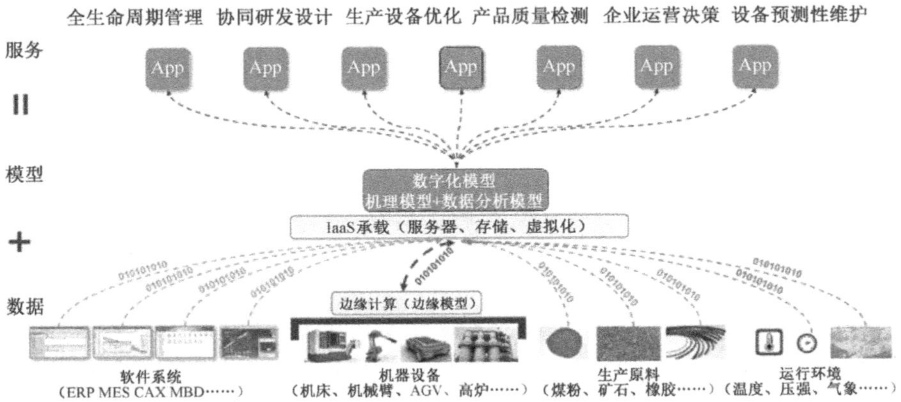

图表来源：作者自绘

图 7-7　工业互联网平台：数据 + 模型 = 服务

“数据 + 模型 = 服务”这一逻辑并非是工业互联网所独有的特质，而是贯穿于整个制造业信息化发展的全过程。伴随着数据采集的精度、广度、速度的不断提升，模型准确性、软件化、智能化水平不断提高，“数据 + 模型”在不同的发展阶段以不同的载体所呈现，并提供不同层级的“服务”价值（见图 7-8）。

（1）单元级。通过对设备运行过程中的电压、电流、转速等数据采集，基于经验规律及数学计算模型，能够实现对局部生产装备的智能化提升，这些经验规律及数学分析模型大都以传统 IT 架构形式固化成独立的软件系统，面向工业现场人员提供设备运行状态优化服务。

（2）系统级。随着数据采集的范围逐渐扩大，企业 CAD、CAE 等研发设计及 MES、ERP、CRM 等业务系统的数据与生产运行状态数据逐渐实现互联互通，基于更加精确、高效的机理模型和数据分析模型，以数据的自动流动解决企业生产过程中多种复杂不确定性，从而优化设计、仿真、生产等环节的资源配置。

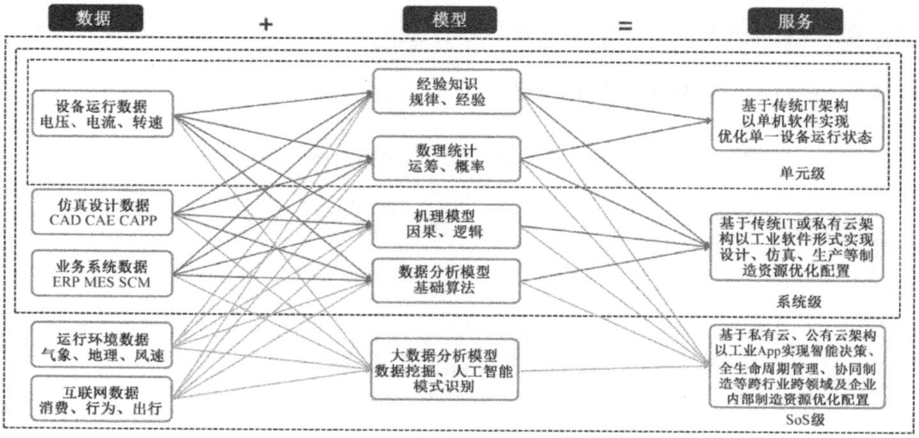

图 7-8　数据 + 模型 = 服务的演进历程

（3）系统之系统级（SoS 级）。当企业生产经营过程中的研发设计、业务系统、设备运行等各类数据汇聚到基于私有云或公有云部署的工业互联网平台，同时接入来自互联网端各类客户行为、环境信息等数据，基于平台沉淀多种工业 App、微服务组件等更为全面、精准的工业知识，实现智能决策、产品全生命周期管理、协同制造等跨行业、跨领域、跨企业内部的制造资源优化配置。

伴随着“数据 + 模型”的不断演进深化，制造资源优化精度、广度、深度不断提升，带来更加全面、细致、精确的服务。对于工业互联网的各种场景应用而言，基于数据 + 模型 = 服务的业务逻辑已体现在工程机械、工业锅炉、新能源设备、发电设备优化与企业征信等多个场景。

1. 工程机械

近两年来，美国风险资本围绕工业互联网平台及 App 领域的投资力度不断加大，已孵化出了一批估值超 10 亿美元的独角兽企业。最为突出的一家独角兽企业为 Uptake，该企业专注服务于其种子客户卡特彼勒，基于卡特彼勒的设备管理服务平台，开发了能够实现对工程机械进行动态监测和故障预警的工业 App，目前接入设备数已经超过 300 万台，仅用 2.5 年时间，企业估值达到 20 亿美元。

如果用一句话概括 Uptake 的商业逻辑，抽象出工业互联网平台最本质的逻辑，那就是：数据 + 模型 = 服务。Uptake 通过采集工程机械设备油温、油压、湿度、转速、位置、速度、角度等超过 5000 个运行参数，以及汇聚气象数据、地理信息、遥感信息，基于平台油耗分析、故障诊断、研发设计、成本核算等模型，为设备商卡特彼勒提供故障预报服务，大幅降低了其设备在“三包期”内的售后维修成本；对于工程机械用户，Uptake 提供流程优化服务，将用户配置机车的时间缩短一个小时，为每辆机车节省 10 余万美元的支出；对于工程承包商，Uptake 提供状态预测服务，帮助他们在投标和招标过程中优化设备计划；对于操作工 Uptake 提供辅助驾驶服务和安全预警服务。其商业逻辑如图 7-9 所示。

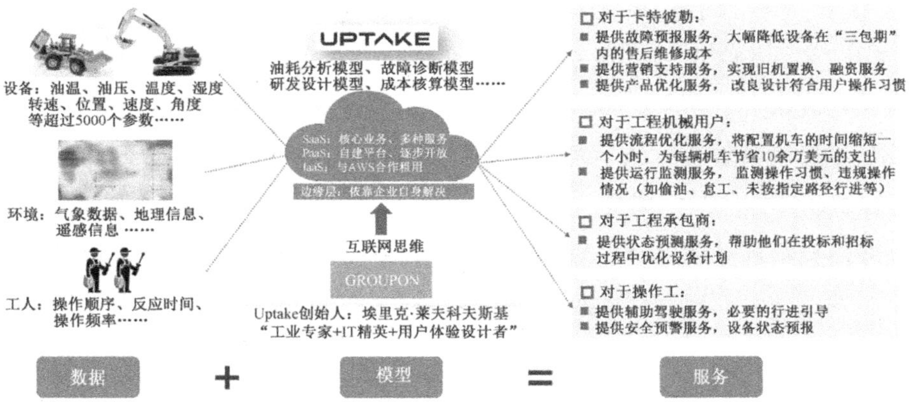

图表来源：作者自绘

图 7-9 独角兽企业 Uptake 的商业逻辑

在国内，三一重工、徐工等工程机械领域的领军企业围绕工程机械全生命周期服务，基于数据 + 模型 = 服务的商业逻辑，开展了一系列开创性的新业务。徐工信息通过采集加工过程中数控设备、刀具、桌面部位的振动、噪声、电流等“数据”，基于状态监测、故障诊断等“模型”，对机床刀具的运行状态进行实时监测和管理，以此提供刀具智能诊断与寿命预测等“服务”。该项业务提升了产品的良品率，减少了废品成本与刀具消耗成本。

2. 新能源设备

风电是目前全球最大的可再生能源，过去10年全球风电能源的利用，年均增长率为21%，占全球总容量的34.7%。风电设备越来越复杂，风机叶片的尺寸从1981年到现在增大了15倍，现在一个风机叶片的尺寸超过一架波音777飞机。风电齿轮箱、发电机、变桨、叶片和机舱等零部件越来越复杂，故障损失和维护成本越来越高，过去10年风电建设成本下降30%，维护成本却上升了50%。基于工业互联网平台开展预测性维护，可为风场运营节省5%～10%的维护成本、提升1%～2%的发电量，相当于每年为中国风电行业创造超过400亿元的经济效益。

2017年，中国风电弃风率达20%左右，影响风电弃风漏风量的重要因素之一是风电功率预测准确性。国电及一些大型风力发电企业纷纷加速构建工业互联网平台，通过采集风机设备运行、厂站管理、全球气象等各类数据，基于平台上沉淀的多种类型的功率预测模型、设备维护模型，实现对风电设备发电功率的精准预测，并使其性能提升。基于工业互联网平台的功率预测模型较传统功率预测实际提高了5.2个百分点，这一业务清晰地诠释了工业互联网平台的本质：数据+模型=服务。传统IT架构与工业互联网架构都是通过对现场数据的采集，基于功率预测模型，实现对风电设备发电功率的预测，进而决定风场发电效率和利润。以风力发电为例，与传统IT架构不同，工业互联网架构在数据获取、数据处理和数据应用等方面具有更为广泛的优势，如表7-2所示。

（1）在数据获取方面。从全面性来看，一方面，传统IT架构往往部署在局部风电厂本地，监测范围仅限局部电厂十几千米范围内的几十座风电电机，气象数据依靠就近的气象站点预报结果；另一方面，受制于数据传输及处理能力限制，采集数据类型、数据量有限。基于私有云、公有云部署的工业互联网平台能够连接数百千米范围内的上千座风电电机，并且能够接入更加全面精准的全球气象预报数据，同时基于云的数据传输、存储、计算能力的提升，数据采集类型、数量更加多样广泛。从实时性来看，传统 IT 架构，每隔数分钟采集风机运行数据，基于工业互联网架构的数据采集频率将达到秒级甚至毫秒级。从颗粒度来看，传统 IT 架构受制于传感器布局及传输能力限制，数据测点有限，不能精确反映设备运行情况。在工业互联网架构下，单一风机设备测点可达数千个，能够精确刻画设备的运行状态、运动姿态。

表 7-2 传统 IT 架构与工业互联网架构对比

内容 \ 架构		传统 IT 架构	工业互联网架构
核心逻辑		数据 + 模型 = 服务 通过对现场数据的采集，基于功率预测模型，实现对风电设备发电功率预测：提高风场发电效率和利润	
数据获取（数据）	全面性	范围小：局部风电厂站、气象站数据（十几千米） 类型少：位移、电压等数据	范围大：多家电厂站、全球气象数据（几百千米） 类型多：位移、振动、电压、温度、湿度……
	实时性	分钟级数据采集获取	实现实时秒级、毫秒级采集周期
	细致性	接入设备 5 ～ 8 个测点	单设备测点量 1000 个以上
数据处理（模型）	多样性	基于单一功率预测模型，选定后难以更换	基于全面性的数据获取，基于平台类“App Store”市场化竞争，可开发使用多样化模型
	自优化	模型一旦部署使用参数不可更新或更新成本较高	基于实时性的数据获取，不断优化模型、在线更新，并部署到边缘端
	精确性	模型精确度差，预报误差较大	基于细致性的数据获取，不断优化的模型，实现高精度预测
数据应用（服务）	准确性	低	高
	服务质量	以供应商为主体、用户体验较差 大量现场工作人员	以用户为主体，用户体验好；在中心城市远程维护

（2）在数据处理方面。从多样性来看，传统 IT 架构基于单一功率预

测模型。在工业互联网架构下，基于更加全面的数据采集，开发出的功率预测模型种类更加丰富，同时基于工业互联网平台建立的“App Store”商店，使得用户能够自主选用各类适合的预测模型。从可配置性来看，传统 IT 架构下，模型部署在局部电厂本地，一旦部署使用，模型参数固化，同时更换成本较高。在工业互联网架构下，基于实时性的数据获取，可对功率预测模型进行不断优化、在线调整，并可以快速在云端和边缘侧部署应用。从精确性来看，在传统 IT 架构下，由于数据采集测点数量限制，导致模型预测结果与实际情况存在一定差距，对于测量盲区内的运行状态难以监测，导致模型输出精度较低。在工业互联网架构下，基于更加细致的测量数据，模型预报结果精度大幅提升，能够更加真实地刻画出电机实际运行情况。

（3）在数据应用方面。当更加全面、实时、细致的数据输入到更加多样、精确的各类风电模型中，能够大幅提高服务的准确性及服务质量。传统 IT 架构以供应商为主体的运营模式将改变为在工业互联网架构下，以用户为主体的运营模式。同时，在工业互联网架构下，能够大幅减少在恶劣环境中工作的工作人员，实现在城市中心区域远程运维，以提高使用者、运维者、设计者等各类用户体验。

3. 工业锅炉

工业锅炉是工业生产中重要的通用设备之一，其运行效率影响着企业的经营效益及周围生态环境。作为一家石化化纤的龙头企业，恒逸石化联合阿里基于“数据采集—模型搭建—模型应用—反馈控制—服务提升”，实现锅炉燃烧能耗优化，其本质是通过“数据 + 模型”，构建新型服务体系，如图 7-10 所示。

（1）数据采集。恒逸石化对燃烧过程中涉及的数百个变量参数进行深度挖掘，识别出对锅炉燃烧能耗影响最大的十几个关键参数，如进风量、燃料量、蒸汽压力、炉膛负压、烟气浓度、氧气量、烟气量、蒸汽体积等，并重点采集十几个关键参数与燃烧能耗一段时间内的历史数据，形成离线学习样本集。

（2）模型搭建。基于确定的十几个关键参数，一方面，通过数理分析、机理推导，得出关键参数与燃烧能耗之间的机理模型，并基于机理模型定性分析出关键参数（控制量）与燃烧能耗（被控量）之间的变量关系（增减、比例、指数）、模型结构（一次、二次、高次），以及部分关键参数在一定物理条件下的合理变化范围，初步确定模型部分结构信息。另一方面，基于大量的离线学习样本数据，通过数据挖掘（回归、聚类、分类、关联等）方法对已确定的机理模型进行反复训练优化，得到基于离线数据学习的精确模型。

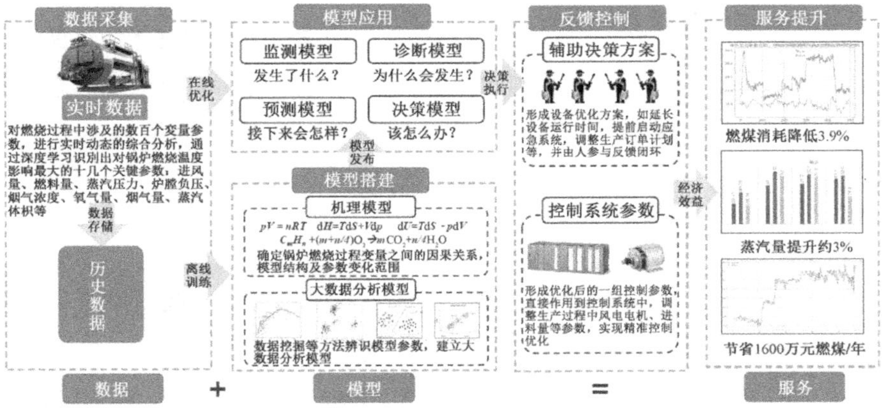

图表来源：根据恒逸数字化转型实践整理绘制

图 7-10 恒逸石化基于“数据 + 模型”实现锅炉燃烧能耗优化

（3）模型应用。训练后的模型可以部署在本地也可部署在云端，一旦模型部署应用，新的在线数据将被源源不断地输入离线训练模型中，一方面，基于在线优化算法可以动态优化，进一步完善模型参数。另一方面，模型输出结果可以形成四类模型，用来解释工业现场四个基本问题：一是解释发生了什么，即监测模型，如故障报警，超界响铃等；二是解释为什么会发生，即诊断模型，如故障诊断模型、故障定位模型；三是解释接下来会怎样，即预测模型，如剩余寿命预测模型、功率预测模型；四是解释该怎么办，即决策模型、如维护策略模型、控制策略模型。

（4）反馈控制。所有的模型最终都需要将输出的结果反馈给实际对象形成闭环，反馈控制存在两种方式：一种是模型输出辅助决策方案，如是否需要延长设备运行时间、提前启动应急系统、调整生产订单计划等，并由人参与反馈闭环；另一种是模型将输出优化后的一组控制参数，直接作用到控制系统中，用来调整生产过程中风电电机、进料量等参数，实现精准控制优化。当前，企业中广泛采用的是基于模型的辅助决策，并由人参与反馈闭环过程。在环境扰动较小、系统模型相对简单的生产过程中可采用直接作用到控制回路的方式。

（5）服务提升。无论是优化后的决策方案还是优化后的控制参数，一旦作用到实际物理对象中，都能对设备运行的各项相关参数进行优化调整，进而改善系统整体能耗、停机维修成本等，以产生实际的经济效益。恒逸石化基于“数据 + 模型”构建新型服务体系，实现燃煤消耗降低 3.9%，蒸汽量提升约 3%，每年节省 1600 万元燃煤成本。

4. 发电设备

中国是全球发电设备最多、发电量最大的国家，由于我国的电力结构以火电为主，因此，持续提高火电机组的发电效率一直是我国发电公司长期追求的目标。国内部分电力企业从底层设备数据的标准化、采集入手，结合人工智能算法，围绕设备与运行优化打造工业互联网平台。它们通过对生产历史大数据的学习与分析，采用统计学及人工智能算法开发了 120 多个水电设备模型、50 多个火电设备模型、60 多个风电设备模型，基于“数据 + 模型 = 服务”，实现发电设备、子系统、系统的早期预警、状态检修、故障诊断及优化运行等，如图 7-11 所示。

以电厂配煤掺烧优化为例，通过构建水冷壁、过热器、再热器、省煤器、排烟煤耗等近 20 个设备的热力学模型，确定影响煤耗的十几个关键参数，并采集电厂部分关键参数的历史数据进行分析，利用机器学习算法直接建立关键参数与系统煤耗之间的大数据分析模型。使用模型计算出在典型工况下的最优发电技术煤耗和平均发电计算煤耗，其最优发电技术煤耗比平均发电计算煤耗低 2.2 克 / 千瓦时。以两台机组年发电约 34 亿千瓦时计算，如果所有负荷都能达到最优发电技术煤耗则可节约标煤 7000 多吨、600 多万元。

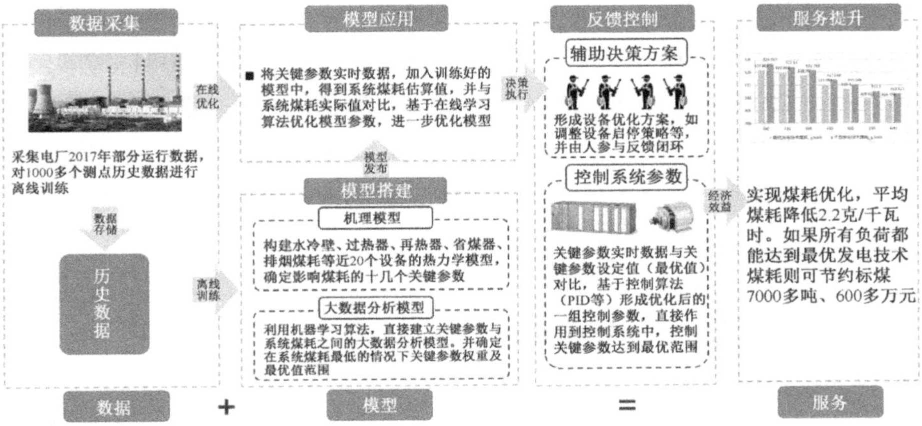

图表来源：作者自绘

图 7-11　利用“数据 + 模型”优化火电厂配煤掺烧

5. 资产设备

制造业中小微企业一直面临融资难、融资贵等问题，即使部分中小微企业资产收益率高、资产负债率低，也难以获得金融支持，其核心问题在于尚未建立起一套面向中小微企业科学、高效的征信评价体系，如图 7-12 所示。

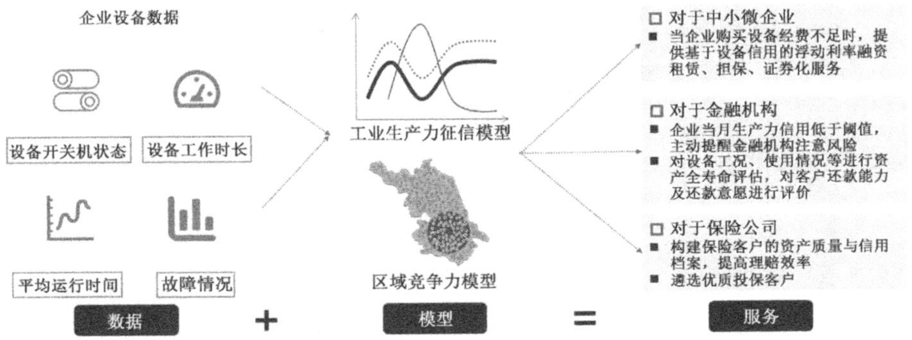

图表来源：作者自绘

图 7-12　构建基于设备生产能力的征信体系为中小微企业提供融资服务

常州天正采集了上万家企业设备的开关机状态、工作时长、平均运行时间、故障情况等核心数据，基于自行开发的企业工业生产力征信模型、区域竞争力模型，为中小微企业、金融机构、保险公司，提供融资租赁、风险预警、客户遴选等各类服务。当企业购买设备经费不足时，金融机构可以基于设备信用提供浮动利率融资租赁、担保、证券化服务。当企业当月生产力信用低于阈值，主动提醒金融机构注意风险隐患，减少了传统征信体系对财务数据的依赖。基于“数据 + 模型”构建的征信体系自上线以来为客户金融借贷 8 亿元、联合授信 300 亿元以上。

（三）工业互联网平台的核心

对于工业互联网而言，工业互联网平台是核心，而对于工业互联网平台而言，工业 PaaS（平台层）是核心。从架构来看，工业 PaaS 中包含很多内容，打开工业 PaaS，其中最核心的要素组件是什么？这个要素可以被概括为基于微服务架构的数字化模型。数字化模型将大量工业技术原理、行业知识、基础工艺、模型工具等规则化、软件化、模块化，并封装为可重复使用的组件。如图 7-13 所示，围绕数字化模型有五个基本问题。

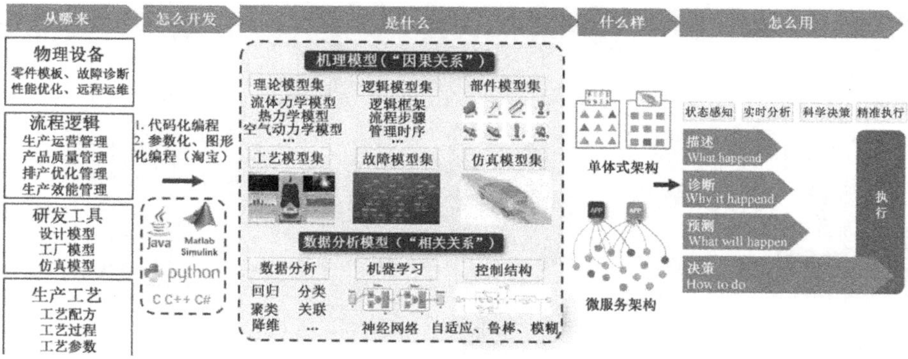

图表来源：作者自绘

图 7-13　工业 PaaS 平台的核心是数字化模型

（1）数字化模型是什么？数字化模型可以分为两种，一种是机理模型，包括基础理论模型（如飞机、汽车、高铁等制造过程中涉及的流体力学、热力学、空气动力学方程等模型），流程逻辑模型（如ERP、供应链管理等业务流程中蕴含的逻辑关系）、部件模型（如飞机、汽车、工程机械等涉及的零部件三维模型）、工艺模型（如集成电路、钢铁、石化等生产过程中涉及的多种工艺、配方、参数模型）、故障模型（如设备故障关联、故障诊断模型等）、仿真模型（如风洞、温度场模型等）。机理模型本质上是各种经验知识和方法的固化，它更多是从业务逻辑原理出发，强调的是因果关系。随着大数据技术发展，一些数据分析模型也被广泛使用，包括基本的数据分析模型（如对数据做回归、聚类、分类、降维等基本处理的算法模型）、机器学习模型（如利用神经网络等模型对数据进行进一步辨识、预测等）及智能控制结构模型，大数据分析模型更多的是从数据本身出发，不过分考虑机理原理，更加强调相关关系。

（2）数字化模型从哪来？这些数字化模型一部分来源于物理设备，包括飞机、汽车、高铁制造过程的零件模型，设备故障诊断、性能优化和远程运维等背后的原理、知识、经验及方法；一部分来源于业务流程逻辑，包括ERP、供应链管理、客户关系管理、生产效能优化等这些业务系统中蕴含着的流程逻辑框架；此外还来源于研发工具，包括CAD、CAE、MBD等设计、仿真工具中的三维数字化模型、仿真环境模型等；以及生产工艺中的工艺配方、工艺流程、工艺参数等模型。

（3）数字化模型怎么开发？用什么工具开发？所有这些技术、知识、经验、方法、工艺都将通过不同的编程语言、编程方式固化形成一个个数字化模型。这些模型一部分是由具备一定开发能力的编程人员，通过代码化、参数化的编程方式直接将数字化模型以源代码的形式表示出来，但对模型背后蕴含的知识、经验了解相对较少；另一部分是由具有深厚工业知识沉淀但不具备直接编程能力的行业专家，将长期积累的知识、经验、方法通过“拖拉拽”等形象、低门槛的图形化编程方式，简易、便捷、高效地固化成一个个数字化模型。

（4）数字化模型什么样？采用什么技术架构？当把这些技术、知识、经验、方法等固化成一个个数字化模型沉淀在工业PaaS平台上时，主要以两种方式存在：一种是单体式架构，即把一个复杂大型的软件系统直接迁移至平台上；另一种是微服务架构，传统的软件架构不断“解耦”成一个个功能单元，并以微服务架构形式呈现在工业 PaaS 平台上，构成一个微服务池，然后对这些微服务调用，重构成面向角色的 App，如图 7-14 所示。目前两种架构并存于平台之上，但随着时间的推移，单体式架构会不断地向微服务架构迁移。当工业 PaaS 平台上拥有大量蕴含着工业技术、知识、经验和方法的微服务架构模型时，应用层的工业 App 可以快速、灵活地调用多种碎片化的微服务组件，实现工业 App 快速开发部署和应用。

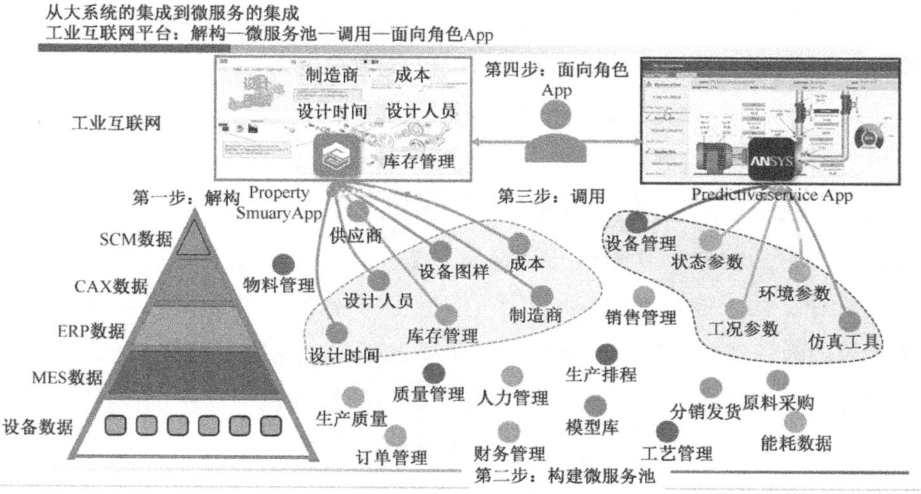

图表来源：作者自绘

图 7-14　基于工业 PaaS 构建微服务资源池

（5）数字化模型怎么用？一旦海量数据都汇聚到工业 PaaS 平台上，工业技术、知识、经验和方法以数字化模型的形式沉淀在 PaaS 平台上，当海量数据加载到数字化模型中，进行反复迭代、学习、分析、计算之后，可以解决物理世界四个基本问题：首先是描述（Descriptive）物理世界发生了什么（What happened）；其次是诊断（Diagnostic）为什么会发生（Why it happened）；再次是预测（Predictive）下一步会发生什么（What will happen）；最后是决策（Decision）该怎么办（How to do），并驱动物理世界执行（Action），优化资源配置效率。概括起来讲，就是状态感知、实时分析、科学决策、精准执行。

（四）工业互联网与消费互联网的区别

工业互联网和消费互联网有很多相同点，但也存在许多差异，我们可以通过两者的对比来思考工业互联网建设及其发展方向（见图 7-15）。

	消费互联网		工业互联网
	桌面端（桌面互联网）	移动端（移动互联网）	
连接对象	PC、笔记本（标准化、智能化）	手机、Pad、智能穿戴等	设备、产品、系统、人等
通信标准	统一标准协议，开放网络		多种协议、标准并存、封闭网络
传输要求	尽力而为		实时、可靠、安全
关键平台	Windows、MacOS、Unix	iOS、Android	Mindshpere、Predix、SupOS
技术效应	提高交易效率		提高生产率
政策监管	鼓励创新、加强监管（踩油门、踩刹车）		支持鼓励，以发展为主
主力军	互联网企业		制造业、互联网、ICT
资金支持	轻资产，投资回收期短；需求洞察+流量+资本，存量资源依赖少；从线上到线下		重资产，回收期长；继承与创新，存量依赖
App数量	上千万种应用软件	600多万种	预计达到百万级
窗口期	浏览、搜索、电子商务（2000年前后）	移动OS（2008）、即时通信（2013）	2014—?
时代机遇	美国主导，我国跟随式发展	从跟跑到并跑	大有可为的战略机遇期

图表来源：作者自绘

图 7-15　消费互联网与工业互联网对比

（1）在连接对象上。消费互联网连接的是高度标准化、智能化的计算机、手机等智能终端设备，核心是人联网；工业互联网连接的是各种数字化水平和智能化水平参差不齐的设备、产品和系统，核心是人人互联、人物互联、物物互联。

（2）在通信标准上。消费互联网是具有统一标准协议开放的网络，而工业互联网在工厂内部是多种协议和标准并存、相对封闭的网络。

（3）在传输要求上。消费互联网的传输理念是尽力而为（网络不好可以分块加载网页页面），而工业互联网要求的是实时、安全、可靠的网络传输能力。

（4）在技术效应上。消费互联网是考虑如何提高交易效率，而工业互联网是考虑如何提高生产率。

（5）在政策监管上。消费互联网的监管思路既要鼓励创新又要加强监管，既要踩刹车又要踩油门，而对工业互联网目前更多考虑的是鼓励支持和创新发展。

（6）在资金支持上。消费互联网是轻资产，对存量资源的依赖比较少，其发展方向是从线上走到线下，而工业互联网是重资产，不仅强调创新，而且还强调已有资源的继承、创新和线上线下的协同。

（7）在窗口期和时代机遇上。消费互联网的发展有时间窗口期，当前正处在工业互联网大有可为的战略机遇期，需要加快推进工业互联网建设，把握难得的时代机遇。

（五）制造业数字化架构体系的演进：从传统 IT 架构到工业互联网架构

从过去两化融合、智能制造、制造业与互联网融合，发展到现在的工业互联网平台，制造业发生了什么变化？概况来说，是“两个没变”和“六个变了”，如表 7-3 所示。

1. 两个没变

（1）要解决的核心问题没变。无论是两化融合、智能制造，还是工业互联网平台，都在考虑如何提高制造业产品质量、生产率、服务水平以及降低成本，这些问题是十年前、二十年前、三十年前就存在的老问题。制造业竞争的本质是资源配置效率的竞争，因此制造企业面临的问题可以转化为如何提高制造资源配置效率问题，这也是两化融合、智能制造、工业互联网平台的出发点和落脚点。

（2）解决问题的逻辑没变。这个逻辑用一句话来概括，就是数据＋模型＝服务，即我们通过采集更多数据可以更好地训练和优化模型，从而加速应用迭代形成更好的服务。无论是两化融合、智能制造，还是工业互联网平台，都在考虑如何通过“数据＋模型”优化资源配置效率，提供更优质的服务。

表 7-3　从智能制造到工业互联网的变与没变

变与没变		智能制造	
		基于传统 IT 架构	基于工业互联网架构
什么没变	解决的核心问题	优化制造资源的配置效率	
	解决问题的逻辑	数据 + 模型 = 服务	
什么变了	数据从哪儿来	业务系统、产品模型运行环境及互联网	采集更多各类设备和机器的数据
	数据到哪儿去	本地各类烟囱式、孤立的业务系统	汇聚到云端，实现互联、互通、互操作
	模型在哪部署	本地固化模型	云端（私有云、公有云）云化模型 + 云生模型
	模型怎么部署	整体式架构	整体式架构和微服务架构
	资源优化深度	可见、描述、分析	从描述、诊断向预测、决策不断深入
	资源优化广度	单元级、系统级 关注单一设备或某条产线的资源优化	系统之系统级 从单机设备、到生产线、到产业链、再到产业生态的资源优化

图表来源：作者自制

2. 六个变了

伴随着信息技术和工业技术的升级迭代，在不同的技术背景下形成了不同的解决方案。从基于传统的 IT 架构解决方案，到基于私有云的解决方案，再到基于公有云的解决方案的发展过程本质上体现了解决方案技术路线的演变，这些演变可以总结为六个变了。

（1）数据从哪儿来变了。传统 IT 架构解决方案中，系统采集更多的是各类业务系统、产品模型、运行环境及互联网的数据，但对工业互联网平台来说，最大的变化是实现了更多机器和设备的互联，工业互联网平台可以源源不断地采集到各类设备和机器的数据，实现多种数据的集成。

（2）数据到哪儿去变了。传统IT架构解决方案中数据都汇集到本地各类业务系统中，这些系统大多是烟囱式、孤立的业务系统。与此不同的是，在工业互联网平台架构下，越来越多的数据汇聚到了云端，在云端进行数据的集中存储、管理和计算。

（3）模型在哪部署变了。与基于传统IT架构的模型部署在本地不同，工业互联网平台将各类模型软件部署在云端。各类传统工业软件通过架构重构、代码重写的方式部署到了云端，成为“云化”模型；同时很多开发者基于云端开发环境正在开发更多新型软件，成为“云生”模型。

（4）模型怎么部署变了。传统IT架构解决方案中各类模型软件大多是一套复杂的一体化、单体式架构。对于工业互联网平台而言，各类机理模型和大数据分析模型主要以两种方式部署在云端：单体式架构和微服务架构，当前两种部署方式同时存在，但随着时间的推移，微服务架构将会成为主流。

（5）资源优化深度变了。与传统IT架构解决方案相比，工业互联网平台将更加及时、准确、完整的数据汇入到更加精准、科学、多元的模型中，以实现更深层次的制造资源优化配置，对物理世界的认知和改造将从描述、诊断向预测、决策、优化不断演进，以及从最初基于数据的可视化、可描述，到基于信息的可诊断、可优化，再到基于知识的可预测、可决策。

（6）资源优化广度变了。传统IT架构更多面向单元级、系统级层面提供资源优化配置服务，而工业互联网平台通过各种各样以SaaS软件和工业App形式呈现出来的服务，能够提供从单机设备到生产线，再到产业链，最终到产业生态的系统之系统级优化，实现从局部优化到全局优化。

（六）微服务：工业互联网架构技术变革的关键

对微服务架构的深刻理解，有利于我们对工业互联网技术体系、应用场景和商业模式变革的认知。相比于传统软件开发架构面临的软件代码体积大、更新慢、维护难等问题，微服务具有轻量化、松耦合、快部署、高灵活度等特性，其适用于互联网需求变化快、用户群体面广等特点。在消费互联网领域平台建设过程中均采用微服务架构，实现新技术与新功能的快速测试、发布、部署，以满足多变的用户需求。在工业领域，现有工业软件架构体系越来越难以满足制造业生产体系的复杂性和不确定性需求，微服务架构为各类工业知识、经验、方法、技术等在工业互联网平台上的沉淀创造了条件，实现了工业知识的复用、重构、创造和传播，极大地提高了工业 App 的开发、测试、部署效率。

1. 微服务的本质

微服务（Microservice）是一种将复杂应用拆分成多个单一功能组件，通过模块化组合方式实现“松耦合”应用开发的软件架构，也称微服务架构（Microservice Architecture）。每个功能组件都是一个独立的、可部署的业务单元，称之为微服务组件。每个微服务组件可以根据业务逻辑，选择最适合该微服务组件的语言、框架、工具和存储技术进行开发部署。因此，微服务架构是一种独立开发、独立测试、独立部署、独立运行、高度自治的架构模式，同时也是一种更灵活、更开放、更松散的演进架构。其本质是一种将整体功能分解到各个离散服务中，实现对原有解决方案解耦，进而提供更加灵活服务的设计思想。

以金融服务为例，随着移动应用的快速发展及用户对使用体验要求的不断提高，银行希望能够快速部署上线新的业务板块，以迎合快速多变的金融市场。然而，当前许多金融机构的核心业务系统大多采用单体式架构（Monolithic Architecture），并部署在本地系统中。传统的单体式架构并没有考虑现代移动应用程序的使用特点，难以快速更新升级系统以迎合客户多样多变的需求。同时，一些基础共性类的开发模块也没能被有效地重复利用，使得系统开发反复，周期缓慢，投资重复，因此对单体式架构应用的改造与重构势在必行。

微服务架构是解决上述问题的最佳选择。基于微服务架构，能够将传统单体式架构庞大、冗杂的业务系统，微服务化成一个个轻量化、松耦合的组件，如身份认证、消息推送等组件模块。系统开发团队将从原有的以技术为中心的组织结构转变成更实用的以功能为核心的组织架构，团队成员专注于单个或几个微服务组件的开发、维护、部署，以实现业务系统敏捷开发、灵活部署。同时，一些通用性微服务组件也可以快速地被移植和复用，以此提高开发效率和资源利用率，进而带来新的商业价值，重塑整个行业生态。图 7-16 所示为基于微服务架构可实现快速开发部署及资源高效利用。

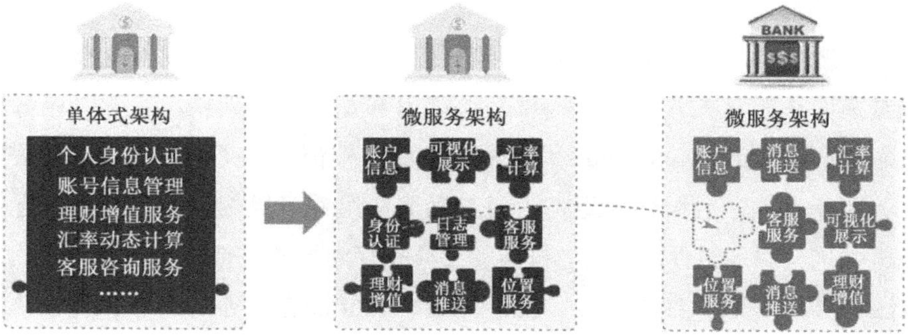

图表来源：作者自绘

图 7-16 基于微服务架构可实现快速开发部署及资源高效利用

2. 微服务的特征

相对于传统单体式架构下应用开发面临维护成本高、资源优化难、部署周期长、需求反应慢、反馈周期长等问题，微服务架构下的应用开发呈现出诸多优势，如图 7-17 所示。

（1）在开发方式方面。传统单体式架构开发基于瀑布式开发方式，采用自顶向下、逐步求精的模式，先有一个全局、整体的规划，然后再开始一个一个具体小模块的设计和开发。在微服务架构下，基于容器（Docker）、Kubernetes 等技术进行敏捷开发，将一个复杂的系统切分成若干小而简单的微服务组件，通过对底层每一个微服务组件的开发、维护、部署及与服务间交互，完成整体业务系统功能。

	单体式架构	微服务架构
开发方式	企业级，自顶向下 基于传统软件开发技术的瀑布式开发	团队级，自底向上 基于容器（Docker）、Kubernetes等技术敏捷开发
管理模式	7～8人团队10个月开发测试周期 以技术为核心划分组织（数据库—中间件—UI等技术）	2～3人团队4个月开发测试周期 以业务为核心划分组织（登录—文件服务—可视化）独立管理
呈现形态	单体软件，复杂度高、体积庞大（MB-GB级）	微服务组件，轻量化、功能单一、体积较小（KB-MB级）
部署更新	整体部署，需要停止全部功能 局部修改，整体更新，更新周期长	局部部署，配置每个服务时，不会影响其他服务 局部修改，局部更新，更新周期短
扩展方式	软件系统整体扩展，功能、资源浪费冗余	微服务按需扩展，能力精准提升，资源利用率高
技术选型	技术选型灵活度差，开发语言及架构单一 且代码整体性较强，理解度难	根据业务服务特点，灵活选择最佳开发语言及架构 庞大的代码分割成更小的项目，利于团队更好地理解
运维管理	全局维护，漏洞排查复杂，容错性差 需要一支全功能型运维团队	局部维护，更容易隔离和监测问题，容错性强 不同团队以不同方式独立维护不同的微服务组件
发展现状	成熟应用于传统业务系统	云计算成本降低，促进微服务架构大规模应用于互联网 公司传统工业企业的IT实力当前不足以落地微服务
存在问题	开发、更新、测试、部署繁杂，牵一发动全身	微服务拆分过粗：难以发挥快速更新部署优势 微服务拆分过细：暴露接口太多，调用机制复杂
演进挑战	1. 获得组织的认同 2. 改变企业结构 3. 如何拆分系统	

图表来源：作者自绘

图 7-17　单体式架构与微服务架构对比

（2）在管理模式方面。传统单体式架构以技术为核心构建开发团队，由数据库专家、中间件专家、UI 设计专家组成不同的技术团队，这些团队人员较多、交流沟通效率低下、开发测试周期较长。微服务架构采取以业务能力为核心的组织策略，团队结构将围绕某一特定的微服务组件展开，形成数据库—中间件—UI 设计专家组成的联合体团队，这样的团队人数较少、沟通效率高，使得开发测试周期大幅缩短。基于微服务架构各种设备模块、连接逻辑、处置方式等项目开发经验、知识、方法逐渐固化封装成可直接被调用的产品模块，新的项目更多基于固化封装好的产品化模块，实现快速交付上线，使得企业由传统项目型业务向产品型业务演进，从而大大提升项目开发效率（见图 7-18）。国内某工业互联网企业以往 7 ～ 8 人团队 10 个月才能完成的项目，缩减到 2 ～ 3 人 4 个月的周期，在首先满足自身各团队之间资源共享、产品开发效率提升的基础上，实现了新项目的快速拓展、交付。

（3）在呈现形态方面。基于单体式架构开发的业务系统以单体式软件呈现，所有功能运行在同一应用进程中，这些系统复杂度高、体积庞大

（MB-GB 级）。基于微服务架构开发的业务系统，系统中各项功能模块以微服务组件形式呈现，不同的微服务分散运行在不同的应用进程中，具有轻量化、功能单一、体积较小（KB-MB 级）特点。

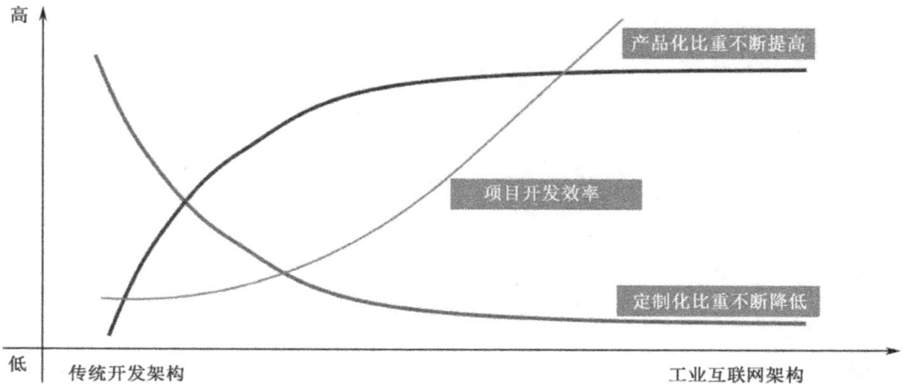

图表来源：作者自绘

图 7-18　从传统架构演进到工业互联网架构产品化比重增加

（4）在部署更新方面。由于单体式架构所有功能最终打成一个包，并部署运行在同一个进程中，某一功能更新维护时需要暂停整个进程，进而导致全部业务系统功能停止运行，致使局部修改，整体更新，更新周期长。微服务架构下，不同的微服务组件运行在不同的进程中，更新配置每个服务时，只需要停止相关进程，不会影响其他功能服务进行，以此可以实现局部修改、局部更新，进而大幅缩短更新上线周期。

（5）在扩展方式方面。当需要扩展某几项业务功能模块时，单体式架构需要扩展整个业务系统，以满足所有业务功能的存储、计算资源的需求，进而导致功能、资源浪费冗余。微服务架构则可灵活扩展独立的微服务组件，实现按需高效扩展伸缩，进而使得系统能力精准提升，极大地提高了资源利用率。

（6）在技术选型方面。单体式应用往往倾向于采用单一技术平台，技术选型灵活度低，开发语言及架构单一且代码整体性较强，有碍于技术创新。不同开发人员对代码的整体理解深度不同，也会导致人员交替时带来的技术债务逐渐上升。微服务架构则鼓励使用合适的工具完成各自的任务，每个微服务组件可以考虑选用最佳工具完成（如不同的编程语言），将庞大的代码分割成更小的项目，有利于团队成员更快速地理解。

（7）在运维管理方面。传统的应用模式是一个团队以项目模式开发完整的应用，开发完成后就交付给专门的运维团队负责维护，一旦系统出现问题，需要进行全局漏洞排查，容错性较差。微服务架构倡导“谁开发，谁运营”的开发运维一体化（DevOps）方法，不同团队以不同方式独立负责若干个“微服务”完整的生命周期。一旦系统出现问题，能够快速定位到局部某个微服务组件，这样更容易隔离和监测漏洞，具有较强的容错性。

（8）在发展现状方面。单体式架构目前已经成熟地运用于传统的业务系统开发，而随着用户需求更加多元化、差异性，以及云计算、存储、传输成本的大幅降低，促使互联网公司开始大规模应用微服务架构，以实现业务快速转型升级。但由于传统工业企业 IT 实力不足，企业转型观念意识不强，因此，微服务架构在工业企业落地尚需时日。

虽然微服务架构在系统开发、更新、测试、部署等方面相较单体式架构有敏捷、高效、灵活、实时等优势，但是在应用微服务架构对业务系统进行服务化切分时还需十分谨慎。微服务拆分过粗，则难以发挥微服务架构快速更新部署优势；微服务拆分过细，则导致服务接口暴露太多，致使调用机制复杂，降低了微服务的易用性。此外，企业经营决策者对微服务架构的认同度、怎样重塑原有业务系统开发的组织结构，以及如何对原有的业务系统架构进行合理拆分，将成为企业业务系统架构由单体式向微服务转变演进过程中的重要挑战。

单体式架构与微服务架构开发过程对比如图 7-19 所示。单体式架构由于采用自顶向下、逐步求精的开发模式，其开发逻辑直接明了，所有功能模块都会打成一个包，并且运行在一个进程中，使得在业务系统复杂度较低时，开发效率较高，测试、部署、维护只需在一个进程中即可完成，操作难度相对较低。而此时，过分地追求微服务架构开发，将导致微服务组件划分较细，服务接口暴露太多，调用机制过于复杂，导致系统开发测试、部署维护操作复杂度较高，不能发挥出微服务架构的优势[1]。

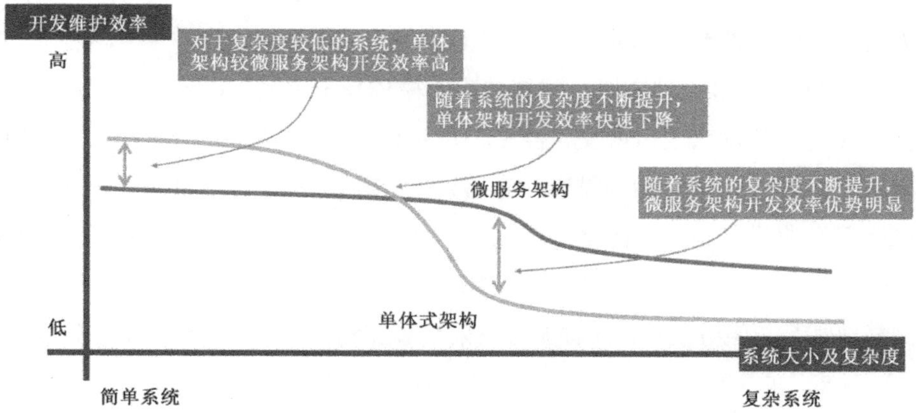

图表来源：根据 Fowler, Martin.《Refactoring : improving the design of existing code》整理绘制

图 7-19　单体式架构与微服务架构开发过程对比（一）

随着系统复杂度的不断提升，系统功能逐渐丰富，程序前后逻辑关联相对复杂，开发测试效率大幅降低，同时随着代码量的增加，在开发人员对全局功能缺乏深度理解的情况下，在修复一个程序缺陷的同时，还有可能引入其他缺陷，整个系统更新维护难度指数增加。微服务架构由于对业务系统进行服务化切分，各微服务组件可以独立开发、部署，实现并行开发、功能重复调用，并且随着系统的复杂度不断提升，也能够保持较高的开发效率，优势明显。同时，由于不同的微服务组件运行在不同的进程中，更新维护时只需停止相关进程，使得面对更加复杂的业务系统时，也能保持较低维护成本，如图 7-20 所示。

在工业互联网领域，微服务作为汇聚工业大数据与提供工业智能服务的关键核心，驱动着工业大数据开始“数据产生—数据汇聚—数据处理—数据加工—数据调用—数据展示”的数据之旅，其实现路径是将各种以数字化模型构成的微服务组件容器化，通过负载均衡、弹性扩展快速实现微服务的部署、组合及调度，以支撑工业 App 的应用开发与使用，如图 7-21 所示。

1　Fowler, Martin. Refactoring: improving the design of existing code[M]. Beijing: Posts & Telecom Press, 2008.

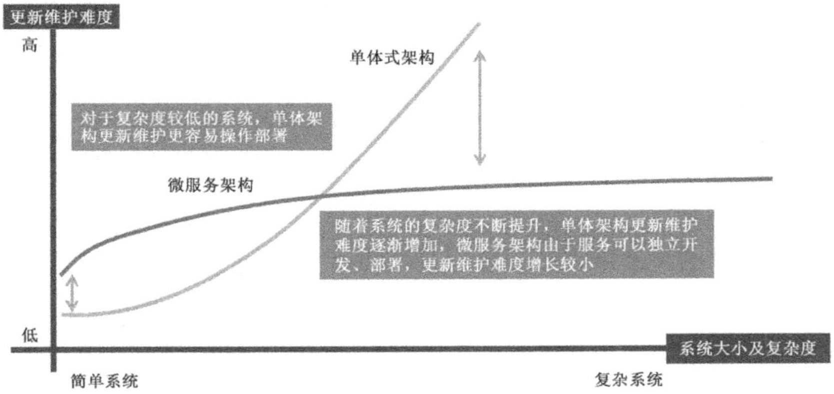

图表来源：作者自绘

图 7-20　单体式架构与微服务架构开发过程对比（二）

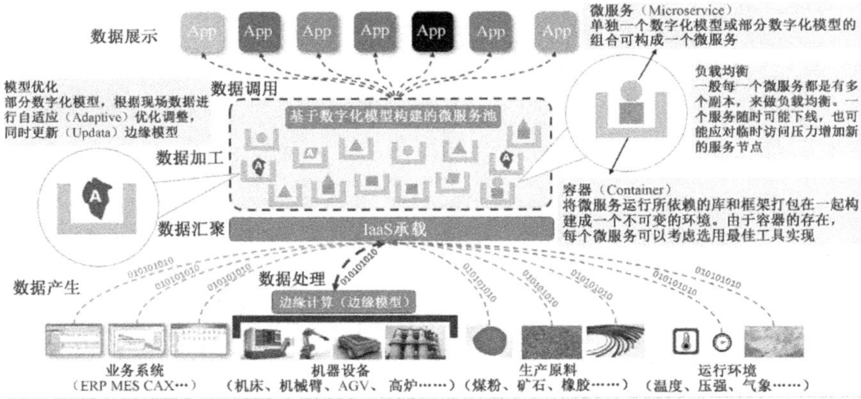

图表来源：作者自绘

图 7-21　以数字化模型构成的微服务组件容器化

3. 微服务设计原则[1]

（1）单一职责原则。每个微服务只需要关注单一独立业务逻辑，如订单管理模块，只需要处理订单的业务逻辑，其他的不必考虑。

1　武晓兵 . 什么是微服务 . https://blog.csdn.net/wuxiaobingandbob/article/details/78642020.

（2）服务自治原则。每个微服务从开发、测试、存储、运维等都是独立运行，自己有一套完整的流程，完全可以把它当成一个独立项目对待，不必依赖于其他模块。

（3）轻量级通信原则。一方面通信的语言需要非常轻量，另一方面，通信方式需要跨语言、跨平台，以保证每个微服务都有足够的独立性，可以不受技术的钳制。

（4）接口明确原则。由于微服务之间可能存在调用关系，为了尽量避免以后由于某个微服务的接口变化而导致其他微服务都做调整，在设计之初就要考虑到所有情况，让接口尽量做得更通用，更灵活，从而尽量避免其他模块也做调整。

（七）工业互联网平台的主要矛盾

当前，在推动工业互联网平台发展的过程中，许多企业普遍反映，工业互联网平台发展的主要矛盾是制造业智能化转型的迫切需求和工业互联网平台供给能力不足之间的矛盾。中国是全球制造业规模最大的国家，基于云平台的工业互联网解决方案市场也将会是全球规模最大、增长最快、最复杂的市场。

（1）市场规模最大。我国工业体量全球最大，工业互联网应用场景需求更迫切。调研显示，我国有 1000 余座炼铁高炉、40 余万个燃煤锅炉、200 余万台数控机床、30 余万台大中型空气压缩机、5 万余台内燃机，这么多设备、产品、装备的优化需要工业互联网平台，市场需求巨大。

（2）市场增长最快。随着两化融合、智能制造、工业互联网等战略组织实施，国内企业对数字化转型的必要性、紧迫性的认识更加充分，投入力度不断加大，效果也日益显现，中国也是全球制造业数字化、网络化、智能化改造市场增长最快的国家之一。

（3）市场最复杂。国内不同行业、不同地区的企业，有些处于工业 2.0 要补课，有些处于工业 3.0 待普及，有个别企业处于工业 4.0 需要示范，多元化的发展阶段、差异化的改造需求、碎片化的市场订单，构成制造业数字化改造最复杂的市场。

因此，作为全球规模最大、增长最快、复杂度最高的市场，制造业智能化转型的需求就摆在我们面前。当前工业互联网最突出的矛盾和问题就是我们工业互联网平台的供给能力不足，难以满足制造业智能化转型的需要。这些不足主要表现在以下七个方面：

（1）设备连接能力不足。面对多种协议并存的异构设备，面对国内制造业数字化、网络化水平本身较低的现实，如何把异构设备连接起来、把数据汇聚起来，实现在边缘或云端计算，无论是平台企业还是一些细分领域的小企业，这方面的能力均不足，都缺乏完整、高效、低成本的设备连接和数据采集方案。

（2）工业机理模型不足。平台功能丰富性取决于积累沉积的各类工业知识的完整性，进而实现工业技术、经验、知识的模型化、标准化、软件化，以优化研发设计、生产制造、运营管理等资源配置效率。工业机理、工艺流程、模型方法经验和知识积累不足，是当前我国制约平台功能完善的主要矛盾。

（3）数据分析能力不足。构建基于海量工业大数据分析体系是工业互联网区别于传统数字化、网络化、智能化解决方案的最重要的特征，当前工业研发、生产、采购、配送、设备管理等都需要高水平的数据模型和大数据分析能力，目前国内许多平台类企业面临的共同挑战就是工业大数据分析技术、人才严重不足，供给能力远远满足不了市场需求。

（4）云化工业软件不足。工业互联网的功能是通过构建面对特定场景的工业 App，推动工业技术、经验、知识和最佳实践的模型化、软件化与再封装。各类传统工业软件（研发设计、经营管理、资产优化）通过体系重构、代码重写的方式部署到云端，成为“云化”软件。由于传统工业软件基本缺失，“云化”软件也将成为“无米之炊”，缺乏工业软件、体系架构，也无所谓体系重构、代码重写。

（5）解决方案能力不足。工业互联网平台本质上是一个系统解决方案的平台，其出发点和落脚点是解决制造业数字化、网络化、智能化的问题，以提高企业的核心竞争力。目前，国内平台企业战略规划、业务咨询、平台建设、工业 App 开发、工具软件的集成等这些能力远远不足；整合控制系统、通信协议、生产装备、管理工具、专业软件等各类资源的能力不足；集业务流程咨询、软件部署实施、平台二次开发、系统运行维护等于一体的综合能力欠缺。

（6）生态构建能力不足。生态竞争是工业互联网平台竞争的制高点，生态建设能力的关键，一方面在于如何吸引海量开发者在平台上开发各种微服务组件和工业 App，另一方面在于如何吸引更多的企业使用平台上的各种应用和服务，最终形成一种双向迭代的机制。但目前许多平台企业生态建设意识薄弱、缺乏经验、投入不够，因此可能会错失发展良机。

（7）安全保障能力不足。工业互联网平台建设步伐不断加快，对安全的需求更加迫切，从原有的工控安全演进到设备、网络、数据的安全，在这个过程中，工业互联网平台安全领域的技术、管理、标准、政策法规体系方面的供给能力都不足。

三、怎么看

认识和定位工业互联网平台有五个视角：一是工业云视角；二是解决方案视角，工业互联网平台是一套面向数字化、网络化、智能化的解决方案；三是操作系统视角，工业互联网平台是一个可扩展的工业操作系统；四是产业生态视角，工业互联网平台是构建产业生态的核心；五是经济学视角，工业互联网推动了从基于产品的分工到基于知识的分工。

（一）工业云视角

我们把工业云到工业互联网平台的发展分成五个阶段，如图 7-22 所示。

（1）第一阶段是研发设计类工具上云。这个阶段早在五六年前就在推动进行，解决的核心问题是如何降低企业的成本，以成本驱动为导向，通过资源池化、弹性供给和按需付费，大幅降低企业的硬件成本、软件成本、部署成本、运营成本。

（2）第二阶段是核心业务系统上云。这一阶段以集成应用为导向，不仅仅是为了降低成本，更重要的是实现数据的互联、互通和互操作。前两个阶段都不是我们所说的工业互联网平台，真正的工业互联网平台是从第三阶段开始的。

（3）第三阶段的重要标志是设备和产品上云。这一阶段以能力交易为导向，实现跨企业的制造资源优化配置。不仅软件上云，硬件设备也上云。在虚拟的赛博空间构造一个新的制造体系，这个制造体系可以实现制造能力在线发布、制造资源弹性供给、供需信息实时对接、能力交易精准计费，最终实现对设备和机器资源的优化配置。

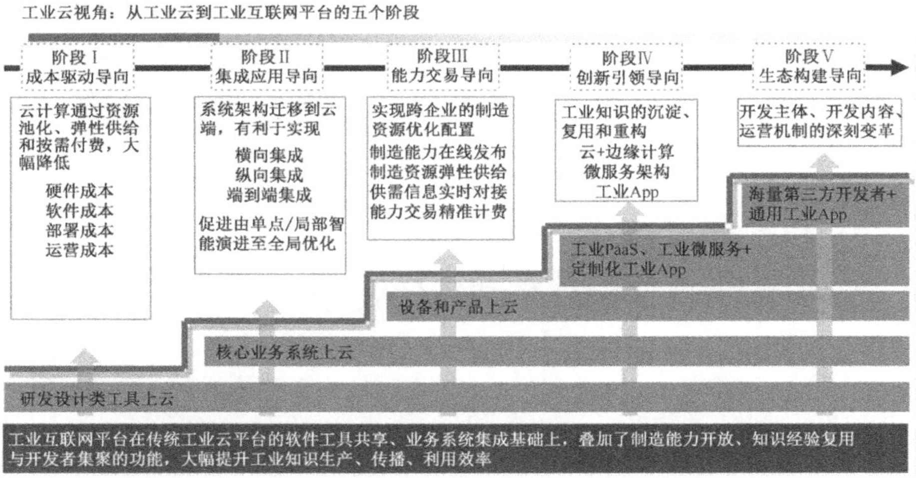

图表来源：作者自绘

图 7-22　工业云视角：从工业云到工业互联网平台的五个阶段

（4）第四阶段是创新引领阶段。这一阶段主要是在研发设计工具、业务系统、设备产品上云之后，将工业技术、知识、经验、方法在平台上不断沉淀，以创新为导向。大部分企业在起步阶段，构建基于私有云的“工业 PaaS+ 工业微服务 + 定制化工业 App”，大量工业技术、知识、经验和方法不断地在这个平台上沉淀、复用和重构，以此构建新的工业创新体系。

但无论是工业 PaaS，还是工业微服务，在这个阶段上主要是为企业自身提供服务的。

（5）第五阶段是生态构建阶段。在这一阶段海量的第三方开发者和通用化的工业 App 大量出现，以生态构建为导向。在这个阶段，开发主体、开发内容和运营机制都将发生深刻变革。

因此，工业互联网平台就是在传统工业云平台软件工具共享、业务系统集成的基础上，叠加了制造能力开放、知识经验复用和开发者集聚的功能，从而大幅提升工业知识生产、传播和利用的效率，它是一个不断演进的过程。

（二）解决方案视角

工业互联网平台本质上是一套基于云平台的数字化、网络化、智能化解决方案。从两化融合、智能制造到工业互联网平台，面对的问题没变、解决问题的逻辑没变，而面向制造业数字化、网络化、智能化的解决方案变了，如图 7-23 所示，在过去的几十年，解决方案的演进经历了三个阶段。

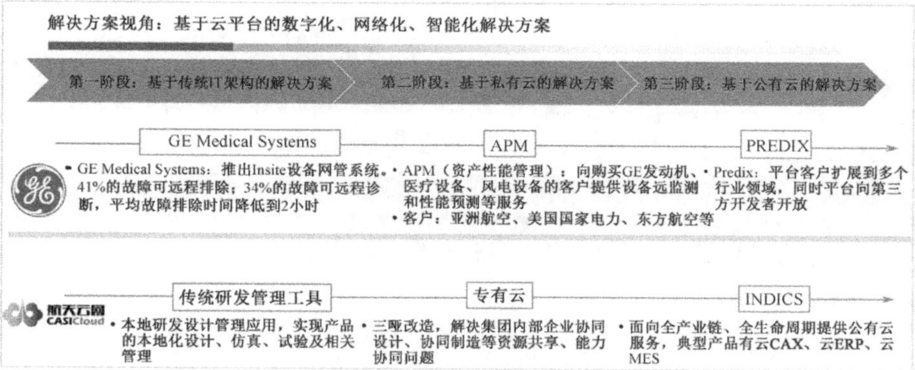

图表来源：根据 GE 年报和《工业互联网平台白皮书》整理

图 7-23　解决方案视角：基于云平台的数字化、网络化、智能化解决方案

（1）第一阶段是基于传统 IT 架构的解决方案。如 20 世纪 90 年代 GE 公司提出基于 Medical Systems 的解决方案，它们在医疗设备上安装了很多传感器，将数据传到后台进行分析，41% 的故障可以在 20 分钟内远程解决，

34% 的故障可以远程诊断出具体问题，维修工带着相应工具、零部件，平均在 2 小时内就可以解决故障问题。这样一个商业模式在十多年前就已经有了，并且逐渐拓展到航空发动机、风电设备维护等很多领域。在业务拓展过程中，也出现了重复建设问题，每个业务集团都构建了同样的业务系统。所以我们今天看到的工业互联网平台面对的问题是一个老问题，不是一个新问题，那么什么是新的？新在解决方案。我们把基于传统 IT 架构的解决方案称为解决方案 1.0 版。

（2）第二阶段是基于私有云的解决方案，即解决方案 2.0 版。越来越多的企业把基于 IT 架构面向数字化、网络化、智能化的解决方案搬到了私有云上。GE 通过资产性能管理（APM），向购买 GE 燃气轮机、发动机、医疗设备、风电设备的客户基于私有云提供设备远程监测和性能预测等服务。

（3）第三阶段是基于公有云的解决方案。GE 的 Predix，西门子的 MindSphere 等，构建基于工业云的平台，并将客户扩展到多个行业领域，同时向第三方开发者开放。工业互联网平台就是一套基于公有云的解决方案，是解决方案的 3.0 版。两化融合的解决方案企业有一个提供制造业数字化、网络化、智能化解决方案的工具箱，在这个工具箱里，既有基于传统 IT 架构解决方案，也有基于私有云部署的解决方案，同时也有基于公有云部署的解决方案，客户需要什么，企业就提供什么。当然，并不是说工业公有云一定就比私有云先进、私有云一定就比传统的 IT 架构有优势，而是要根据制造业企业和客户不同的需要，来提供不同的解决方案。传统 IT 架构与云架构在面对制造业复杂性提升时其响应能力有巨大差异（见图 7-24）。

伴随着工业技术与信息技术的飞速发展，制造业市场需求、生产流程、业务逻辑的复杂性逐渐增加，对信息系统的响应要求也越来越高。面对制造系统复杂性的持续增加，基于传统 IT 架构解决方案的基本思路是在原有业务系统升级的基础上不断开发新的业务系统，即“系统 + 系统”模式，面临业务系统“烟囱林立”、复杂臃肿、迭代缓慢、交付低效等挑战，业务系统响应能力呈线性增长。基于云架构解决方案实现各业务系统云化迁移，使大量共性数据、模型、决策信息平台化汇聚、在线化调用，系统之间实现互联互通互操作，实现了业务系统的功能重用、快速迭代、敏捷开发、高效交付、按需扩展，即“系统之系统”模式。伴随着制造系统的复杂性增加，新的业务系统通过对原有业务系统模块的充分调用、部署实现快速上线，系统响应能力呈指数增长。

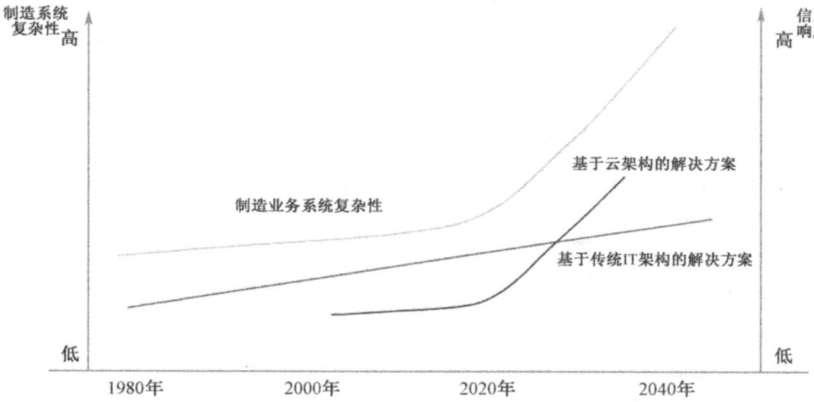

图表来源：作者自绘

图 7-24　传统 IT 架构与云架构应对制造业复杂性提升系统响应能力对比

（三）操作系统视角

西门子把 MindSphere 定位为基于云的开放式物联网操作系统，GE 技术专家曾说：GE 的 Predix 会和微软的 Windows 及苹果的 iOS 一样，为开发者提供一个操作系统。工业互联网平台实质上是一个可拓展的工业操作系统，如图 7-25 所示，向下，可以实现对各种软硬件资源接入、控制和管理；自身，承载着蕴含大量工业知识的数字化模型与微服务；向上，提供开发接口、存储计算及工具资源等支持，并以工业 App 的形式提供各种各样的服务。

操作系统通过分层思想将软硬件的分离解耦，以打破过去的一体化硬件设施，进而实现“硬件资源的通用化”和“服务任务的可编程”（见图 7-26）。

“硬件通用化”和“服务可编程”技术演进主要解决的问题是：快速应对名种不确定性。即让“变化快”的软件摆脱束缚，使得变化“更快”；让“利用率高”的硬件逐渐沉淀趋于统一，使得利用率“更高”。硬件能够提高资产通用性，其遵循规模经济，可大规模生产标准化产品，降低生产成本。软件能够丰富产品个性化，其遵循范围经济，使企业能从提供同质产品向提供多样化产品转变，以满足市场个性化需求。

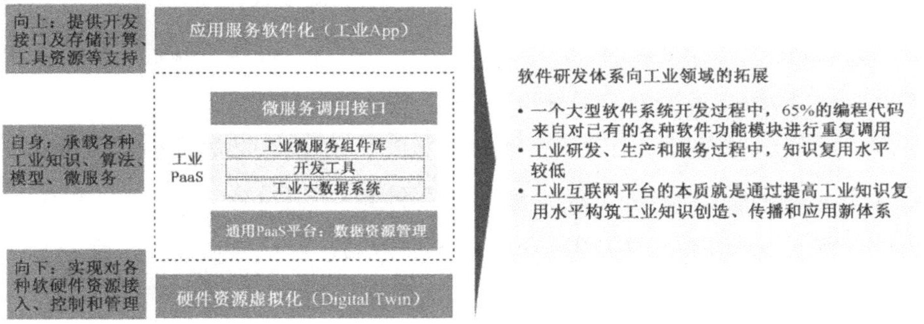

图表来源：作者自绘

图 7-25　操作系统视角：工业互联网平台实质上是一个可拓展的工业操作系统

图表来源：作者自绘

图 7-26　操作系统实现硬件通用化与服务可编程

操作系统的存在有什么意义呢？在一些大型软件系统开发过程中，65% 的编程代码不需要重新开发，只需要对已有的各种软件功能模块进行重复调用就可以。但是在工业里很多技术、知识、经验、方法创新需要从零开始，知识复用水平较低。而构建一个工业互联网平台，能够将大量工业技术原理、行业知识、基础工艺、模型工具、业务流程及老专家几十年的经验进行规则化、软件化、模块化，以数字化模型的形式沉淀在这个平台上。沉淀之后能够减少大部分重复性工作，可以直接调用、复用、传播，重构工业创新体系，进而大幅度降低创新成本和风险，提高研发、生产和服务效率。从这个角度讲，工业互联网平台就是通过提高工业知识复用水平构筑工业知识创造、传播和应用新体系，即重构工业知识新体系。

在重构过程中，创新主体是海量的第三方；创新载体和成果是微服务和工业App；创新方式是基于平台和App的体系。过去企业的专有资产是专利、品牌、渠道，现在工业企业又多了一项资产，就是企业微服务组件和各种各样的工业App。未来的工业App、微服务组件将会构造新的资产，是新的价值来源。过去工业创新80%在做重复性劳动，如果有了这个平台，80%的重复性劳动+20%的创造性劳动的局面将反转为20%的重复性劳动+80%的创造性劳动。

（四）产业生态视角

工业互联网平台是打造智能制造产业生态的核心。在工业互联网平台四层架构里面，从私有云部署到公有云部署，发生了四个本质性的变化（见图7-27）。

（1）开发主体（Who）发生变化。传统的私有云部署主要是由平台企业和客户来开发，而真正演进到公有云部署，则更多的是由第三方应用开发者来开发。

（2）开发内容（What）发生变化。在私有云部署下，开发内容主要为有限、封闭、定制化的工业App，且这些工业App只为企业自身提供服务；在公有云部署下，开发内容则是海量、开放、通用的工业App。

（3）平台用户（Who）发生变化。基于私有云部署的平台主要是由有限的制造企业自己使用。而在公有云部署下，则更多是帮助第三方中小型企业把业务系统迁移到云端，为其提供各种各样的服务。

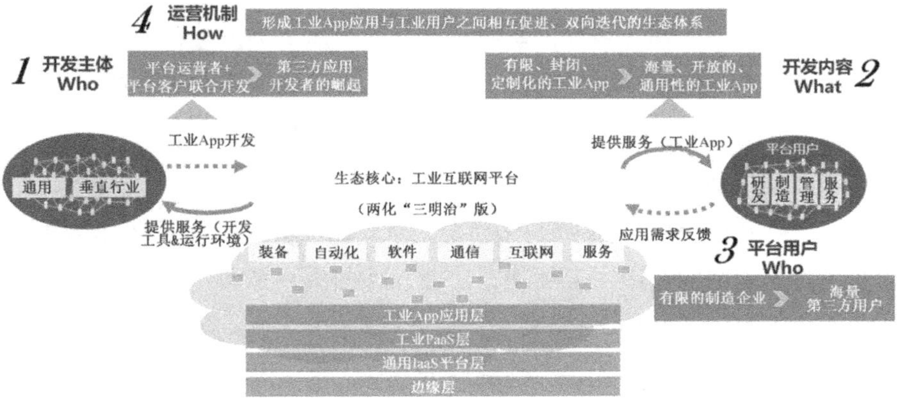

图表来源：作者自绘

图 7-27　构建多方参与的基于工业互联网平台的产业生态

（4）运营机制（How）发生变化。当中小企业的业务系统迁移到了云端，各种各样的服务以工业 App 形式呈现的时候，就会形成一个工业 App 应用和工业用户之间相互促进、双向迭代的生态体系。

总的来看，当前我国工业互联网平台发展的层次体系已初步显现：航天云网、海尔集团、树根互联等一批起步较早的平台企业正在加快在区域落地布局；石化盈科、上海宝信、北京中油瑞飞、国网青海省电力、中国华能集团、一汽集团等一批具备行业积累的制造企业正纷纷着手打造行业平台；中国电信、中国移动、阿里巴巴等信息通信、互联网企业已推出共性使能平台；寄云科技、普奥、云道智造等一批初创企业正在着力打造专业数据分析和特色 IT 技术平台。同时，工业互联网平台发展仍面临不少挑战和问题，从宏观层面来看有以下三个方面。

一是如何鼓励企业家积极拥抱工业互联网平台。消费互联网与工业互联网之间存在很多技术上的差异，实际上在应用端有一个更为关键的差异，就是用户愿意不愿意使用。中国的个人消费者在消费互联网日新月异的变化中，逐渐形成了“改变是常态”的心理状态，对消费互联网快速迭代、升级、创新的局面习以为常，并且愿意拥抱这种改变，这是中国消费互联网取得成功的重要原因之一。工业互联网平台带来了基于工业云的新架构体系、技术体系、安全体系、业务流程和商业模式，为制造业数字化、网络化、智能化的转型，既带来了机遇，也带来了挑战。面对这些变革，制造业企业是否愿意拥抱改变，敢于尝试，并且愿意为改变付出实际行动将成为推动工业互联网平台发展的关键所在。我们需要将着力点放在如何营造促进企业家拥抱工业互联网平台的良好环境和氛围上。

二是如何构建数字化模型生态体系。工业互联网平台的核心是工业PaaS，工业 PaaS 的核心是数字化模型。从表面上看，我国工业互联网平台的发展与国际上的差距主要体现在工业软件的质量和数量不足，但本质上是制造技术和工业知识、经验、方法的沉淀不够。在机械制造、航空航天等行业领域存在大量的知识、经验、方法等，过去是以专利、操作习惯、老工人工作经验等形式存储呈现出来，而现在这些工业技术、经验、知识正在通过规则化、软件化、模块化，以数字化模型的形式沉淀在工业互联网平台上。这就要求我们应围绕数字化模型的开发、部署、维护、服务构建起完善的生态体系，将大量的技术原理、行业知识、基础工艺、模型工具，高效、便捷地沉淀到平台之上，进而提升平台价值。

三是如何通过真实应用场景牵引平台发展。工业互联网平台是一套基于云平台的数字化、网络化、智能化的解决方案，这套解决方案一定是用来解决真实的行业应用问题，通过对数据的采集、存储、处理，并经过数字化模型的归纳、分析、提炼，最终以新型工业软件（工业 App）的方式提供各种各样的服务，进而用于优化制造资源配置效率，解决真实应用场景的多种问题。这就从客观上要求工业互联网平台的发展必须以真实的应用场景需求为牵引，应优先考虑解决实际应用问题“要什么”，而不是从平台供给侧考虑“有什么”的问题，必须从需求侧梳理工业互联网平台的建设方向，培育出具有实际应用价值、解决实际应用问题的工业互联网平台。

（五）经济学的视角

从经济学的视角来观察，要理解工业互联网的价值就要从更宏观的视角审视信息技术推进经济增长的内在机理，即提高生产率和交易效率，并不断深化产业分工。从这个意义上来看，工业互联网的价值在于其加快了从基于产品的分工向基于知识的分工演进，构建了新的产业分工体系，推动了经济增长。郭朝晖也曾多次强调，工业互联网的应用将会带来新的工作场景：有经验的人离开了生产现场，从事更富有创造性的“知识生产”。

1. 信息化推动经济增长的机理

信息技术通过对经济体系的全面渗透推动经济的快速发展，主要体现在两个方面：信息技术推动生产工具的智能化，降低了生产成本，提升了生产率；信息技术促进社会分工的精细化，降低了交易费用，改善了交易效率。

（1）提高生产率。2016年4月19日，习近平总书记在网络安全和信息化工作座谈会上强调：“要着力推动互联网和实体经济深度融合发展，以信息流带动技术流、资金流、人才流、物资流，促进资源配置优化，促进全要素生产率提升。”党的十九大报告指出，要“推动经济发展质量变革、效率变革、动力变革，提高全要素生产率”。信息技术飞速发展加速了技术进步、组织创新、专业化生产，带动生产率从低向高迈进。从经济学视角看，信息技术扩散对传统产业产出的贡献，不仅包括信息资本存量所带来的收益，更体现在信息技术在全要素生产率中所做的贡献。以数字经济的测算为例，中国信息化百人会提出，数字经济包括基础型数字经济、新生型数字经济、效率型数字经济（部分）、融合型数字经济及福利型数字经济五大部分。其中，基础型数字经济主要体现为信息产业，融合型数字经济主要包括ICT资本存量带来的产出增长份额（K_{ICT}），效率型数字经济是指全要素生产率中ICT技术进步带来的增长（Nu_{ICT}）。图7-28所示中的公式系统地阐述了信息技术推动经济增长的机理。

图7-28中，Y表示产出；A表示希克斯中性技术进步，Nu_{ICT}表示信息通信技术中性技术进步；Nu_{OCT}表示除信息通信技术外其他类型的技术进步；Resi表示除技术进步外其他影响产出效率的因素（如组织结构改进等）；F表示生产函数；K_{NICT}表示非信息经济资本存量；M表示中间投入；H表示人力资本；L表示劳动人数；G表示信息经济资本存量计算方法；K_{ICT}表示以数量计量的信息经济资本存量；ETC_{ICT}表示包含在信息经济资本存量中

的信息通信技术进步。

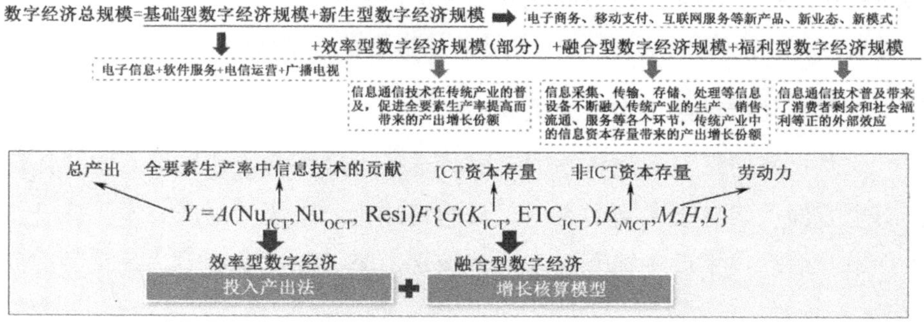

图表来源：根据中国信息化百人会《中国信息经济发展报告》整理绘制

图 7-28　数字经济的重要组成部分

（2）提高交易效率。信息技术的应用不仅提高了生产率，也提高了交易效率，降低了技术、知识、服务方面的搜寻、议价、决策等交易成本，推动分工不断深化。如互联网的发展带来了电子商务的蓬勃兴起，大幅降低了商品交易过程中的搜寻、定价、信用、支付等成本，实现了新需求的汇聚、新市场的培育，带来了新职业的涌现（个人卖家、服务商、网红、导购达人、砍价师）、新产业的形成，新的就业形态和机会（仅阿里交易平台就增加了 1405 万个交易型、1700 万个衍生型、540 万个支撑型交易机会），并最终带来了经济增长。技术扩散与分工深化相互作用的基本逻辑是：信息技术扩散→交易成本降低→市场边界扩张→产业分工深化→分工深化的收益和成本达到平衡→新一轮信息技术扩散→……在“扩展期—停滞期—扩展期—停滞期”不断交替的周期中，产业分工也在持续深化，不断形成经济增长的新一轮周期（见图 7-29）。当前围绕信息技术在微观和宏观层面上对生产率的提高，人们在理论和实践上已经建立了一套完整的统计监测分析评估体系；但对于信息技术带来的信息技术扩散—交易效率提高—交易成本降低—产业分工深化—新一轮经济增长，尚未建立起系统科学的统计监测分析评估体系，信息技术对经济增长的贡献往往被低估。

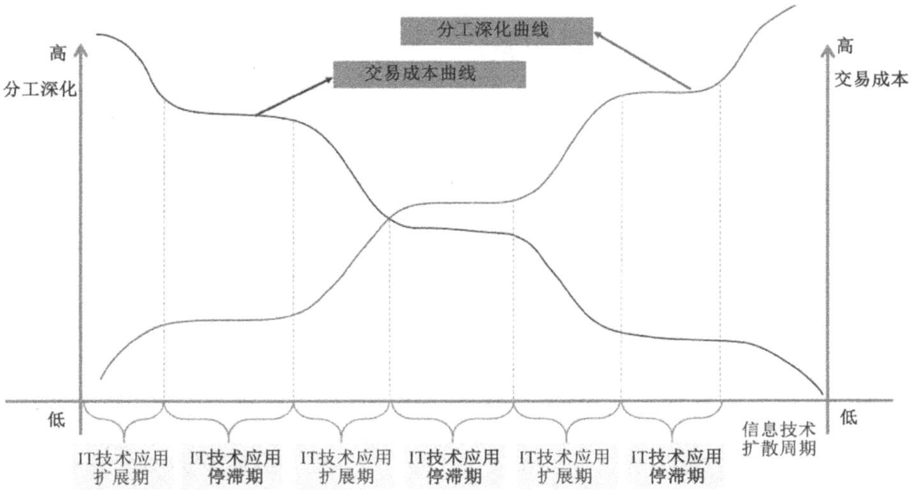

图表来源：作者自绘

图 7-29　交易成本降低与分工持续深化

2. 知识创造的专业化是分工深化的新阶段

伴随着生产力水平的不断提升，产业分工不断深化，其大致经历了五个阶段：一是部门专业化，即农业、手工业和商业之间的分工；二是产品专业化，即以完成的最终产品为对象的分工，如汽车、机械、电器产品的生产；三是零部件专业化，即一个企业仅仅生产某个最终产品的一部分；四是工序专业化，即专门进行产品或零部件生产的一个工艺过程，如铸造、电镀等；五是生产服务专业化，即在直接生产过程之外，又提供基于产品的为生产服务，如物流配送、金融服务等。

当前，从基于产品的分工到基于知识的分工正在部分产业逐渐兴起，成为推动生产力水平提升的重要动力。2010 年，美国国防高级研究计划局（DARPA）提出自适应运载器制造计划（AVM），其核心思想是基于模型进行研发制造，使产品设计、仿真、试验、工艺、制造等活动，全部都在数字空间完成，待产品迭代成熟后再进入工厂一次制造完成，从而大幅度缩短产品研制周期、降低研制成本。DARPA 调查发现，从 1960 年至今，随着系统复杂度的增加，航空航天系统的研发成本投入复合增长率为

8% ～ 12%，汽车系统研发成本投入增长率为 4%，但集成电路研发成本复合增长率几乎为 0。这说明复杂度增加并没有带来设计、生产周期的明显增加，其重要原因在于集成电路产业分工水平明显高于其他行业，其形成了基于知识的产业分工新体系。

早期集成电路产业集整机生产和芯片设计、制造、封装、测试为一体，称为综合型 IDM 模式，如图 7-30 所示。伴随信息技术的不断演进，在过去的 50 年，集成电路产业中的芯片设计、代工制造、封装测试等环节不断地从早期一体化模式中分离，成为独立的产业体系。1967 年美国应用材料公司成立后集成电路材料和设备制造成为独立行业，1968 年 Intel 公司形成了垂直型 IDM 模式，1978 年 Fabless（IC 设计独立）、1987 年 Foundry（台积电成立，IC 制造环节独立）模式相继出现，集成电路产业分工深化经历了全产业链集成—材料设备独立—IC 设计独立—IC 制造独立—设计制造 IP 独立的演进历程。

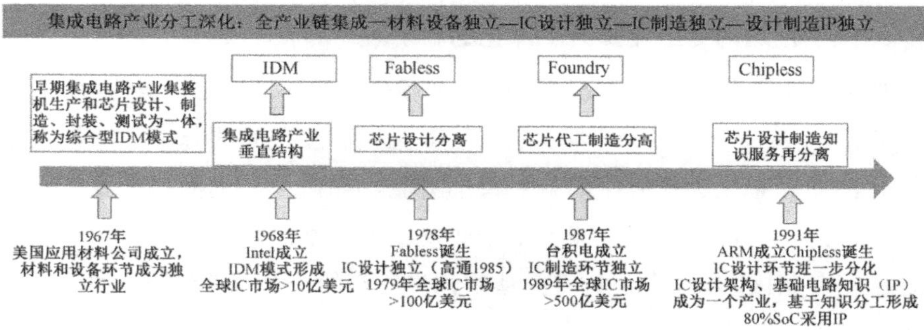

图表来源：作者自绘

图 7-30　集成电路产业链分工细化与产业模式变革

1991 年，英国 ARM 公司成立，同时逐渐涌现出一批专注于集成电路知识产权包（Intellectual Property，IP）设计、研发公司，集成电路产业开始兴起架构授权的 Chipless 新商业模式，这标志着基于知识创造的专业化分工独立出现在集成电路产业链中，工业知识脱离电路产品的附庸，开始作为独立的产品进行传播、使用和交易，随后在集成电路各个环节涌现出大量以各类 IP 包形式存在的设计、仿真、试产、制造等环节的工业知识，这些知识大幅提高了设计效率、产品性能、制造可行性及良品率，基于知识交易的新业态逐渐显现，如表 7-4 所示。以 28nm 的 SOC 芯片研发制造成本为例，设计 EDA 工具需要 500 万元，购买 IP 模块需 500 ～ 1000 万元，制造成本 1000 万元左右，封装成本 50 万元。可以看出，在集成电路产业生态中，以 IP 核、EDA 工具为代表的基于知识投入的成本已成为产业研发制造支出的重要组成部分，这是基于知识的产业分工体系形成的重要特征。

表 7-4 集成电路各环节 IP 应用

环节	任务	形式	方法	意义
IP	IP 软核（基本原理） IP 固核 IP 硬核（工艺验真）	集成电路通用及专用 IP 包	ARM、Synopsys、CEVA、Cadence	通用电路知识、方法的不断丰富、沉淀、完善，IP 核作为一种“积木”提高了设计效率
设计	设计具有特定功能的电路板图	集成电路设计 IP 包	EDA 工具 +IP 核 + 特定架构设计	70% 电路基于对各种 IP 核的集成
仿真	实现功能仿真和制造仿真	对电路功能及加工工艺仿真 IP 包	Synopsys CadenceMentor	在设计多个阶段，持续仿真，提高设计效率及产品性能 在制造多个阶段，持续仿真，提高制造可行性
试产	围绕加工过程优化生产工艺	集成制造工艺 IP 包	Synopsys、MES 厂商	通过制造工艺 IP 包，优化生产工艺，提高良品率
制造	实现集成电路加工高稳定性、高良品率	集成制造工艺 IP 包	制造厂商、EDA 厂、第三方	制造工艺 IP 包优化生产工艺，台积电 6000 ～ 7000 个 IP 包
结论	集成电路产业蓬勃发展根植于不断在赛博空间沉淀大量集成电路基础通用、设计、仿真、制造等 IP 包，并基于大量积累的工业 IP 实现新产品、新工艺的快速开发、上线、迭代，这条快速更新、迭代升级的发展之路，对于当前尚处于探索前进的工业互联网发展具有极其重要的借鉴和指引作用			

图表来源：作者自制

IP 的本质是工业技术、经验、知识的代码化、模块化、软件化封装，其形态是参数代码。其主要由大型 EDA 公司、制造业企业、专业 IP 设计公司研发提供，并催生了 IC 设计、仿真、试产、制造等环节的工业知识完善的交易市场。它将设计生产过程中 70% ～ 80% 的工作变成对现有的 IP 进行调用拼接，大幅提高了芯片设计、仿真、制造、测试的效率及产品良品率。

在农业经济时代，知识作为存在于人脑中的隐性知识经验，只能通过口口相传、师徒帮带得以延续；在工业经济时代，知识是存在于文献、专利中的显性工业技术；在数字经济时代，知识是存在于计算机中的机理模型、工业 App 等数字工业知识。知识承载主体经历了由意识人体迁移到物理实体，再到赛博虚体的过程，承载方式也在不断演进，软件最终成了知识的新载体，如图 7-31 所示。

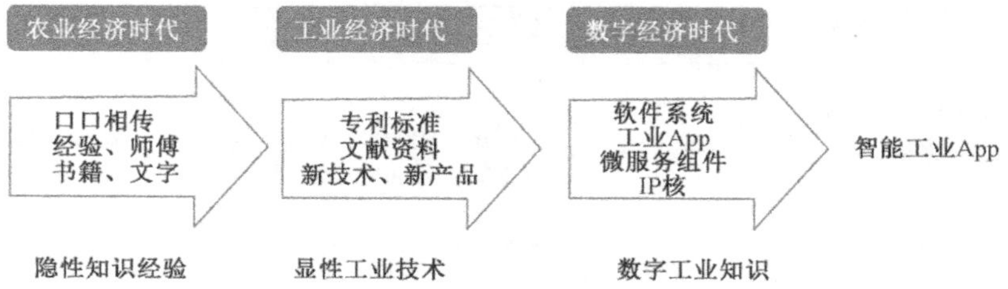

图表来源：作者自绘

图 7-31　软件是知识的新载体

集成电路产业的蓬勃发展，得益于其在产业发展初期就在赛博空间里建立起了集产品设计、优化、仿真于一体的新制造体系，它沉淀了大量集成电路基础通用 IP 核及设计、仿真、制造等 IP 包，实现了新产品、新工艺的快速开发、上线、迭代。基于知识创造的分工深化极大地促进了集成电路产业的快速发展。对工业互联网而言，大量跨行业、跨领域的各类工业经验、知识、方法将以工业 App、工业微服务组件（类似集成电路 IP）的形式沉淀到工业互联网平台之上，这将构建起更低成本、更高质量、更高效率的制造新体系。

3. 工业互联网平台加快构建基于知识的产业分工新体系

工业 PaaS 平台将大量工业技术原理、行业知识、基础工艺、模型工具规则化、软件化、模块化，并封装为可重复使用的微服务组件。工业 App 面向特定工业应用场景，通过调用微服务，推动工业技术、经验、知识和最佳实践的软件化，构建起工业知识创造、传播、复用的新体系。一方面，工业互联网平台为工业知识的 App 化、微服务化创造了条件，实现了工业知识的产品化封装、平台化汇聚、在线化开放；另一方面，工业互联网平台构建了一个工业技术和知识的交易体系，它为工业 App、微服务组件、模型算法等交易对象的呈现、交易、传播和复用提供了统一的场所，促进了工业知识、技术的供给方（大型企业、科研院校、开发者）与使用方（大中小企业）等交易主体在线显现、需求清晰、交易激活。通过在线化评估、标准化计量确定交易价格，实现交易方式由传统线下长流程交易转变为在线短流程交易，大幅降低了客户发现、知识定价、契约签订、交付监督的交易成本，如表 7-5 所示。工业互联网平台通过构建工业知识创造、评估、交易体系，提高工业知识的复用水平和效率，不断催生新技术、新模式，使得基于知识的产业分工新业态不断涌现。

表 7-5　工业互联网平台构建工业技术知识交易的新体系

典型特征 交易内容	内　　容	特　　点	平台价值
交易对象	工业 App、微服务组件、模型算法等工业技术、知识、经验	组件化呈现 加密化封装 数字化交易	降低了知识、经验、技术的载体依附性，使得工业知识、经验、技术以组件的形式加密封装为独立的产品，并为其呈现、交易、传播提供了统一的数字化场所
交易主体	供给方（大型企业、科研院校、开发者） 使用方（大中小企业）	主体显性化 需求清晰化 交易激活化	将遍布于各类研究机构、企事业单位技术、知识的潜在创造主体汇聚到统一的交易场所并充分暴露，促进供需双方目标清晰、快速对接，促成交易达成
交易成本	由长流程交易转变为短流程交易客户发现、契约签订、交付监督	周期短 效率高 定位准	降低了对知识搜寻、定价、获取的成本，打破了传统知识传播、交易的机制壁垒
交易价格	按需付费、按期付费	在线评估 标准化计量	提供完善的评估计量体系及多种服务方式，促进技术和知识的交易流通

图表来源：作者自制

蒸汽机、电力及信息通信技术等以通用为目的的技术实质是扩大市场半径，形成长尾市场，汇聚消费者的需求。消费互联网平台在将传统线下零售体系迁移至线上的同时，也将原有线下碎片化市场积聚到线上形成新的产业市场，这将带来交易对象丰富性、交易主体广泛性、交易成本低廉性。交易对象丰富性是指交易了很多传统零售体系无法交易的产品；交易主体广泛性是指任何个体都可以与任意卖家联系；交易成本低廉性是指新型搜索、支付、配送体系大幅降低了产品使用成本，如图 7-32 所示。

产品交易和知识交易的互联网化

	传统零售体系	互联网零售体系
交易对象	100万家 有限性（需求市场）	10亿家 丰富性（长尾市场）
交易主体	10万家 单调性 （一定区域内的买卖双方）	5亿家 广泛性 （互联网用户+卖方+物流+营销）
交易成本	门槛 定时定点搜寻、线下付款 拿货	低廉 随时随地浏览、加购物车 移动支付、收包裹

	传统知识交易体系	工业互联网知识交易体系
交易对象	书籍、标准、专利、方案	工业App、微服务组件、 算法模型、IP包
交易主体	有限的供给主体与需求方	海量的供给主体与需求方
交易成本	搜寻、订购 交付、转化	搜索、订阅 使用、更新

图表来源：作者自绘

图 7-32　工业互联网平台将会带来意想不到的新商业价值

消费互联网革命并非简单地将线下产品迁至线上。同样，工业互联网革命也并非简单地将依附在书籍、标准、专利上的工业知识迁至平台，而是革命性地改变工业知识的生产、交易方式，将传统的由供给方定制化软件开发（作坊式）的方式及一对一的交易模式，转变成由需求方个性化定制工业 App（流水式）及平台化多对多的交易方式。这一新型交易体系将会带来更多新的商业价值。

不断满足业务发展的需要是技术发展的内在逻辑。面对制造系统复杂性持续提升的挑战，工业软件如何适应业务的快速发展面临两难选择：定制化软件功能适用强，但门槛高、投入大、成本高；产品化软件功能适用性差，但成本低、易部署、市场化程度高（见图7-33）。在过去的40年中，工业软件基于传统的技术架构体系，开发出了一系列产品化水平高、功能通用性强、基础性能强的软件产品，业界称之为“开箱即用”的软件（Out of the Box，OOTB），如ERP、CRM、MES、EDA等。在特定场景下，这些软件或对特殊功能的适用度较差，或有大量的功能冗余，或对新业务响应能力比较慢，因而也带来了用户体验差、使用复杂度高等问题。随着市场需求的快速变化、业务场景的不断丰富，企业自己独立开发或通过外包方式开发出一批聚焦特定场景、特定行业的定制化软件产品，如定制化MES、ERP、SCM、排产计划、工艺优化、大数据分析软件等，极大地满足了企业对功能适用性的要求，但也带来软件开发、部署、维护周期长及人力、物力、财力投入大的问题。一直以来，软件高产品化和高功能适应性似乎不能兼得。工业互联网的出现在某种程度上打破了这一僵局，通过采用类似“乐高积木”的组建模式，将大量工业知识、经验、方法、模型以微服务组件化的方式沉在工业互联网平台上。通过“平台+微服务组件+App+…”的方式，将各种业务功能组件化、模块化、微服务化，在一个基础通用平台上，对细化的业务功能进行统一编排调用，既实现了软件产品的快速开发，又充分满足了不同企业不同场景的定制化需求，实现了知识产品和功能适用化的高度统一，找到了一条通往软件开发高效、定制、产品化的发展路径。

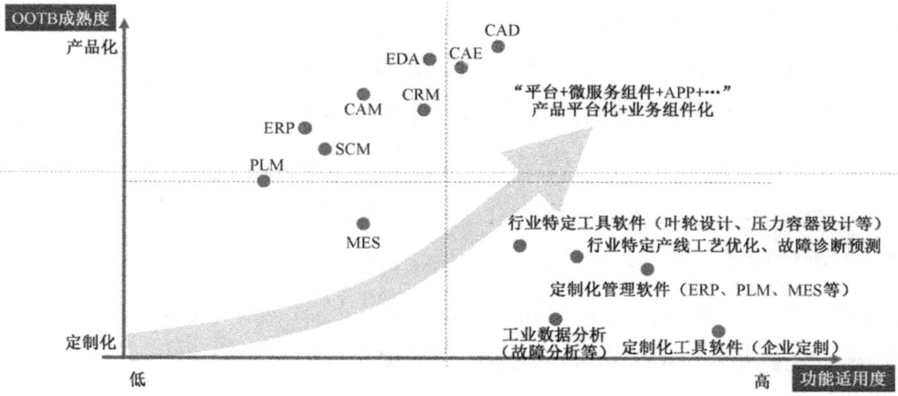

图 7-33　工业互联网：知识产品化 VS 功能适应用

CHAPTER 08

工业互联网平台的演进路径

工业互联网平台与工业云有本质的区别，又有许多联系，工业互联网平台是传统工业云功能的叠加与迭代。从过去几年的工作实践及技术和产业发展趋势来看，工业云平台向工业互联网平台的演进经历了成本驱动导向、集成应用导向、能力交易导向、创新引领导向、生态构建导向五个阶段，这几个阶段可以并行，也可以跳跃。

一、成本驱动导向阶段

工业云发展的第一阶段是成本驱动导向阶段。这一阶段主要是研发设计类工具上云。云计算具有资源池化、弹性供给、按需付费等典型特征，它能大幅降低企业购买研发工具的成本，提高企业研发效率，降低成本是工业云平台起步发展阶段考虑的重要因素。工业和信息化部于 2013 年 4 月、2014 年 7 月、2015 年 7 月连续 3 年分别在北京、济南、南京召开工业云现场会，在全国开展了 16 个工业云创新服务试点。业界讨论工业云，关注的重点问题都是企业如何通过云计算降低 IT 硬件成本、软件成本、部署成本、运营成本。

在硬件方面，云平台通过IT硬件资源租用取代直接购买或自建，可以大幅降低硬件成本。以中石油为例，它们在完成核心信息系统云化后，“十二五”期间其节省成本近6亿元。在软件方面，从购买软件授权到根据时间、人、次数来订阅云服务，也可以大幅降低成本。在部署成本与运营成本方面，工业云平台可以在任意时间、任意地点快速部署，大大缩短了信息系统建设周期，同时，工业云平台由平台运营商统一管理，可大幅减少企业运维成本。

当前，为确保市场竞争优势，全球领先的研发软件厂商纷纷基于云端构建新一代的工具软件，推动工具类软件向云端迁移。欧特克2016年推出基于云端的研发解决方案Autodesk 360，并逐步终止永久许可购买选项，用户可按季度、年度和多年期限购买云服务。PTC 2017年将传统软件授权的盈利模式全部从美国和欧洲退出，2018年7月19日，PTC宣布自2019年1月1日其核心解决方案和ThingWorx的新软件许可证在全球范围内均仅会通过订阅方式提供。

二、集成应用导向阶段

工业云发展的第二阶段是集成应用导向阶段，这一阶段主要是在研发设计类工具上云的基础上，推动核心业务系统上云。2017年4月18日，工业和信息化部在中石油召开工业云现场会，与前几次在现场会上对工业云关注的焦点是降低成本相比，本次现场会企业讨论的重点是如何通过企业内部核心业务系统向云端迁移，实现企业内部的系统集成。例如，中石油指出将企业40个业务系统迁移到云端，这其中有对成本的考虑，但更多的考虑是实现内部的集成。

两化融合与工业4.0在核心理念、具体做法和推进路径上殊途同归、如出一辙、异曲同工，均强调集成是重点也是难点。工业4.0强调纵向集成、端到端集成、横向集成。工业和信息化部两化融合水平评估体系把两化融合划分为基础建设、单项应用、综合集成和创新引领四个阶段。近几年，工业和信息化部一直在开展两化融合管理体系贯标工作，据 9 万家企业的自评估、自诊断、自对标结果显示，企业对两化融合的投入和企业从两化融合中获得的收益并不是线性关系，企业两化融合水平只有达到集成阶段之后，企业的收益才会呈现指数化增长（见图 8-1），对于不少中小企业而言，这是一个挑战。数据显示，全国只有 22.4% 的企业达到综合集成水平，集成应用和中等收入陷阱一样难以跨越，我国企业普遍面临集成应用困境，所以集成是重点、是难点、也是焦点。

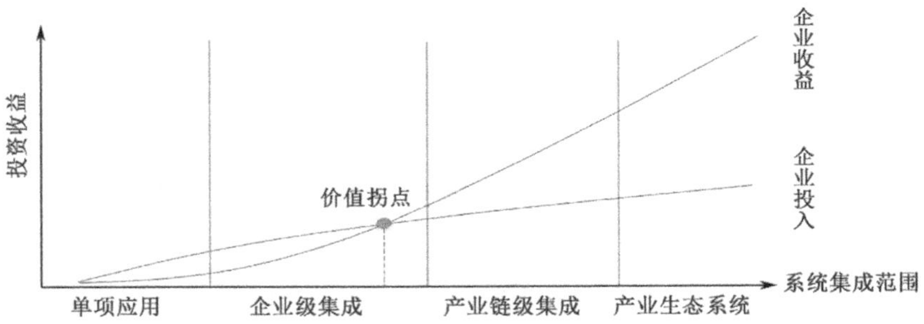

图表来源：作者自绘

图 8-1　企业信息化收益与系统集成的数量呈指数增长关系

实现集成有两种途径，其一是渐进的路径，即不改变现有的技术架构，不断地通过各类数据总线和接口实现不同业务系统之间的互联互通；其二则是工业云这一激进路径，即企业将业务系统迁移到云端，从而解决系统内部的互联互通问题。因此，集成应用导向阶段工业云平台的典型特征是通过核心业务系统上云，打通信息孤岛，促进制造资源、数据等集成共享，提升企业效益。

过去几十年，信息技术（IT）和工业技术（OT）沿着各自不同的轨道发展，系统架构迁移到云端将打破传统企业的五层架构，有利于实现工业 4.0 强调的纵向集成、横向集成和端到端集成，以促进单点智能演进至全局优化。2017 年 4 月 18 日中石油召开的工业云现场会上，中国商飞提出，中国商飞企业上云不仅仅是因为成本，更重要的是构建基于工业云的飞机研制系统平台，推动遍布全球的包括机体结构供应商、系统供应商、零件及材料供应商等近 150 个一级供应商之间进行数据交互，基于单一数据源实现协同设计、协同制造。这也是国内汽车等行业企业推动业务系统向云端迁移、实现跨国跨企业协同研发和制造的重要出发点。

三、能力交易导向阶段

工业云发展的第三阶段是能力交易导向阶段。这一阶段在企业研发设计类工具、核心业务系统上云之后，底层的设备和产品开始上云，工业云平台开始演进为工业互联网平台。

对于工业互联网平台而言，数据采集是基础。当前，一大批领军企业已经开始打造设备和产品数据采集及云端迁移的解决方案，国外巨头 GE 推出 Predix Machine、西门子推出 MindConnect Nano、卡特彼勒推出 Product Link、CAT Connect，国内航天云网推出 Smart IoT、树根互联推出根云盒，它们为工业数据的采集及向云端的迁移提供了工具。

硬件设备上云 + 核心业务系统上云 + 研发工具上云，推动互联网在经历信息交流（搜狐、新浪）与产品交易（京东、阿里）之后，正在进入能力交易的新阶段，未来在互联网上不再仅仅是手机、衣服等产品的交易，还将出现研发设计能力、测试试验能力、生产制造能力、物流能力等生产能力的交易。

当前生产能力的交易主要面临着三大问题：一是制造资源配置不均衡，如国内机床的利用率只有 40%，在很多情况下处于闲置状态，当有大订单来的时候设备又满足不了需要；二是供需信息不充分，当一个企业有了一个大订单需要购买数控机床加工能力时，不知道加工能力在哪里；三是制造能力不可计量，能力交易成本较高。没有计量就没有交易。随着设备上云，制造能力能够实现在线发布、制造资源可以弹性供给、供需信息能够实时对接、能力交易也可以精准计费，设备上云为解决上述问题提供了可能。

设备和产品的上云也带来了新商业模式的探索。智能云科通过 iSESOL

平台将上万台 i5 机床接入云端，采用租赁方式，按使用时间、价值或按工件数量计费，这大大降低了企业的一次性成本，也提高了机床的使用效率。航天云网平台可交易 14 大类、66 小类生产制造能力，12 大类、139 小类试验能力，3 大类、30 小类计量检测能力。

四、创新引领导向阶段

第四阶段是创新引领导向阶段。这一阶段在企业研发设计类工具、核心业务系统、底层的设备和产品开始上云之后，制造业架构体系发生了革命性变革。创新引领主要体现在三个方面，一是“云计算＋边缘计算”成为计算能力新组合；二是微服务架构成为知识经验封装的新模式；三是工业 App 成为新型软件形式。同时，工业互联网平台的四层架构日渐清晰，数据采集层、IaaS 层、工业 PaaS 和工业 App 层共同构成了基于云的端到端制造业数字化、网络化、智能化整体解决方案，看起来是云，背后是面向线下的一套解决方案。

在该阶段，“工业 PaaS 平台＋定制化开发工业 App”成为平台竞争的焦点，并在重构工业知识新体系。其中，工业 PaaS 层的核心是把大量工业技术原理、行业知识、基础工艺、模型工具规则化、软件化、模型化，将其封装成为可重复使用的微服务组件。工业 App 层的核心是面对特定的工业场景，通过调用底层的微服务，推动工业技术、经验、知识和最佳实践的模型化、软件化与再封装。

这样的平台架构带来了工业知识的沉淀、复用和重构。沉淀是指将工业技术、经验、知识和最佳实践固化封装为微服务组件和工业 App。复用是指可反复调用微服务组件和 App。重构是指构造了一个工业知识创造和传播的新体系，创新的主体（高效便捷地整合第三方资源）、创新的载体（可重复调用微服务和 App）和创新方式（基于工业 PaaS 平台和工业 App 的创新体系）都将发生变化，这将大大降低创新的成本和风险，提高研发效率，并将改变以往的“二八规律”（80% 的精力用于重复劳动，20% 的精力用于创造），使 80% 的精力从事创造，20% 的精力用于重复性劳动。

工业 PaaS 平台向下可以实现各种软硬件资源的接入、控制和管理，向上则提供开发接口、存储计算和工业资源等支持，通过软硬件解耦的方式实现硬件资源虚拟化和应用服务软件化。软硬件解耦能够带来巨大的价值，如苹果的智能手机通过操作系统实现了软硬件的解耦，苹果通过硬件的大规模生产和软件的个性化定制，实现了规模经济和范围经济的有机结合。

工业互联网平台利用同样的架构，通过软硬件解耦屏蔽底层设备、软件集成、计算资源调度、运行环境的复杂性，以提供丰富的工业 App。同时对功能模块的反复调用，能够大幅提高研发效率。

工业互联网平台推动软件研发模式向工业领域拓展。在一个大型软件系统的开发过程中，65% 的编程代码来自对已有各种的“软件功能模块”进行重复调用，而在工业研发、生产和服务过程中，知识复用水平较低。工业互联网平台的本质就是通过提高工业知识复用水平构筑工业知识创造、传播和应用的新体系。

五、生态构建导向阶段

第五阶段是生态建设导向阶段。在这一阶段，随着海量第三方开发者与通用工业 App 的出现，工业互联网平台将进入一个以生态构建为导向的新阶段。当前全球领军企业都在围绕“智能机器 + 云平台 + 工业 App”的功能架构，培育海量第三方开发者开发工业 App，构建基于平台的制造业生态，不断巩固和强化制造业竞争优势。

总的来说，从工业云平台到工业互联网平台演进的五个阶段，主要体现为四个方面的变化，如图 8-2 所示。一是什么上云（What）在变，工业云平台强调开发工具软件、核心业务系统上云，工业互联网平台强调软硬件整体上云。二是为什么上云（Why）在变，工业云平台的核心是节约硬件与软件成本，工业互联网平台的核心提高工业知识生产、传播、复用效率，从成本控制导向向知识创造导向、生态导向转变，三是应用开发主体（Who）在变，工业云平台以平台开发商或软件厂商开发为主，工业互联网平台强调海量第三方开发者参与开发。四是运行机制（How）在变，工业云平台更多是一个单边市场，工业互联网平台是一个双边市场，强调海量、开放App应用与工业用户之间形成相互促进、双向迭代的生态体系。

要素	工业云	工业互联网平台	本质区别
What? 什么上云在变	开发工具软件/ 核心业务系统	硬件：生产设备、产品装备	从软件上云到硬件上云
Why? 为什么上云在变	节约硬件与软件成本	提高工业知识生产、传播、复用效率	从成本控制导向到知识创造导向、生态导向
Who? 应用开发主体在变	平台开发商或软件厂商开发	海量第三方开发者参与开发	从平台及软件开发商到海量第三方开发者
How? 运行机制在变	数量有限、封闭、定制化工业App，难以形成双向迭代	形成海量、开放App应用与工业用户之间相互促进、双向迭代的生态体系	从单边市场到 双边市场

图表来源：作者自绘

图 8-2　工业云平台到工业互联网平台演进的五个阶段四个方面的变化

CHAPTER 09

工业互联网平台建设的出发点、切入点、着力点和落脚点

当前，工业互联网平台正处在格局未定的关键期、规模化扩张的窗口期、抢占主导权的机遇期。加快工业互联网平台建设和应用推广，要不断深化对工业互联网平台的认识，进一步明确建设工业互联网平台的出发点、切入点、着力点和落脚点。

一、工业互联网平台建设的出发点

工业互联网平台是新一代信息通信技术与现代工业技术深度融合的产物，是以互联网为代表的新一代信息通信技术从消费环节向制造环节扩散、从提高交易效率向提高生产效率延伸、从推动制造资源局部优化向全局优化演进的必然结果，是制造业数字化、网络化、智能化的重要载体。工业互联网平台是中国智能制造战略规划的重要基础和关键支撑，是构建现代化产业体系、推动经济高质量发展、抢占新一轮产业革命制高点的现实选择。

（一）工业互联网平台是建设现代化产业体系的重要支撑

工业互联网平台是物联网、云计算、大数据、智能传感、工业软件、工业技术等跨界融合、集成创新的结果，它是构建现代化产业体系的新基础、新要素、新业态，它能够支撑产业高端化、智能化、绿色化、生态化发展。工业互联网平台建设的过程，就是构建智能感知（一硬）、泛在网络（一网）、应用软件（一软）、云平台（一平台）等现代化产业体系新基础设施的过程，就是基于数据这一新生产要素重构工业知识沉淀、传播、复用和价值创造新体系的过程，就是通过对传统产业体系的解耦构建网络化协同、个性化定制、服务型制造等新业态的过程。目前我国正加快形成万物互联、数据驱动、软件定义、智能主导、服务增值的现代化产业体系。

（二）工业互联网平台是建设制造强国和网络强国的焊接点

工业互联网平台一头连着制造，一头连着互联网，是连接制造强国和网络强国的纽带，是两个强国建设统筹推进的重要抓手。发展工业互联网平台，可充分发挥我国制造业大国和互联网大国优势，使其形成叠加效应、聚合效应和倍增效应。从制造强国看，工业互联网平台通过跨设备、跨系统、跨厂区、跨地区的资源链接和高效协同，加速重构生产体系、引领组织变革、优化资源配置，打造新型制造体系。从网络强国看，工业互联网平台也为信息通信业发展提供了新的蓝海，其能够推动5G、窄带物联网（NB-IoT）、软件定义网络（SDN）、时间敏感网络（TSN）等网络技术的演进升级，促进我国信息网络基础设施、技术产业、应用水平和安全能力全面提升，促使我国抢抓网络治理体系国际话语权的新机遇。

（三）工业互联网平台是我国经济实现高质量发展的必然选择

我国经济已由高速增长阶段转向高质量发展阶段，这要求我国应加快转变发展方式、优化经济结构、转换增长动力。工业互联网平台的本质是通过构建精准、实时、高效的数据采集互联体系，推动机器、物料、系统、产品、人等参与主体要素信息的泛在感知、云端汇聚、高效分析和科学决策，促进传统制造体系中研发、生产、物流、服务等环节生产要素的解耦、整合和重构，实现生产全要素、全流程、全产业链、全生命周期管理的资源优化配置。这将带来制造资源从单机走向系统、从封闭走向开放、从流程优化到组织变革，推动资源优化沿着点、线、面、体、大系统、巨系统方向不断拓展，重构生产体系中信息流、产品流、资金流的运行模式，提高全要素生产率，推动经济发展质量变革、效率变革、动力变革。

（四）工业互联网平台是全球新一轮产业竞争的制高点

过去40年来，基于产业生态的竞争在ICT领域愈演愈烈，从Wintel体系到Android、iOS两大操作系统，从电子商务、搜索引擎到社交平台，一批领军企业主导了全球ICT产业生态发展。当前，伴随着新一代信息通信技术和制造业的融合发展，产业生态的竞争正从ICT领域向制造领域拓展，GE、西门子等领军企业围绕“智能机器+云平台+工业App”功能架构，整合“平台提供商+应用开发者+用户”生态资源，抢占工业大数据入口主导权、培育海量开发者、提升用户黏性，通过组建产业联盟、成立开源社区、开展试验测试等举措，打造基于工业互联网平台的制造业生态，进而不断巩固和强化制造业垄断地位，以抢占全球新一轮产业竞争的制高点。

二、工业互联网平台建设的切入点

信息通信技术每次普及推广，总是由一批具有先导性、引领性、带动性的“杀手级”应用牵引，推动新技术、新应用、新产业和商业模式的快速迭代和持续演进，从而引爆大规模商用。当前，工业互联网平台发展总体还处在起步阶段，新应用、新模式正在不断孕育演化。在这一过程中必须以真实的应用场景需求为牵引，优先考虑解决工业场景实际问题“要什么”，而不是从平台供给侧考虑“有什么”。应着力培育一批能够引领工业互联网平台技术、功能、商业模式快速迭代的杀手级应用。推动一批高耗能、高风险隐患、高通用性、高价值的工业设备上云有望成为牵引工业互联网平台发展的杀手级应用，也是当前工业互联网平台建设的切入点。

（一）工业设备上云是工业互联网平台建设的切入点

工业设备上云就是通过建立实时、系统、全面的工业设备数据采集体系，构建基于云计算的数据汇聚、分析和服务平台，实现工业设备状态监测、预测预警、性能优化和能力交易。工业设备上云作为一种先导性、引领性、示范性应用，将牵引工业互联网平台技术和商业模式的迭代升级，进而带来工业互联网平台的功能演进和规模商用。

（1）工业设备上云的必要性。当前，我国工业体系中存在大量高资源消耗、高安全风险、低利用效率的工业设备。根据相关行业协会专家初步测算，2017 年，我国近 1000 座炼铁高炉年消耗标准煤约 3.4 亿吨， 47 万余台燃煤锅炉能耗占到全国煤炭消耗的 25% 以上，5 亿台内燃机石油消耗占全国石油消耗近 60%，30 万台大中型空压机、200 万台数控机床平均设备负载率分别不足 60% 和 40%，风力发电弃电量为 419 亿千瓦时。由此可知，我国工业体系中设备资源闲置、能源浪费十分严重。推动炼铁高炉、工业锅炉、数控机床等工业设备上云，通过开展运行监测、能效优化、预测性维护等服务，预计炼铁高炉等设备平均能耗可降低 3%，数控机床等设备利用率可提升 8%，弃风率可降低至 10%，带来直接经济效益近 500 亿元。

（2）工业设备上云的可行性。工业互联网平台通过构建基于云平台的海量数据采集、汇聚、分析服务体系，以“数据 + 模型”提高资源配置效率，以此为企业提供更为优质的服务。从技术上来看，低成本、低功耗、微型化的传感器为全面、实时、高效数据采集体系的建立奠定了基础；5G、NB-IoT、SDN、TSN 为低时延、高可靠、广覆盖的网络传输创造条件；云计算、大数据、人工智能等技术为工业知识、经验、方法的沉淀、传播、复用提供支持；微服务架构、容器技术为可重构、可移植、可伸缩的应用服务的敏捷开发和快速部署提供保障。从实践上来看，GE 基于 Predix 优化风机机组运行状态可使风力发电量提高 3% ～ 5%，西门子基于 MindSphere

可使燃气轮机计划外故障减少 70%，东方国信基于 Cloudiip 可使锅炉使用效率提升 30%、煤炭消耗降低 20%，国家电网基于工业互联网平台在部分地区可使新能源发电量提高 1% ～ 5%。

（3）工业设备上云的带动性。推动工业设备上云市场需求大、技术含量高、参与主体多，对降低企业生产运营成本效果显著，这将为设备管理、平台运营、第三方服务等各类参与主体带来现实和潜在的商业利益。海量工业设备上云能够带动设备数据采集、汇聚、分析服务体系的完善，推动各类工业知识、经验、方法的沉淀，吸引专业工业 App 大规模开发应用，以提升技术成熟度；海量工业设备上云能够带动制造能力在线发布、交易，培育基于平台的新模式、新业态，以提升商业模式成熟度；海量工业设备上云能够带动数据采集汇聚、平台功能完善、机理模型开发、工业 App 培育、开源社区建设等各领域各环节生态营造，以提升产业生态成熟度。

（二）推动工业设备上云

在推进工业设备上云过程中，要从实际需求出发，优先推动有基础、有条件、有需求、有优化潜力的设备上云，重点面向炼铁高炉、工业锅炉、柴油发动机、大中型电机、大型空压机、风电、光伏、工程机械、数控机床等工业设备，以公有云、私有云、混合云多种方式并举，组织实施工业设备上云“领跑者”计划，树立一批设备上云用云典型示范，推动设备泛在互联、数据汇聚共享、资源优化配置，促进生产方式、经营方式、商业模式创新，打造高效、节能、绿色的新型制造业生态。

（1）高耗能设备（炼铁高炉、工业锅炉）上云，开展设备运行监测与工况优化，改善能耗水平。针对炼铁高炉、工业锅炉高能耗、高排放、低效率等问题，鼓励开发复杂工况环境下易部署、高可靠、低成本的数据采集解决方案，基于平台开展设备状态监测、工况优化、故障诊断和远程运维等服务。预计到 2020 年，上云炼铁高炉超过 30%、工业锅炉超过 1 万台，由此可使设备平均能耗降低 3%，CO_2 排放量减少 1 千万吨以上。

（2）通用动力设备（柴油发动机、大中型电机、大型空压机）上云，提升设备精准运维能力，保障可靠高效运行。针对柴油发动机、大中型电机、大型空压机等通用动力设备停机时间长、维护成本高、安全风险大等问题，基于平台开展数据采集、模型优化、运行监测、故障预警、预测性维护、能效优化等服务。预计到2020年，上云柴油发动机超过100万台、大中型电机和大型空压机均超过2万台，由此可使设备计划外故障减少50%，维护和服务成本降低40%，以保障设备安全、可靠、稳定、高效运行。

（3）新能源设备（风电、光伏）上云，开展分布式能源控制与调度，提升发电效率。针对风电、光伏等新能源设备并网难、消纳难、弃电率高等问题，建立全面、实时、准确的发电场数据上云解决方案，同时汇入气象、地理信息等多源外部数据，基于平台开展设备建模、功率预测、调度优化等服务。预计到2020年，上云风电设备超过70%、光伏设备超过40%，由此可使弃风率降低至10%，运维成本降低30%，以提高发电效率及并网效率。

（4）高价值设备（工程机械、远洋船舶、数控机床）上云，实现设备状态与产能实时感知，促进能力在线交易和后市场服务模式创新。针对工程机械、远洋船舶、数控机床等高价值设备复杂度高、利用率低、管理维护粗放等问题，建立实时数据采集方案，基于平台开展设备资产管理、健康监测、运营优化、能力交易、安全操作等服务，培育网络化协同、供应链金融、设备租赁等新模式。预计到2020年，上云工程机械超过300万台、数控机床超过20万台，由此可使设备利用率提升8%，计划外故障减少40%，维护成本降低30%。

（三）工业设备上云急需突破的四大瓶颈

当前，我国工业设备上云技术路线可行、商业模式清晰、经济效益明显、发展潜力巨大，但总体上仍处于起步阶段，许多企业在设备上云过程中存在不能上、不敢上、不愿上、不会上等挑战，工业设备上云面临四大发展瓶颈。

（1）数据采集汇聚难。当前我国工业设备存量大、种类杂、协议多，由此引发的设备数字化改造成本高、数据采集精度差、协议兼容难度大、云端汇聚效率低等问题，严重阻碍了企业设备上云的积极性。2017 年，我国规模以上企业设备数字化率为 45.9%、数字化设备联网率为 39.4%，设备数字化、网络化水平低，数据采集难、联网难。同时，工业现场有上百种现场总线协议、工业以太网协议和无线协议，且协议相对封闭，工业设备互操作难、云端汇聚难，因此，亟待构建异构设备、多源数据的采集、兼容、转换、传输技术服务体系。

（2）机理模型沉淀少。行业机理模型是工业技术、经验、知识和最佳实践的模型化、代码化、软件化，并封装为可被调用的模块，是工业互联网平台技术能力的集中体现。从表面上看，我国工业互联网平台发展与国际差距主要体现在工业软件的质量和数量不足，但本质上是工业技术、知识、经验的沉淀不够，工业原理、工艺流程、建模方法等积累不足，算法库、模型库、知识库等行业机理模型缺失。同时，CAD、CAE、PLM 等工业软件基本被跨国公司垄断，供给能力严重欠缺，工业软件平台化迁移先天不足。

（3）高端服务水平低。受限于数据采集难、模型沉淀少，以及缺乏开源社区和海量工业 App 开发队伍，基于平台开发的工业 App 功能种类有限、可用数量不足，难以满足企业上云需求，成熟商业模式缺失。现存各类设备优化分析工具、软件、系统功能主要集中在工业设备的辅助设计、运行监测、故障诊断等基础性服务中，面向全生命周期管理优化的预测预警、动态优化、智能决策等高端服务能力不足，制约了设备上云高价值业务的拓展。

（4）数据安全风险大。工业设备上云将推动工业设备运营体系从封闭走向开放，这将带来工业设备数据存储方式、管理模式、运营机制的极大变革，也将带来设备安全、数据安全、网络安全、控制安全等风险和隐患，对企业传统安全防范意识、安全管理方式、安全技术手段提出了更高要求，因此企业对设备上云的安全风险存在顾虑。构建一个涵盖设备安全、数据安全、网络安全、控制安全的工业互联网多层次、全方位的安全保障体系将是推动工业设备上云的前提和基础。

三、工业互联网平台建设的着力点

建设及推广工业互联网平台是一项艰巨复杂的系统性工程，要坚持“建平台”与“用平台”双轮驱动，“建生态”与“补短板”相互协调，着力培育工业互联网平台、构建工业App资源池、建设平台试验测试环境、完善公共服务保障体系，打造资源富集、开放共享、创新活跃、高效协同的工业互联网新生态。

（一）打造两类工业互联网平台

工业互联网平台向下实现对各种软硬件资源接入、控制和管理，自身沉淀工业知识模型与工具服务，向上以工业App的形式提供各种各样的服务。平台建设过程应坚持“企业主导、市场选择、分类施策、动态调整”的原则，针对行业和区域差异完善推进机制和政策体系，建设多层次、系统化的平台发展体系。

（1）培育跨行业跨领域工业互联网平台。分期遴选一批跨行业跨领域工业互联网平台，组织开展跟踪评价和动态调整，推动形成3～5家具备国际竞争力的工业互联网平台。鼓励设备厂商、自动化企业、行业协会联盟建设工业设备协议开源社区，鼓励多协议转换、流式数据处理、边缘人工智能等前沿技术开源。推动工业基础共性技术的软件化封装、平台化汇聚和在线化开放，促进工业知识的沉淀、传播、复用与价值创造。

（2）推动发展企业级工业互联网平台。聚焦钢铁、石化、电子、装备等重点行业数字化、网络化、智能化转型需求，发挥行业骨干企业与科研院所核心作用，突破数据采集、平台管理、开发工具、微服务框架、建模分析等关键技术瓶颈，推动建成一批企业级工业互联网平台，强化平台产品设计、生产工艺、生产模型、知识模型等各类数据资源和制造资源的协同能力。通过试点示范、政策引导等方式支持企业级平台发展，推动平台在“块状经济”产业集聚区落地，促进产业链要素整合优化、系统解决方案培育和商业模式创新。

（二）建设三类工业App

工业App是工业互联网平台的关键，是“智能机器+云平台+工业App”这一新型功能架构的重要组成，它将极大提升制造业供应链协同能力、资源配置效率和创新水平。应重点建设基础共性、行业通用和企业专用三类工业App，其中基础共性工业App是工业共性技术和知识的新载体，其突出公益性；行业通用工业App本质上是垂直细分领域的数字化解决方案，其突出系统性；企业专用工业App是企业核心竞争力的集中体现，其突出定制化。

（1）建设基础共性工业App资源池。面向企业研发设计、生产制造、技术创新等共性需求，围绕工业基础原理、关键基础材料、核心基础零部件（元器件）、先进基础工艺、产业技术基础等基础共性领域，通过政府购买服务、建设开源社区等方式，支持共性工业App和微服务组件的高效开发、有序交易和规模应用。组织编制和滚动修订基础共性工业App需求目录，提升全行业基础共性算法、模型、服务的供给能力。

（2）建设行业通用工业App资源池。面向装备、轨道交通、汽车等行业共性需求，基于工业互联网平台打造设计制造协同、生产管理优化、设备健康管理、产品增值服务、制造能力交易等离散行业通用工业App及微服务资源池；面向钢铁、冶金、石化等行业共性需求，打造生产过程状态监测、故障诊断、预测预警、工艺优化、质量控制、节能减排等流程的行业通用工业App及微服务资源池，以提升行业技术、工艺、经验等共性知识的供给能力。

（3）建设企业专用工业App。面向特定行业、特定场景的特殊应用需求，推动工业互联网平台、第三方开发者和用户企业加强对接合作，因地适宜地建设一批解决企业特定问题的企业专用工业App，推动专用工业App在工业互联网平台上开发、测试、部署和应用推广。

（三）开展四类试验测试

工业互联网平台试验测试是推动平台性能优化、兼容适配、规模应用的关键手段，是加速技术产业成熟、打造协同创新生态的重要途径。实施工业互联网创新发展工程，支持龙头制造企业、互联网企业牵头，联合产学研用各方资源，建设工业互联网平台试验测试环境和测试床，通过“以测促建、以测带用”，形成一批可复用可推广的平台和解决方案，加速平台规模化应用。

（1）开展跨行业跨领域工业互联网平台试验测试。面向跨行业跨领域工业互联网平台，支持开发一批边缘计算、平台基础共性技术和应用服务的测试工具和用例，开展平台功能完整性、兼容适配性、安全可靠性、动态重构性，以及平台间数据可迁移、服务可调用等领域的试验测试，促进平台规模化应用推广。

（2）开展面向特定行业的平台试验测试。面向钢铁、石化、电子、装备、汽车、轻工等行业，支持龙头企业开发一批设备机理和行业经验模型的测试工具和用例，开展平台核心能力、行业解决方案、供应链协同服务等试验测试，促进工业知识沉淀和复用。

（3）开展面向特定区域的平台试验测试。围绕产业集聚区企业业务系统整体上云、重点设备规模接入、区域协同共享、区域共性应用开发等共性问题，开展基于平台的异构设备接入、软件工具共享、业务在线协同等试验测试，加速工业互联网平台在区域的落地应用，带动地方产业转型升级。

（4）开展面向特定工业场景的平台试验床。面向设备预测性维护、质量检测、智能排产、能源优化等特定工业场景，支持制造企业、自动化企业、ICT 企业等牵头，开展人工智能、区块链、TSN 等单项前沿技术应用及单个工业场景的试验测试，推动形成基于平台的轻量级、模块化、低成本工业 App 及解决方案。

（四）完善四大支撑体系

工业互联网平台建设及推广过程涉及标准制定、信息监测、质量管控、测试床管理等工作，急需构建公共服务保障体系，以提供工业互联网平台标准、信息、安全、质量与测试等公共基础服务，从而促进平台健康有序发展。

（1）建立健全标准体系。面向工业互联网平台基础共性、关键技术和应用服务等领域，制定一批国家标准、行业标准和团体标准，发布工业互联网平台标准体系建设指南；建设工业互联网平台标准试验验证环境，开发关键标准试验验证方法和工具；研发标准实施工具箱和指南，培育标准应用解决方案及知识库。

（2）建立监测分析体系。制订工业互联网平台信息报送指南和监测指标体系，搭建监测分析平台，加强与重点工业互联网平台运行数据共享，实时、动态监测工业互联网平台整体运行情况；支持协会联盟开展平台细分领域功能绩效评价，发布工业App订阅榜、平台用户画像、行业数字地图。

（3）建立新型服务体系。培育基于平台的线上制造新型认证服务体系，围绕制造业研发、采购、生产、物流和运营服务，推动建立线上企业资质、产品质量和服务能力认证新体系。基于区块链技术建立以跨行业跨领域工业互联网平台为节点的“联盟链”，推进平台间数据安全流动、可信交易和服务增值。

（4）建立安全保障体系。建设国家工业信息安全综合保障平台，通过部署探针、主动监测等方式采集工业互联网平台的安全审计、配置变更、防护策略等日志和流量信息，实时分析平台安全态势；引导平台企业在平台建设时同步考虑安全问题，强化安全防护技术研究与应用，以提升漏洞发现、安全防护和应急处置能力。

四、工业互联网平台建设的落脚点

当前，工业互联网平台正成为制造大国竞争的新焦点、产业布局的新方向、领军企业竞争的新赛道。工业互联网平台正在推动工业资源和要素的解耦、整合、重构。构建新的发展理念、生产体系、组织架构和商业模式，其最终目标和落脚点在于提升三个能力，即宏观上提升国家资源高效配置能力，中观上培育产业生态构建能力，微观上打造企业新型能力。

（一）在宏观层面上，提升数据驱动的资源高效配置能力，助力动力变革

党的十九大报告指出：“以供给侧结构性改革为主线，推动经济发展质量变革、效率变革、动力变革，提高全要素生产率。”建设及推广工业互联网平台，本质上就是从供给侧入手，在比特的世界中构建经济社会的运行框架和体系，以数据自动流动实现资源配置优化，系统性、全局性、科学性地优化供给质量和供给效率，推动动力变革。

（1）实现资源优化深度从浅层次走向深层次。工业互联网平台是信息流带动技术流、资金流、人才流、物资流的重要载体，是提升制造资源配置优化及全要素生产率的基本途径。发展工业互联网平台，就是要形成更多依靠数据、信息、知识等新型生产要素的经济发展增长模式，就是要构建让数据说话、用数据决策、靠数据管理的制造业运行新体系，就是要实现制造业向高端化、智能化、绿色化、服务化跃升。

（2）实现资源优化广度从单点局部走向全局。工业互联网平台是工业全要素连接的枢纽，是工业资源配置的核心。建设工业互联网平台的关键，在于全面打通企业内外业务链、价值链、产业链，在于推动资源优化的范围从单机、产线、车间、企业拓展到跨企业、跨区域，在于实现资源优化从单点到多点、从局部到全局、从低级到高级的演进，以重塑制造业创新方式、生产范式、组织形式和商业模式。

（二）在中观层面上，培育数据驱动的生态构建能力，抢占产业竞争制高点

工业互联网平台的竞争本质上是产业生态主导权之争，如何在产业生态系统中找到自己的定位，事关一个企业、一个国家竞争优势的确立、巩

固和强化，事关发展的主导权、主动权，这要求我们要牢牢把握这次机遇，建成国际领先的工业互联网平台。

（1）建成国际领先的工业操作系统。培育跨行业跨领域工业互联网平台，关键是要培育出技术先进、功能完善、兼容适配、安全可靠的工业操作系统，围绕工业数据建模分析、海量工业知识沉淀和高效工业 App 的开发，构建一批高质量、广覆盖、易应用的模型库、算法库、知识库和工具库，推进平台功能的持续迭代和演进升级，支撑制造资源泛在连接、弹性供给和高效配置，从而抢占产业生态的主导权。

（2）建成创新活跃的开发者社区。工业互联网生态建设的关键在于能不能吸引海量开发者，其重点是基于开发工具、知识组件、算法组件等工具包和应用程序编程接口的开放开源，构建开放共享、资源富集、创新活跃的开发者社区，通过完善培训、认证、评价体系形成一支高素质的工业 App 开发者队伍，培育海量开发者和海量用户之间双向迭代的双边市场。

（3）提升平台资源整合能力。工业互联网平台涉及海量设备接入、数据中心建设、机理模型沉淀、工业 App 培育、工业数据安全等，这要求我们培育出能够整合控制系统、通信协议、生产装备、执行系统、管理工具、专业软件、平台建设等资源的平台企业，构建集业务流程咨询、软件部署实施、平台二次开发、功能上线调试、人才管理培训、系统运行维护等于一体的综合能力。

（三）在微观层面上，打造数据驱动的企业新型能力，构筑竞争新优势

建设工业互联网平台，深化互联网、大数据、人工智能与制造业融合发展，落实到企业层面上，最终是要培育基于数据驱动的企业新型能力，把理念创新、技术扩散、组织变革、战略优化转化为企业成本、质量、效率、服务水平的提升，转化为市场占有率、客户满意度、劳动生产率的提高，转化为新业态、新模式的培育拓展能力。

（1）重构研发创新体系。工业互联网平台正在构建工业知识沉淀、传播、

复用和价值创造的新体系，其应用推广有利于打通企业内部、供应链上下游、供应链之间的数据孤岛，实现研发数据从多数据源向统一数据源演进，研发主体从研发部门向企业内部多部门协作、跨企跨国协作、众创众包演进，研发流程从串行工作向并行工程演进，研发模式从单向优化向循环创新演进，以此不断提升研发效率、缩短研发周期、降低研发成本。

（2）引领智能制造变革。工业互联网是基于云平台的制造业数字化、网络化、智能化解决方案，在更广的范围、更深的领域优化制造资源配置效率，最终目标在于构建快速迭代、持续优化、数据驱动的制造新体系。平台应用推广的方向和目标，在于快速响应持续变化的市场需求构建个性化定制、柔性生产新体系，在于构建全产业链精益生产体系和成本精细化管理能力，在于构建产品全生命周期在线分析与优化能力，在于培育网络化协同、分享制造、服务型制造等新业态，使价值创造从传统价值链向价值网络拓展。

（3）提升智能服务能力。把握万物互联时代智能机器广泛普及的机遇，基于“数据 + 模型 = 服务”的理念，实现企业从产品生产商到客户运营商的转变，构建状态监测、故障诊断、预测预警、健康优化等各种智能服务，构建检测、加工、认证、配送等制造能力的标准化封装、在线化交易新体系，基于实时数据流培育精准、便捷、智能的新型融资、租赁、保险业态，构建企业差异化竞争优势。

下　篇

数字经济：从制造大国到制造强国之路

新工业革命的历史车轮滚滚向前，数字经济的大幕已经拉开，并处于从量变到质变的历史性拐点，全球经济正迈向体系重构、动力变革、范式迁移的新阶段。面对新一代信息技术与制造业融合趋势，面对全球制造业竞争体系化、联盟化、平台化的新格局，顺应历史潮流，把握战略机遇，拥抱数字经济，重塑发展理念，树立新资源观，深化国际合作，抢占新一轮产业竞争主动权和制高点，已成为制造业大国的共同选择，也是中国迈向制造强国的必由之路。

CHAPTER 10

制造强国：迎接新一轮产业革命的历史使命

国际金融危机后，新一轮产业革命深入发展，全球经济版图、国家创新体系、产业竞争格局、企业生产组织方式正在发生深刻变革。在这一轮变革中，中国如何实现从制造业大国向强国的转变，是一个需要深入思考和研究的重大命题。

一、对当前新一轮产业革命的基本认识

（一）新一代信息技术蓬勃发展及与传统工业技术的融合创新，是新一轮产业革命的产业技术基础

信息技术是新一轮产业革命中创新最活跃、交叉最密集、渗透性最广的领域。2008 年国际金融危机后，新一代感知、传输、存储、计算技术加速融合创新，信息技术体系架构、材料、装备、工艺创新步伐加快，极大激发了泛在获取、海量存储、高速互联、智能处理和数据挖掘等技术的创新活力和应用潜能，万物互联、模式识别、语义分析、深度学习、虚拟现

实共同驱使人类智能迈向更高境界。同时，信息技术与制造、能源、材料、生物等技术加速交叉融合，智能控制、人机交互、分布式能源、智能材料、生物芯片、生物传感器等领域的交叉融合创新方兴未艾，不断催生孕育工业互联网、能源互联网、智能制造等新产品、新业态、新模式及新的竞争格局，带来了各国新的发展理念、公共政策和发展战略。总体来看，新一代信息通信技术处于发展的爆发期，它是引领新一轮变革的主导力量。

（二）各国对 2008 年金融危机的深刻反思，增强了各界应对新一轮产业革命的危机感和紧迫感

2008 年的金融危机引发了发达国家对制造业发展理念和发展模式的深刻反思，这种反思体现在三个层面。一是反思实体经济与虚拟经济的关系。20 世纪 90 年代末，美国、英国的官员、学者曾劝德国人要发展金融业等虚拟经济，引导工业等实体经济向发展中国家转移。金融危机中德国经济的表现证明，当年不为所动没有放弃制造业、坚持把制造业作为国家竞争力基石的战略是正确的，虚拟经济要以实体经济为基础，离开实体经济的虚拟经济终将是无本之木。二是反思制造业与服务业的关系。全球制造业服务化步伐不断加快，美国、德国、西班牙、希腊等国家服务业占 GDP 比重普遍超过 70%，但美国、德国等国家支撑制造业的生产性服务业占服务业的 70%，其主体功能仍是创造物质财富，这是金融危机后美国、德国等国比较平稳地走上了复苏的轨道，南欧国家复苏步履蹒跚的重要原因。三是反思制造环节与研发环节的关系。金融危机后美国等国家的一批专家学者对传统的制造业生产和研发环节可以分离的理论提出质疑，他们认为，当发达国家的制造环节流失后，不可避免会带来技术创新能力的流失，发达国家要统筹考虑高端制造业全球产业体系。对制造业发展理念的深刻反思，增强了世界各国抢占新一轮竞争制高点、应对新一轮产业革命的危机感和紧迫感。

（三）高端装备产业的战略地位更加凸显，智能制造成为新一轮产业革命的主攻方向

国际金融危机后，发达国家再工业化及制造业的回归是对高端制造业的回归，其最根本的目标还在于掌握新一轮产业竞争制高点。许多国家都有两个共同的认知：一是高端装备产业的战略地位更加凸显。美国、德国、法国、日本等主要发达国家的再工业化战略无一不把目标锁定在高端装备领域，力图抢占高端装备产业竞争的制高点。2015 年 2 月，美国知名智库布鲁金斯学会对未来国际竞争制高点进行了系统梳理，重新定义了高端产业，发布了《美国高端产业：定义、布局及重要性》的研究报告，提出了美国高端产业领域的 50 大行业，如航空、航天、半导体、新能源、计算机等成为重要方向。二是智能制造成为新一轮产业革命的主攻方向。近年来发达国家提出了产业互联网、工业 4.0 等一系列新战略，尽管其概念、侧重点有所不同，但其共同目标都在于掌握智能制造的制高点，智能制造表现为产品、装备、生产、管理和服务的智能化。新一代信息技术在制造业各环节的普及，带来了产品、机器、人、业务从封闭走向开放，从独立走向系统，从功能产品到智能产品，从智能装备到智能工厂，从供应商到供应商协同网络，由此构成了一个超级复杂的智能制造产业生态系统。掌握智能制造生态系统的主导权是各国新一轮产业革命竞争的首要目标。

（四）构建跨领域、协同化、网络化国家制造业创新体系，成为发达国家的共同选择

数字经济时代，国家和企业创新的组织方式正在发生深刻的变革。产业创新活动不断突破地域、组织、技术的界限，整合政府、企业、协会、院所优势资源的跨领域、协同化的产业创新网络在新一轮产业变革中的作用日益凸显。欧盟不断探索技术创新组织模式，建立了欧洲创新与技术研究院（EIT），组建了若干由大学、研究所、企业组成的知识和创新社区（KICs）。德国国家科学与工程院、弗劳恩霍夫协会、西门子等产学研机构构建协同

创新网络，是德国工业4.0战略的发起者、组织者和实施者。美国奥巴马政府提出要建立一个适应先进制造业技术工艺、快速高效商业化的国家制造创新网络（NNMI），其计划10年内建成45个面向不同领域的扁平化和自治型的联合创新研究新组织。

二、各国战略布局对中国制造强国建设的意义和启示

经过多年发展，我国的工业规模跃居世界前列，在500余种主要工业产品中，我国有220多种产量位居世界第一，在国际标准行业分类的22个行业中，我国的产值均居第一或第二，我国已成为名副其实的工业大国，但我国的产业核心竞争不强，总体竞争实力在全球处于第三梯队。我国在迈向制造强国的道路上面临许多新机遇和新挑战，新一轮产业革命及各国的战略布局给中国制造强国建设带来许多启示。

（一）牢牢树立制造业是国家崛起、实现两个百年目标战略基石的理念

金融危机后各国发展理念和发展战略的调整，无不显示出实体经济的重要性，发达国家致力于长期保持产业竞争优势的力度在加强，国际间产业竞争加剧的趋势在强化。习近平总书记在谈到大飞机时曾说，发展大型客机是国家战略，是一项异常艰巨的长期任务，每走一步都会很艰难，除了横下一条心埋头实干，别无他法。对于中国制造业而言也是如此。实现两个百年目标要牢牢把握发展实体经济这一坚实基础，要坚定不移地把工业作为实体经济的主体，在国家整体发展战略布局中，在重大体制改革任务中，在中长期宏观政策调整中，突出工业强国在实现两个百年战略目标中的战略地位。要完善工业发展的金融支持环境，完善和规范金融行业服务实体经济的体制机制，创造一个实体经济与虚拟经济相互促进、协调发展的政策和环境。

（二）走出一条具有中国特色的两化深度融合之路，是实现制造强国的必然选择

党的十八大报告提出，要坚持道路自信、理论自信、制度自信。三个自信来自中国发展的进步、来自已取得的伟大成就，中国在信息化、工业化道路的探索中为三个自信提供了新的注脚。全球互联网企业市值最大的20家企业中，中国有9家。中国在移动终端、通信设备、电子商务、即时通信、搜索引擎等领域正在走到世界的前列，并催生出了一系列新技术、新产品、新业态、新模式，形成了大众创业、万众创新的新潮流，激发了全社会的活力。在全球产业竞争的格局中，中国数字经济领域赶超的进程、动因、路径、模式独特，这些变革极有可能孕育着一种中国“新经济”的雏形，这是我们应该密切关注和紧紧把握的重要机遇。可以说，中国数字经济的发展经验为人类的经济发展提供了一笔独特而宝贵的财富。

（三）打造国家产业治理新型能力，是应对新一轮产业变革的当务之急

如同工业经济瓦解了传统农业经济的管理体系和运营模式一样，信息化与工业化的融合发展也将会形成一个新的经济运营模式，以及与之相适应的国家产业治理能力，这一能力将内嵌在国家竞争体系，并将发挥着越来越大的作用。其核心是培育两个基本能力，一是适应性制度的创新能力。跨越发展的背后是技术经济的赶超，也是制度优势的赶超。这需要整个社会形成一种对新技术冲击经济社会影响的快速感知、精准评估、高效决策、实时调整并不断验证优化的新机制。二是复杂经济的管理驾驭能力。两化融合对行业管理提出了新要求，它能够妥善处理鼓励创新和加强监管的关系，能够建立一个允许新经济模式不断孕育、发展和扩散的良好环境，能够建立一种有效管理复杂经济形态的新组织，这也是国家产业治理新型能力的重要组成部分。

（四）全面准确理解和认识市场与政府的关系，不断深化经济体制改革，是制造强国建设的基础和核心

正确认识市场作用和政府作用的关系是实现制造强国道路上必须面对的重大课题。德国工业4.0战略的实施是“举全国之力”“集中力量办大事”的国际版，德国机械设备制造业联合会（VDMA），信息技术、通信与新媒体协会（BITKOM），电气和电子制造商协会（ZVEI）等，以及西门子、博世、SAP组成的工业4.0平台，既是德国工业4.0的发起者、组织者，也是引领者、实施者，它们把联邦政府、州政府、行业协会、研究院所、重点企业力量整合起来，在战略规划、标准规范、信息安全、人才培养等各方面全面推进。美国制造业伙伴计划、国家制造业创新网络（NNMI）中提到，要充分发挥各领域领导厂商的作用。在中国制造强国建设过程中，处理政府与市场的关系，首先要树立统一观，既不能用市场在资源配置中的决定性作用取代甚至否定政府的作用，也不能用更好地发挥政府作用取代甚至否定使市场在资源配置中所起的决定性作用。时代要求我们以问题为导向、以实践来检验，构建发挥政府与市场协同作用的新机制。

三、加快制造强国建设的思考与建议

中国制造业强国建设将伴随着中国崛起全过程，要紧跟时代潮流，把握历史机遇，用三个十年实现从全球制造业第三梯队迈向第二梯队、第一梯队，实现中国制造业由大到强的历史性跨越。近期，应着力做好以下几方面的工作。

（一）树立数字经济发展观

作为全新的经济形态，数字经济需要全新的观念和思维引领，我们倡导形成数字经济发展观，树立信息资源观、万众创新观、企业生态观和产

业融合观，达成全社会推进数字经济发展的共识。

（1）信息资源观。树立信息资源观就是把信息资源放到与劳动、资本、土地等其他财富创造要素同等重要的地位，将信息资源作为产业竞争的重要来源，将信息资源的收集、占有、控制、分配能力作为国家能力的重要组成部分。需要在微观上研究如何将信息资产纳入会计体系中，在宏观上研究如何将信息资产纳入国民经济核算统计体系，并研究基于信息资产的投融资、财税等制度，以及信息资产管理的新模式。

（2）万众创新观。鼓励人人作为主体参与创新活动和过程，不断完善创新的网络化平台，建立健全万众创新的社会服务体系。需要支持企业向扁平化、微型化、网络化发展，为企业间的协同创新提供政策支持。需要构建包含政府、企业、个人、中间组织的社会创新生态，推进创新驱动发展战略的实施。

（3）企业生态观。树立企业生态观，就是要认识到泛在连接与万物智能打破了产业的原有边界，新的产业生态系统正在不断涌现，企业需要在产业生态系统中重新认识价值链分布、重新定位自己的角色、重新审视自己的地位、重新找到发展的方向。要看到围绕生态系统主导权的竞争是产业竞争的最高形态。这要求我们在生态系统的形成、演化中不断调整优化自己的功能定位，在定位优化中不断提升自己的价值链。

（4）产业融合观。无所不在的数据带来了无所不在的服务，信息化模糊了制造业和服务业之间的传统边界。树立产业融合观，就是要看到传统制造业作为有形产品的生产，已经演变为有形物和无形服务捆绑在一起的产品服务系统，要找到一种既不含服务活动也没有置入任何服务关系的制成品已非常困难。产品服务系统持续不断地挑战制造与服务非此即彼的传统逻辑，以及基于这一逻辑的统计体系，我们要越来越清醒地看到传统的三次产业统计在刻画产业发展规律方面的局限性，用融合的产业发展观重新审视产业发展的内在逻辑和规律。

（二）深化制造业与互联网融合发展

（1）建设基于互联网的开放式制造业“双创”平台。大型制造企业规模大、实力强，拥有领先的管理经验、多元的人才储备、丰富的营销渠道和雄厚的资金支持，其主导建设的“双创”平台将面向产业链上下游企业聚合资源、开放资源，构建大中小企业协同共生的创业创新体系。互联网企业、电信运营商拥有便捷的信息通道、成熟的技术优势、广大的客户资源，应鼓励他们建设面向制造企业特别是中小企业的“双创”服务体系，为企业提供研发、投融资、培训、检验检测等服务，降低企业“双创”技术门槛。鼓励地方政府依托辖区内有条件的产业园区和产业集聚区，通过优化人才、资本、园区、税收等政策环境发展“双创”平台和众创空间，培育低门槛、广覆盖、有活力的“双创”生态系统。

（2）积极培育制造业与互联网融合新模式、新业态。培育发展网络化协同制造、个性化定制、服务型制造等制造业新模式。在飞机、汽车、家电等行业推广网络化协同制造模式，加速企业从单打独斗向产业链协同转变，促进产业整体竞争力提升。在家电、服装、家具等行业推广以大规模个性化定制为主导的新型生产模式，有效满足市场多样化需求，实现产销动态平衡。在工程机械、电力设备、风机制造等行业推广服务型制造模式，以提升工业品附加值。培育形成分享制造、工业电子商务、产业链金融等新业态。积极发展面向制造环节的分享经济，打破企业界限，共享技术、设备和服务，以提升中小企业快速响应和柔性高效的供给能力。积极培育工业电子商务等新业态，支持重点行业骨干企业建立行业在线采购、销售、服务平台，推动建设一批第三方电子商务服务平台。选择一批重点城市和重点企业开展产融合作，支持开展信用贷款、融资租赁、质押担保等金融产品和服务创新。

（3）着力发展制造业与互联网融合关键共性技术。在新一轮科技革命和产业变革背景下，制造业基础的内涵更加丰富，急需突破“新四基”，即加快感知和自动控制、核心工业软件、工业网络、工业互联网平台等新型基础能力建设，强化制造业自动化、数字化、智能化基础技术和产业支撑能力，这既是为加强工业 2.0 补课、工业 3.0 普及的现实需要，也是支持我国实现工业 4.0 示范发展的客观要求。面向重点行业智能制造单元、智能生产线、智能车间、智能工厂建设，培育一批面向重点行业的系统解决方案提供商，组织开展行业应用试点示范，力争形成一批融合发展行业优秀的解决方案。实施工业控制系统安全保障能力提升工程，健全完善工业信息安全管理体系，开展安全保障试点示范，加快国家工业信息安全保障中心建设，致力于破解制造业与互联网融合面临的安全保障不强的问题。

（4）建立健全制造业与互联网融合政策保障。深化制造业与互联网融合发展，重点在机制创新，难点在机制创新，突破点也在机制创新。鼓励中央企业设立创新投资基金，引导地方产业投资基金和社会资本，支持大企业互联网“双创”平台建设、创新创意孵化、科技成果转化和新兴产业培育。结合“营改增”改革试点，支持制造企业基于互联网独立开展或与互联网企业合资合作开展新业务，落实好相关新业务所适用的增值税政策。充分发挥现有专项资金的引导和带动作用，组织开展制造业与互联网融合发展试点示范，围绕制造业与互联网融合的关键关节，在制造企业“双创”平台、工业云平台、工业大数据服务、工业电子商务平台、行业系统解决方案、信息物理系统（CPS）等领域，选择若干应用基础好、前景广阔、示范带动作用强的项目开展试点示范，培育一批可复制、可持续的典型。将工业用地政策应用到支持大型制造企业开展“双创”业务上，支持制造企业利用存量房产、土地资源开展“双创”等基于互联网的新业务、新业态，激发大型制造企业创新活力和转型动力。

（三）建立具有竞争力的产业生态系统

制造强国的竞争是产业生态系统的竞争，如何围绕建立具有竞争力的产业生态系统是各种资源和政策聚焦的重点，在相当长的时期内也是大国产业博弈的主要阵地。

（1）强化基础技术支撑能力。当一波一波的新技术涌来并不断推动生产方式持续变革时，最基本的规律是，产业革命的前提首先是技术革命，任何新理念、新业态、新模式的背后最终都会回归到最基本的问题——技术的领先。需要持续推进基础材料、基础工艺、基础装备、基础器件、工业软件、工业电子及交叉融合领域的技术优势，并在虚拟仿真、人工智能、智能工厂、智能产品、信息物理空间等新的技术领域抢占先机。

（2）推动生态系统观落地。在宏观战略规划中，把建立具有竞争力的产业生态系统理论融入国家产业发展战略规划体系中，作为指导产业发展的重要原则、发展目标的核心内容，以及战略任务的重要组成部分。在实践工作中，要围绕产业生态系统主导权的构建，提升企业需求链、产业链、供应链、创新链的快速响应与传导能力，鼓励企业围绕制造资源的碎片化、在线化、再重组、再封装的机遇，培育新技术、新产业、新业态及新的商业模式创新能力，支持企业围绕产品、装备、工具、客户、供应链、第三方应用等新要素构建跨平台操作系统、芯片解决方案、网络解决方案能力，支持企业构建面向智能制造的系统解决方案。

（3）构建新的国家创新体系。在国家层面上，适应跨领域、协同化、网络化的国家创新平台发展趋势，探索国家、企业、院所、中介在交叉融合领域的组织体系和运行机制，通过新机制建立一批跨领域、协同化的产业创新机制。在地方层面，营造万众创新的新环境。不断丰富创客、众筹、众包等创新方式，推动科技创新与体制机制创新、管理创新、模式创新融合的全面创新，通过创业孵化带动产业集聚，完善知识技术与产品产业服务链，加大创业创新多层次融资市场，畅通风险投资、私募股权投资等投资渠道。

（4）支持产业联盟创新发展。产业联盟正成为产业生态系统构建的主导力量、主导产业竞争格局的新主体。从开放手机联盟，到工业 4.0 平台、工业互联网联盟等形成发展，可以看到，产业生态系统化在全球范围内正在形成一批全球性的、超大规模产业联盟，要围绕建立具有竞争力的产业生态系统，以推动技术合作、标准普及、市场拓展、产业整合等为重点，支持各种类型的产业联盟创新发展，创新财政金融及税收机制，把产业联盟打造成为技术体系、标准体系、专利合作、产业生态建设的重要力量，成为配合实施国家战略的生力军，成为参与主导全球产业竞争规则的新主体。

（四）培育数据驱动型企业

企业竞争的本质是在不确定环境下为谋求自身生存与发展而展开的对资源争夺的较量，竞争的内在动力决定了企业需要适应动态变化的市场环境，不断巩固和增强自身的竞争优势。数字经济时代培育数据驱动型企业，是企业生存和发展的需要。数据驱动型企业要培育三个基本能力。

（1）数据集成能力。数据的纵向集成和横向集成水平是数据驱动型企业的基础，是企业数据能力发展阶段的重要标志。在企业产品、设备、部件、生产、研发的各个环节，推进无所不在的感知、连接、计算的基础上，打破工业经济时代传统固有的流程规范，打破长期以来固化僵化的数据流通模式，不断提升企业数据的及时性、准确性、完整性和可执行性，增强企业高效研发、精准管理和科学决策的水平。

（2）资源整合能力。数据的集成是建立在企业对内外部资源高效整合的基础上，在全球竞争从企业竞争向产业链竞争、产业生态系统竞争拓展的背景下，实现产品、机器、资产、渠道、供应商等各环节、跨部门数据共享，依赖于产品全生命周期和制造全流程的资源整合，这一进程既需要有清晰的企业战略、转型路线图和强大的执行力，也需要构建新的商业模式和新型能力体系。

（3）组织变革能力。工业经济向数字经济的转型，在微观企业内部管理层的重要表现是，数据作为一种新管理要素与传统技术、业务流程、组织结构相互影响、相互作用，支撑企业运转和发展。面对基于数据驱动的创新、服务、生产、管理和决策，任何企业都必须在组织和流程上做出及时响应，建立具有弹性、适应性、差异化的新型组织，建立流程驱动、动态灵活的组织形态，以适应市场的快速变化。没有组织及流程的持续变革，就不会有数据驱动型企业，在组织变革上只有起点没有终点。在数字经济时代，组织变革的方向感、动态性、适应性将成为企业竞争力差异化的重要来源，也是企业打造可持续发展的新型能力的重要组成部分。

（五）构建创新开放共享的产业发展环境

数字经济正在成为新动能的重要来源，同时数字经济带来的新机遇与新挑战对政府治理能力提出了更新更高的要求，要加快构建鼓励创新的产业基础和市场环境、法律法规体系、统计体系和信息共享机制。

（1）构建数据开放的理念、政策和机制。加快政府数据开放步伐，研究数据开放的基本原则，制定政府数据资源开放制度规范，建立数据开放平台，编制政府信息资源目录体系，积极有序地推进政府数据的开放开发，以发挥其引领示范效应。开展数据产权的理论研究和示范，完善社会数据开放利用的政策体系和标准规范，推进建立和规范商业化的数据交易市场，为数据资源的流通创造有利条件。

（2）完善鼓励创新的政策制度环境。对于战略性、基础性的薄弱环节和重点领域，要抓住不放，树立长期支持、系统支持、全方位支持的理念，不因一时一事的困难挫折而动摇，直至取得实质性突破。理性务实地面对数字经济发展带来的对传统利益格局的冲击和挑战，以及法规冲突与矛盾，面对互联网金融、电子商务、供应链金融等一系列新业态发展，应建立更加宽容和鼓励创新的理念，留出更多的发展空间，使得管理方式由具体的管理变为设立安全阀、红线的管理。围绕构建自治型的产业生态系统，营造有利于大众创业、万众创新的新环境。

（3）重构面向数字经济的统计体系。建立数字经济统计调查制度，强化统计、监测、分析和预警工作。在传统的统计体系基础上，探索建立与大型电子商务交易平台、运行数据富集型企业的信息采集、分析的新机制，建立实时、系统、准确的国家经济运行监测新机制，开展基于大数据的统计监测试点，健全全面反映数字经济发展的统计体系。选择有条件的地区或产业园区，探索建立经济运行实时动态监测的示范区。

CHAPTER 11

以信息化培育壮大新动能

当前，新一轮科技革命和产业变革正在全球范围内孕育和兴起，正在加速重构全球竞争格局、分工体系和治理模式。以信息化培育新动能，是主动迎接全球新一轮产业革命的战略选择，是推进我国供给侧结构性改革的现实需要，也是实现制造业由大变强的必由之路[1]。以信息化培育新动能，既要改造传统产业以推动“存量变革”，更要发展新兴产业以加快“增量崛起”。近年来，我国大力培育新技术、壮大新产业、发展新业态、新动能，培育成效不断彰显。

一、培育壮大新动能意义重大

新动能覆盖一、二、三产业，重点是以技术创新为引领，以新技术、新产业、新业态、新模式为核心，以知识、技术、信息、数据等新生产要素为支撑，激发经济创新活力、发展潜力和转型动力，全面提升全要素生产率，构建实体经济、科技创新、现代金融、人力资源协同发展的产业体系。

（1）培育壮大新动能是顺应当前全球新一轮产业革命发展趋势的内在

1　怀进鹏 . 以信息化培育新动能 [N]. 人民日报，2016-12-21（007）.

要求。每次产业革命的兴起都带来了经济发展新旧动能的转换，带来了国家竞争实力的此消彼长。当前，互联网、云计算、大数据、人工智能、集成电路等新技术的群体性突破正在加速重构世界经济的新版图，全球经济正处于转换发展理念、调整失衡结构、重构竞争优势的关键节点上，国际社会围绕培育经济增长新动能、抢占新一轮产业革命制高点的竞争愈演愈烈。面对新的形势，我们迫切需要顺应全球新一轮产业变革的发展趋势，抢抓产业竞争的主导权，加快构建新旧动能接续转换的发展格局。

（2）培育壮大新动能是推动供给侧结构性改革的战略举措。建设现代化经济体系，必须以供给侧结构性改革为主线，推动经济发展的质量变革、效率变革、动力变革，提高全要素生产率，这主要是考虑现阶段我国经济发展的主要矛盾是供给结构不能适应需求结构的变化。在新一轮产业革命背景下，万物互联、数据驱动、软件定义、平台支撑、智能主导的特征日益明显，全球高端产品和服务越来越依赖新技术的创新、新产品的培育、新业态的扩散和新模式的应用，新动能的培育已经成为供给侧结构性改革的战略举措。

（3）培育壮大新动能是我国经济实现高质量发展的必然选择。我国经济已由高速增长阶段转向高质量发展阶段，正处在转变发展方式、优化经济结构、转换增长动力的攻关期。培育壮大新动能，就是要构建跨领域、协同化、网络化的创新平台，构建国家创新体系；就是要加快传统产业的数字化、网络化、智能化步伐，推动形成协同化、定制化、柔性化、绿色化的新型产业体系；就是要充分挖掘和发挥数据这一新生产要素的作用，以信息流带动技术流、资金流、人才流，建立生产、流通、分配、消费、监管等经济运行新体系。

二、培育壮大新动能要处理好几个关系

（1）要处理好“增量崛起”与“存量变革”的关系。发展新兴产业，加快“增量崛起”与改造传统产业以推动“存量变革”是新动能培育“硬币”

的两面。发展新兴产业是培育新动能，以电子信息、生物医药、新材料、新能源等为代表的新技术、新产业、新业态是经济体系中最有活力、最有增长潜力的部分，我们必须抢抓机遇、全面部署、加快发展。改造传统产业也是培育新动能，新技术与传统产业的深度融合能够加快构建新的创新体系、组织体系、生产方式和管理模式，激发传统产业的创新活力和转型动力。

（2）要处理好鼓励创新与加强监管的关系。新技术、新业态的广泛应用和普及，带来了新产业的迅速成长、新动能的快速培育，也带来了对传统发展理念、利益格局、政策体系、监管模式的冲击和挑战，必须妥善处理好鼓励创新和加强监管的关系。一方面，要坚持鼓励创新、包容审慎的原则，对新技术、新业态及其影响一时看不准的要先观察，不能一上来就管死；另一方面，要树立红线思维、底线思维，对新技术、新业态及其影响看得准的要量身定制监管模式，对潜在风险大的加强监管，对非法经营的坚决取缔。

（3）要处理好立足当前与着眼长远的关系。新技术、新产业、新业态、新模式的发展是一个持续演进的过程，需要持续分析、判断、评估新经济的特点、水平、潜力及对新动能的贡献和影响，应因时施策、分类施策、精准施策，处理好立足当前和着眼长远的关系。立足当前，就是对技术和产业化已比较成熟、处于快速增长阶段的新兴产业，要做大做强产业集群，打造更多有国际竞争力的“企业航母”，早日挑起经济发展的大梁。着眼长远，就是对处于萌芽状态的战略性新兴产业，要包容审慎监管，超前谋划布局，以掌握未来产业竞争的主动权。

三、我国新动能培育壮大成效初显

新兴产业是经济体系中最有活力、最有增长潜力的部分，各地区、各部门应抢抓机遇、全面部署、加快发展，积极培育新技术、新产业、新业态。

主要表现在以下几个方面。

（1）积极培育新技术。我国正在大力实施创新驱动发展战略，中共中央办公厅、国务院办公厅印发了《深化科技体制改革实施方案》。我国新技术创新已从跟跑为主，进入跟跑在加快、并跑在增多、领跑在涌现的新阶段。一是国家创新体系持续完善。我国建设了一批体现国家意志、具有世界一流水平的国家技术创新中心、重大科技基础设施、战略科技创新基地，已建成世界最大 500 米口径球面射电望远镜（FAST）、超大型高超声速激波风洞等重大科技设施。国家发展和改革委委员会公开数据显示，2017 年全社会研发投入达到 1.75 万亿元，比 2016 年增长 11.6%，占国内生产总值比重连续五年超过 2%，科技贡献率由 2016 年的 56.2% 提高到 57.5%。二是新兴前沿技术不断取得突破。我国启动实施了“科技创新 2030——重大项目”，将加大对空间、海洋、网络、材料、能源等领域的攻关力度。量子通信、人工智能、无人驾驶、3D 打印、新材料、新能源、生物医药等前沿技术领域取得了重大突破，移动通信领域实现了 2G 跟随、3G 突破、4G 并行到 5G 引领的跨越式发展。三是重大科技创新成果不断涌现。我国在深空、深海、深地、深蓝等战略必争领域取得了一批具有国际影响的标志性重大科技创新成果，C919 进入密集试飞期，AG600 首飞成功，ARJ21-700 投入商业运营，“蓝鲸一号”成功试采可燃冰，“海斗”号无人潜水器成功下水，中国标准动车组成功完成世界首次 420km/h 交汇试验，高铁技术正在加速走向世界。

（2）加快壮大新产业。目前，我国正在组织实施战略性新兴产业发展战略，国务院出台了集成电路、大数据、云计算、新一代人工智能、新能源等一系列发展纲要、规划和意见，支持新兴产业快速成长。一是电子信息产业快速发展。近年来，我国的集成电路、平板显示等技术资本密集型产业实现了 20% 以上的年均增长。工业和信息化部公开数据显示，2017 年我国的智能手机、智能电视等智能终端产量占全球 80% 以上，一批骨干企业进入全球前列。2017 年我国的光伏产业链各环节生产规模全球占比均超过 50%，多晶硅、硅片、电池片、组件产量分别增长 24.7%、34.3%、

33.3%和31.7%。二是网络基础设施快速普及。我国已建成全球规模最大的4G网络，4G用户近10亿人，渗透率达70%，超过发达国家平均水平。窄带物联网商用网络市场规模占全球比例达到90%。工业和信息化部公开数据显示，2017年我国的电信业务总量已达到2.76万亿元，比2016年增长76.4%，互联网行业收入比2016年增长40%，阿里、腾讯等9家企业进入全球互联网企业市值前20名。三是新能源汽车产业规模快速扩张。近几年，我国的新能源汽车累计销售超过180万辆，占全球市场保有量50%以上，2017年其产量比2016年增长51.2%，比亚迪、吉利、北汽等企业进入全球电动乘用车销量前10名。

（3）大力发展新业态。围绕培育发展电子商务、分享经济、快递物流等新业态、新模式，国务院及有关部门出台了一系列指导性文件，各地区、各部门积极营造“鼓励创新发展、包容审慎监管”的环境，电子商务、网络支付、分享经济、在线教育、远程医疗等新业态、新模式不断涌现，推动形成了新的消费理念、商业模式和产业形态。2017年，我国规模以上服务业中战略性新兴服务业营业收入比2016年增长17.3%。一是零售新业态不断涌现。电子商务、社交媒体等线上技术、资本、业务正在加速与连锁超市等线下实体店融合，社交电商、无人超市等零售新业态开始兴起。2017年，我国的网上零售额近7.2万亿元，年均增长30%以上，其中网上商品零售额为5.48万亿元，增长28%，占社会消费品零售总额的比重为15%，我国已成为全球最大的网上零售市场。二是网络支付全球领先。2017年，我国非银行支付机构发生网络支付业务2867.5亿笔、143.3万亿元，同比分别增长75.0%和44.3%。银行业金融机构共处理移动支付业务375.5亿笔、202.9万亿元，同比分别增长46.1%和28.8%，居全球首位。三是分享经济迅速兴起。2017年，中国分享经济市场交易规模约为4.5万亿元，网络约车日均订单数超2500万单，共享单车用户规模超3亿人，市场上参与提供服务者6000万人。

另外，传统产业是当前和今后一个时期我国经济结构调整的重点，通过引入新技术、新管理、新模式，推动工业和服务业在改造升级中焕发出强大的生机和活力。主要表现在以下几个方面。

（1）加快推进工业转型升级。深入实施中国智能制造战略规划，持续推进制造业创新中心、工业强基、智能制造、绿色制造等重大工程，工业转型升级取得新突破。一是创新驱动能力显著提升。坚持把创新摆在制造业发展全局的核心位置，创建了 5 个国家制造业创新中心，培育了 48 家省级制造业创新中心。高端航空紧部件、高标准轴承钢材料等一批“卡脖子”问题得到解决。2017 年，我国规模以上工业企业研发投入超过万亿元，投入强度达到 0.94%，进入全球工业研发投入 100 强的企业已达到 7 家。二是产业高端化迈出新步伐。我国在集成电路、新能源汽车、大飞机、航空发动机及燃气轮机、新材料、5G 等领域取得一批标志性成果，高铁、核电、卫星等成体系走出国门，成为代表“中国制造”的世界名片。三是融合发展水平迈上新台阶。国务院出台了《关于深化制造业与互联网融合发展的指导意见》《关于深化“互联网 + 先进制造业”发展工业互联网的指导意见》，制造业正在加快向数字化、网络化、智能化方向延伸拓展，软件定义、数据驱动、平台支撑、服务增值、智能主导的特征日趋明显，2017 年，我国规模以上工业企业数字化研发设计工具普及率、关键工序数控化率、生产设备数字化率、数字化设备联网率分别达到 67.4%、48.4%、45.9% 和 39.4%[1]，培育了一批工业互联网平台。

（2）推动服务业创新发展。国务院及有关部门出台了一系列支持生产性服务业、生活性服务业及服务业创新发展的重大举措，已开展新一轮服务业综合改革试点，以推动服务新业态新模式不断创新。一是生产性服务业不断壮大。信息技术与现代管理不断融入物流、金融、采购、咨询等生产性服务业的设计、运营、交付全流程，推动了生产性服务业向后台运营联合化、技术支撑平台化、运作流程标准化、前台操作自动化的方向发展，2017 年我国的软件和信息技术服务业比 2016 年增长 13.9%，金融、物流、信息等生产性服务业占国内生产总值的比重超过 20%。二是生活性服务业快速发展。支持社会力量提供教育、养老、医疗等服务，推动服务模式创

1 数据来源：两化融合服务平台 www.cspiii.com.

新和跨界融合。旅游、文化、商业、健康、养老等服务业快速发展，2017年国内、出境游客分别达到50亿人次、1.3亿人次，比2016年增长12.8%和5.7%。三是“互联网+”政务服务深入推进。政务信息系统整合共享和优化政务服务工作取得重要进展，医保、社保即时结算和跨区统筹取得新进展。全面推广“一号申请”“一窗受理”“一网通办”“最多跑一次”等网上政务服务在多地开展。

CHAPTER 12

制造业是分享经济的主战场

分享经济的本质是通过分享与所有权相分离的使用权，以隐性服务能力的市场化实现闲置资源的高效配置，促使社会福利进行效率导向的按需分配。国际金融危机以来，互联网、宽带、云计算、大数据、物联网、移动支付、基于位置的服务（LBS）等现代信息技术及其创新应用的快速发展，推动分享渠道成本趋近于零和分享者数量呈指数增长，使分享经济逐步产业化、市场化。制造业是分享经济向纵深发展的重点领域，分享经济在制造领域的创新正成为制造业变革资源配置方式、提升资源配置效率的有效方式。

一、消费领域经历了分享经济的早春

(1)分享经济是互联网发展的重要趋势和方向。交通、汽车、房屋、餐饮、教育、医疗等面向个人消费者领域的分享经济快速发展，滴滴出行、神州专车、小猪短租、回家吃饭等分享经济的新业态层出不穷。分享经济渗透到越来越多的行业中，其模式创新也日益丰富。在交通领域，出行分享成为传统出行需求与大数据、移动互联网等新技术交叉组合、叠加应用下催生出的全新出行模式，滴滴出行公开数据显示，滴滴出行平台为全国400多个城市的4.5亿名用户，提供了超过74.3亿次的移动出行服务，为出租车司机链接了11亿次出行需求；运满满汇聚了全国接近80%的公路干线重卡运力，平台上单车月行驶里程由9000千米提高到12000千米，平均找货时间由2.27天降低为0.38天。在生活服务领域，互联网、大数据与传统服务模式不断结合，闲置资源分享与上门服务成为发展趋势。家政、美容、外卖、社区配送等领域一批解决用户“最后一公里”难题的新模式、新应用、新业态不断涌现，2017年我国的生活服务类市场交易额达到1.3万亿元，增速为82.7%，融资规模达到512亿元[1]。

（2）在消费环节分享经济迅速成长的同时，知识技能分享孕育而生。所谓知识技能分享，就是把个人或机构分散、盈余的知识技能等智力资源在互联网平台上集中起来，以免费或付费的形式分享给特定的个人或机构，最大限度利用全社会的智力资源，以更高的效率、更低的成本满足生产及生活服务需求。知识技能分享近年来发展十分迅速，行业规模不断扩张，业务内容不断丰富，参与主体更加壮大，总体呈现出欣欣向荣的积极态势。一方面垂直型平台在各个领域不断涌现。“互联网+”与传统行业的结合在不同领域产生了一批垂直型分享平台。在创意设计领域，猪八戒网异军突起，目前平台注册用户达1900万人，其中雇主发包方涵盖中小微企业超过700万家，人才提供方服务商达到1300万家，其提供企业管理服务、品牌创意服务、企业营销服务、产品制造服务、软件开发服务以及个人生活服务等。在语言翻译领域，出现了译言网、做到等。在科学研究方面，出现了易科学。在医疗服务领域，出现了名医主刀等。

（3）随着实践的不断发展，分享经济生态化发展趋势明显。平台企业在主营业务基础上衍生出一系列配套服务，如交通领域除了汽车分享以外，还有代驾、试驾服务；短租领域衍生出保洁、入住管家等服务；家政领域出现中介服务、居家养老、日间照料等服务。另外，平台企业之间也在探索深度合作模式，如知呱呱与优客工场合作，为入驻企业定期举办知识产

1　数据来源：国家信息中心分享经济研究中心，《中国共享经济发展年度报告（2018）》。

权讲座、沙龙、培训等活动，将知识产权服务与办公分享深度融合。在更加激烈的市场竞争格局下，未来跨界合作将更加普遍。

（4）国内分享经济保持高速发展态势，创新实践丰富，对拉动经济增长和解决就业起到重要作用。国家信息中心的研究显示，2017 年全年中国分享经济市场交易规模约为 4.9 万亿元，网络约车日均订单数超过 2500 万，共享单车用户规模超过 3 亿人，市场上参与提供服务者达到 6000 万人。未来五年分享经济年均增长速度在 30%。但总体上来看，分享经济的发展才刚刚起步，属于早春阶段，距离“春色满园”还需要一个时期的发展。

二、制造业将成为分享经济的主战场

2016 年 5 月国务院出台的《关于深化制造业与互联网融合发展的指导意见》开篇给出了制造业与互联网融合的明确定位：制造业是国民经济的主体，是实施“互联网 +”行动的主战场。中国是制造业大国，也是互联网大国，如果能够发挥制造业与互联网的优势，将两个优势叠加起来，使其产生化学反应，能够形成一种聚合效应。在这种聚合效应的基础上，会产生一种倍增效应。所以“互联网 +”，不是“加”，而是“乘”，正如《国务院关于深化制造业与互联网融合发展的指导意见》中所提到的，“推动制造业与互联网融合，有利于形成叠加效应、聚合效应、倍增效应”。

（1）制造业是分享经济真正的主战场。分享经济的春天，将从分享消费资料走向分享生产资料，从消费环节的分享经济走向生产环节的分享经济，从为个人消费者服务到为企业服务，从提高交易效率到提高生产率。一方面，制造业企业中长期存有闲置的生产设备和检测仪器，大量的资产设备未能得到有效的利用，造成企业生产、维护等成本增加；另一方面，大量中小企业在发展过程中面临生产资源不平衡等问题，无法负担起高价值设备和仪器购买、调试、使用、维护等费用。这就为分享经济在制造业的普及应用提供了天然的沃土。此外，生产资料的整合分享不仅可以降低生产成本、提高生产率，也让按照客户需求的定制化服务变得更加容易。据国家信息中心估算统计，2017 年我国制造业产能共享市场交易额约为 4120 亿元，较 2016 年增长 25%，平台上提供服务的企业数超过 20 万家。

（2）制造业分享经济已经出现萌芽。沈阳机床集团开发出具有网络智能功能的“i5 智能化数控系统”，它通过互联网平台，用融资性租赁、经营性租赁、生产力租赁等金融和经营等手段，以即时付费（Pay online in time by Data）的方式，实现按用户需求（on Demand）销售，信息的充分对接、工厂柔性化生产等减少了企业搜索成本、生产成本和管理成本。阿里巴巴 1688 淘工厂平台采用 Made in Internet 的方式，整合分散闲置的资源，实现精准的买卖匹配和精准的订单匹配，通过重新配置资源以拉动新的消费需求，平台上超过 25000 家工厂专门为定制化需求服务，覆盖服装、家居、工业品等 49 个一级行业和 1709 个二级行业，已经形成一套个性化柔性生产的供应链。宁夏共享集团联合树根互联打造工业云平台 KOCEL，专注于铸造行业、加工行业，汇聚铸造加工优势资源，提供协同制造、供应链管理、技术分享、铸软订阅等服务，一站式地解决了合作企业的生产需求和产能问题。

基于这些新趋势、新探索，《关于深化制造业与互联网融合发展的指导意见》专门提及了制造环节的分享经济：“推动中小企业制造资源与互联网平台全面对接，实现制造能力的在线发布、协同和交易，积极发展面向制造环节的分享经济，打破企业界限，共享技术、设备和服务，提升中小企业快速响应和柔性高效的供给能力。”

（3）制造业分享经济蓬勃发展的标志是形成一批基于互联网的开放式分享平台。如航天科工打造的航天云网，阿里巴巴 1688 淘工厂平台，沈阳机床厂推出的 ISESOL，海尔推出了海创汇、Hope、COSMO 三大平台等，它们通过搭建第三方共享平台，将闲置资源以轻资产方式充分整合调动社会优质资源和闲置产能，企业购买的不是设备，而是设备能力；企业拥有的是设备使用权，而不是设备的所有权。设备提供商提供的也不再是设备，而是一整套的智能工厂解决方案，设备提供商也就因此成为了生产能力的供应方，为大量中小微企业提供低成本、低门槛、低风险的加工制造服务。基于开放式的共享平台，实现了企业间研发、设计、生产等各环节的协同运营与供需对接，实现了资源优化配置从局部走向全局，已成为制造业分享经济的重要标志。

三、分享制造：化解制造业困境的有益探索

随着分享经济从消费环节逐渐渗透到制造环节，分享经济为各类制造业中小企业的发展提供了难得的机遇、广阔的市场空间。分享经济的实践探索，能够实现中小企业低成本、低门槛地使用更优质的制造资源，化解中小企业缺资金、缺技术、缺人才、缺理念等四缺问题。

（1）化解企业资金短缺困境。分享制造改变了传统制造业依靠投资和扩张带动制造业增长的模式，从购买设备转变到购买能力，优化制造体系中研发、设计、制造、运输、服务等各个环节的资源配置，实现不同地域制造资源的供需对接、分享交易，通过以租代买、按时付费的方式减少企业资金投入，化解中小企业发展过程中资金短缺的困境。

（2）降低企业技术提升门槛。分享制造也为企业技术获取、应用、交流搭建了一个技术汇聚平台，为企业提供持续有效的系统性技术供给和共享解决方案，使企业能够在线发布技术需求，并获取适合自身发展的技术改造解决方案，从而降低了企业应用技术提升核心竞争力的门槛，化解了中小企业发展过程中技术支撑不足的难题。

（3）弥补企业人才不足缺陷。分享制造打破了传统的制造业人才“全时雇佣”关系，使得人才的就业方式更加灵活的同时，也增加了就业渠道与岗位，使得企业能够以较低成本共享设计人员、技术人员、维护人员及相关领域行业专家，通过在线专家库、技师库等实现制造人才技能的持续输出及合理流动，有效解决了企业发展过程中专业人才短缺的问题。

（4）破除企业理念落后壁垒。分享制造打通了行业信息不对称，促进

了行业内优秀解决方案和发展案例模式的共享传播，使得制造业中小企业能够结合自身发展基础，调整企业经营发展过程的方向和业务重心，促进新理念、新模式在自身企业发展转型过程中应用落地，帮助企业顺应制造业发展潮流，解决企业发展理念落后、经验缺失的问题。

四、分享制造的内在机理

早在30年前，分享经济的概念就已经出现，但直到近几年分享经济才成为各界广泛关注的话题。分享经济的核心从交易“产品”延伸到交易“能力”，滴滴出行交易的是“出行能力”，沈阳i5机床交易的是“加工能力”，猪八戒网交易的是“设计能力”。分享经济这两年得以蓬勃发展，是因为信息通信技术尤其是移动互联网的发展解决了分享交易能力的三个最基本的问题，第一个问题是谁和谁分享，第二个问题是分享什么，第三个问题是怎么分享。

（1）谁和谁分享，关于“Who”的问题。从实践来看，在具有长尾特征的市场中，无论是闲置资源的拥有者，还是希望分享闲置资源的参与者，供需双方的信息是碎片化的。一是闲置资产提供主体的信息是碎片化的，市场上充斥着无数交易主体的信息；二是闲置资产的空间分布是碎片化的，资产分布充满不确定性；三是资源可利用时间是碎片化的，可用资源是实时动态变化的，今天提供了，可能明天就没有了，所以资源对接存在困难。而信息通信技术，尤其是互联网提供了一个平台，实现了将分散的供需双方精准匹配，解决了谁和谁分享、谁和谁交易的问题。

（2）分享什么，关于“What”的问题。各种“能力”是分享和交易的对象，为什么“能力”可以分享和交易？因为信息通信技术解决了“能力”交易时的计量问题。没有计量就没有交易，当交易的双方对于交易的时间、价格、产品形态、收益等都无法计量时，交易是没有办法完成的。有形产品所有权的转让相对简单，而无形的服务能力的度量非常复杂。过去机床企业通过卖机床给客户的方式赚钱，现在机床企业要通过机床的加工时间、精度或加工产品的数量来收费，而当交易双方不能对机床加工的时间、产品、精度、数量等指标进行准确计量时，这种分享是不可能实现的。而信息通信技术的发展为“能力”计量提供了实现手段，如i5机床可以计量一定加工精度条件下零部件的加工数量，滴滴出行可以利用实时距离数据去计量交通出行能力，只有按照时间、里程、产量、精度等对各种“能力”实现计量时，交易才会达成。

（3）怎么分享，关于“How”的问题。“能力”的交易是否可实现，还取决于交易成本是否足够低。信息通信技术的出现、发展和应用，带来了交易过程的搜寻成本、物流成本、制度成本、支付成本、信用成本的最小化。为什么分享经济如今势头强劲？因为信息通信技术高效率地解决了谁和谁交易、交易什么、怎么交易的三个基本问题。

当前，尽管分享经济大部分仍出现在消费环节，但是可以预期，未来分享经济将会大踏步地进入制造环节。中国智能制造市场的独特性孕育着分享经济的巨大商机，当前我国部分行业工厂的设备利用率不超过60%，甚至有一些行业不超过30%，监测设备只有10%，这为未来分享经济发展提供了巨大市场。

分享经济的早春已过，百花齐放尚需时日。我们期待的分享经济的春天不是“竹外桃花三两枝”，不仅仅是面向消费者的分享经济，也不仅仅是面向生活资料的分享经济。分享经济应该是“万紫千红总是春”，从分享生活资料到分享生产资料，从消费环节进入制造环节，从为消费者服务到为企业服务，从提高交易效率到提高生产率。我们需要积极拥抱分享经济、融入产业变革的潮流中。

CHAPTER 13

探索服务型制造的路线图

产业升级的本质是生产要素成本攀升与产业价值链提升之间的一场马拉松，这场竞赛决定了一个国家能否迈过中等收入陷阱、能否冲破高收入之墙。以服务型制造提升产业价值链，是信息化时代一个企业乃至一个国家赢得这场竞赛的关键。信息技术在工业领域渗透融合带来的制造技术变革、竞争格局调整、市场需求变化等是服务型制造快速发展的核心动力。中国智能制造战略规划清晰描绘了服务型制造的路线图，我国制造领域也涌现出一批基于产品设计、产品效能提升、产品交易便捷化及产品整合的增值服务新模式，以服务化引领高端化将成为我国实现制造强国的必由之路。

一、数字经济时代服务型制造新特点

越来越多的制造企业围绕产品全生命周期的各个环节，不断融入能够带来商业价值的增值服务，实现从提供单一产品向提供产品和服务系统转变，当前服务型制造业正呈现一些新特征。

（1）转型主体的广泛性。服务型制造不是始于今天，但服务化转型对于制造业而言从来没有像今天这样广泛、深入和彻底。1919 年通用汽车（GM）成立了信贷公司，以提供专业化的汽车金融服务开辟了汽车竞争的新战场；20 世纪 80 年代卡特彼勒构建产品全生命周期服务体系以应对日本企业的低价竞争策略；世纪之交，IBM 初步实现了从一个 IT 硬件提供商向系统解决方案提供商的转型。过去这样的成功转型是凤毛麟角，但今天，服务化转型正在演变成制造领军企业的共同战略和群体行为，制造业领军企业大多已成功转型为服务型制造商。麦肯锡全球研究所的调查显示，目前服务业务收入已占世界 500 强中制造企业总收入的 25%，其中 19% 的制造企业服务业务收入超过总收入的 50%。根据对主要国家制造业上市公司的分析，美国、德国等国服务型制造企业的比例已超过 50%，而中国不到 1%。

（2）服务业态的多元化。今天的消费者要找到一种既不含服务活动也没有植入任何服务关系的制成品已非常困难，服务和产品如影随形，服务以各种形态融入产品全生命周期的各个环节。罗尔斯·罗伊斯公司以出售航空发动机飞行时间的方式持续创新业务模式；通用汽车（GM）通过 OnStar 把自己打造成一个面向驾驶者的综合信息服务集成商；爱立信已成功转型为面向电信运营商的通信网络设备建设、运维、管理的综合服务商；陕鼓集团从鼓风机设备提供商转变为提供工业气体整体解决方案提供商；苹果公司试图通过手机健康管理 App 成为个人医疗服务提供者。信息化不断丰富服务手段和形态，服务变得有形化、可存储、可贸易。服务如水，水的形态既可在固体、液体、气体之间转换，也可以随地形走势变化调整存在形式，服务可以以各种形式融入产品设计、生产过程、流通交付、维护管理、价值提升的方方面面，有价值创造的可能就有服务形态的出现，这也给我们认识和把握服务型制造的规律带来很多挑战。

（3）产业竞争的新焦点。服务化是全球制造业价值链的主要增值点，是国际产业竞争的焦点，也是制造企业走向高端的战略必争领域。德国工业 4.0、美国工业互联网、中国智能制造战略规划都把服务型制造作为战略核心。（服）务联网（Internet of service）是工业 4.0 的核心理念，西门子、博世、蒂森克虏伯等围绕工业 4.0 正在转型为智能制造系统解决方案提供商。正如德国专家所说，工业 4.0 和智能服务是数字化竞争中硬币的两面，拥有工业 4.0 和智能服务两大理念后，德国在数字化时代的工业政策才更加完整。中国智能制造战略规划把发展服务型制造作为制造强国建设的重要内容，提出生产性服务业是制造业转型升级的重要支点，是中国装备走向世界的重要支撑，是产业价值链提升的必由之路。

服务型制造的过程，是商业模式创新的过程，是价值链重构的过程，是竞争优势重塑的过程。制造业服务化本质是一种范围经济，这种范围经济来自企业资产的通用性。实践表明，服务型制造转型的关键在于企业知识资产的稀缺性、不可模仿性和共享性，只有那些拥有高质量的技术资源、人才资源、管理资源、品牌资源、渠道资源、客户资源，并持续推进组织流程创新、商业模式创新的企业才能成为服务型制造的领先者。

二、服务型制造发展的动力机制

服务型制造的本质是一种范围经济，企业具有实现范围经济的内在动力，制造技术变革、竞争格局调整、市场需求变化等诸多因素正在影响和制约制造企业的服务化转型。

（一）市场需求正在从产品导向向产品服务系统转变

服务型制造发展的动力来自市场竞争，以及客户市场需求的变化，这种变化既可能是由客户行为引发的，也可能是由产品的技术特征决定的。首先，随着经济的发展，越来越多的顾客不再满足于企业提供的产品本身，而是进一步需要与物品相伴随的服务。其次，随着新技术、新工艺的不断涌现，产品技术和功能的复杂性越来越高，使产品的设计、生产、销售、流通、交付、安装、培训、维护、回收等各个环节对于服务的需求越来越强烈，产品服务的难度越来越高，这为制造企业提供相应的服务产品创造了条件。最后，随着信息通信技术创新应用不断加快，传感技术、计算机技术、软件技术、通信技术不断“嵌入”到制造业的产品中，产品的智能化水平不断提高，使得企业能够开展基于智能产品的远程诊断、在线检测等各类增值服务。

（二）高价值环节从制造环节为主向服务环节为主转变

从产业价值链来看，能够决定产品异质化程度的环节往往是获利最丰厚的环节，这些环节往往在价值链的两端：一端是价值链的上游环节，如研发设计；另一端是价值链的下游环节，如售后服务。于是，制造企业纷纷打服务战，进入产业价值链的不同环节，进行价值链的重构，将产品和服务进行捆绑销售，以便在满足消费者需求的同时实现价值链多环节的利润。首先，研发设计信息化推动了制造业价值链重构。服务型制造转型的关键在于实现产业价值链的最大化，而研发与设计正成为创造制造业价值最重要的组成部分，部分研发设计也从传统的制造企业分离出来，成为独立的业态，如在集成电路、汽车、手机等行业中，涌现出了一批专门从事研发和设计的企业。其次，物流现代化成为企业价值的重要来源。在信息技术的推动下，物流正在进入供应链时代，物流与生产、采购、销售及信息相结合，加快了企业内部和企业之间所有物流活动和所有商业活动的集成，也推动了第三方物流实现物流作业的高效化、物流管理的信息化、物流设施的现代化、物流运作的专业化、物流量的规模化，从而提高产品流通的及时性、准确性，并降低成本。最后，电子商务已成为提升企业核心竞争力的重要途径。信息化正在改变企业传统的采购和销售模式，有效降低了交易成本，提高了运作效率，使得企业能够提供便捷有效的客户服务。

（三）竞争优势从规模化供给能力向个性化供给能力转变

从短缺经济向过剩经济转变的过程中，企业都在通过产品的差异化竞争寻求和巩固自身的竞争优势。产品差别化可以深刻地影响顾客的需求，使顾客对某些企业或某些品牌的产品产生偏好甚至愿意支付溢价。因此，个性化定制削弱了产品的可替代性，成为企业获取竞争优势的一种手段。

当前，技术的进步使同质化产品大量进入市场，价格变化成为消费者选择产品的关键因素。利用互联网平台和智能工厂建设，将用户需求直接转化为生产排单，从而为用户提供按需的产品服务，正成为制造企业实施差异化策略、形成企业竞争优势的重要途径。许多管理者把服务看作是创造新商机的途径，而成熟行业的管理者则把服务作为差异化的工具，以延伸产品的生命周期。

（四）客户交易正在从短期交易向长期交易方式转变

市场竞争形态正在从单一企业竞争演变为产业链竞争，竞争不断加剧正使得企业更加关注产业链上下游企业及供应商之间的关系，企业试图建立更加稳固的供应链体系以不断降低交易成本、消除生产经营的不确定性、形成更紧密的合作关系，使得传统的基于一次性购买的短期接触变为持续的多次服务过程，甚至是终身服务的长期共生关系，客户交易正在从一次性交易向长期服务方式转变。

首先，长期交易降低了企业间的交易成本。就企业生产而言，与交易发生频率有关的合作常常发生在有纵向联系的制造企业和经销商、供应商之间，这些处于上下游的企业之间由于存在较高的交易频率而易于建立供销联盟来稳定交易关系，它降低了发现价格、谈判签约、监督履约等相关费用，企业试图建立一个将供应商、分销商、零销商，直到最终用户连成一个整体的网络。

其次，长期交易有利于制造企业提供更好的产品和个性化服务。生产企业越来越倾向与顾客开展长期合作，在长期接触过程中，生产者可以更全面、更系统、更准确地了解顾客需求，与顾客围绕产品研发设计、供应链管理、设备监测与维护等领域开展各种协作，在顾客的参与下可以很容易地满足其需求，这将促使生产者提供更好的个性化产品、更完善的供应链体系，以提高其核心竞争力。

最后，长期交易有利于消除企业经营中的不确定性。从交易的不确定性特征看，建立企业间长期协作关系，可充分利用组织的稳定性抵消外部市场环境中的不确定性，有利于借助组织制度形式来分摊组织风险和提高组织效率。

三、我国服务型制造的现状

近年来，国务院印发了《关于加快发展生产性服务业 促进产业结构调整升级的指导意见》等相关文件，工业和信息化部、国家发展和改革委员会、中国工程院出台了《发展服务型制造专项行动指南》，有关主管部门在深化服务领域体制改革、降低服务业门槛、扩大出口退税政策等方面出台了一系列政策措施，为服务型制造发展创造了良好的市场环境。在市场需求和政策推动下，国内一些制造企业开始借助互联网加快服务化转型步伐，它们在发展服务型制造方面开展了富有成效的探索，在航空航天、工程机械、汽车制造、通信设备、信息技术等行业领域涌现出一批成功的案例。两化融合服务联盟数据显示，截至2018年6月底，开展服务型制造的企业比例为24.7%，各重点行业水平如表13-1所示。

表13-1　2018年6月各重点行业开展服务型制造的企业比例

行　　业	开展服务型制造的企业比例
交通设备制造	27.7%
机械	23.0%
纺织	19.9%
轻工	22.6%
电子	28.9%

图表来源：根据两化融合服务平台（http://www.cspiii.com）数据整理

从服务形态来看，当前我国服务型制造主要呈现出以下几种类型。

（一）基于产品设计的增值服务

当前，国内制造企业越来越重视通过对产品的功能、结构、形态及包装进行设计创新，以满足消费者不断提升的深层功能需求和个性化需求，许多在市场竞争中占优势的制造企业都把产品设计服务看作是提高产品附加值、提升产品品牌价值的重要手段，看作是抢占市场、赢得顾客的有效途径。

（1）工业设计服务。一些制造企业密切关注产品设计的细节，为将产品做到极致满足目标消费群体而服务，在此过程中逐渐将卖产品转变成卖服务，以产品功能和外观设计服务为主要内容的工业设计已广泛应用于轻工、纺织、机械、电子信息等行业。

（2）个性化的产品设计服务。在服装、电子、汽车、家具等领域，以产品为核心的传统制造向以消费者为中心的服务型制造转变，消费者深度参与的个性化产品设计模式是大规模定制的基本内容，制造企业通过将消费者的个性化需求融入到产品设计过程之中，引进消费者成为合作生产者，在价值链各环节为消费者提供符合其个性化需要的产品系统，以实现顾客的价值。

（二）基于产品效能提升的增值服务

市场竞争的加剧使得制造企业通过服务不断提升产品价值，以满足客户的需要，实现产品运行的稳定性、效用的最大化，从而更好地体现差异化竞争，创造利润并锁定顾客，并在新一轮的竞争中脱颖而出。

（1）产品全生命周期服务。信息技术不断融入到工业产品中，产品的智能化水平不断提升，生产设备（制造装备、电信设备等）及大宗消费品（汽车等）的智能化水平不断提升，为产品的实时诊断、预警和及时服务创造了条件。在这一背景下，越来越多的企业把产品全生命周期服务支持作为收入的重要来源，与之相关的服务包括远程诊断服务、实时维修服务、外包服务和运营服务等。两化融合服务联盟的数据显示，2016 年我国装备制造业、消费品行业开展产品在线服务延伸的企业比例分别达到4.4%、6.1%。

（2）实时响应的个人数字化服务。以互联网为代表的信息通信技术加速向传统产业融合渗透，从根本上改变了服务产品无形性、不可存储性、生产和消费同时性等传统属性，极大地促进了制造业与服务业的关联性和协同性，加快了服务型制造进程。尤其是随着传感器、芯片、软件、存储等技术的持续更新及物联网（IoT）的快速发展，手机、电视、汽车、穿戴设备（如衣服、鞋子、帽子、手表）等越来越多的生活用品成为智能化的网络终端，一方面使制造企业能够通过硬件产品与内容服务的有机融合，为客户带来动态化个性体验，另一方面也使制造企业能够通过监测、整理和分析产品使用过程中的数据，为客户提供实时化、智能化的产品增值服务。

（三）基于产品交易便捷化的增值服务

在网络交易蓬勃发展的背景下，制造企业正通过多元化的金融服务、精准化的供应链管理、便捷化的电子商务为客户提供更富有竞争力的产品和服务。

（1）多元化的金融融资服务。随着工业产品从卖方市场转向买方市场的时候，生产企业为了解决消费者一次性巨额支付等问题，许多企业借助信息化手段在产品流通销售、消费及使用阶段提供包括分期付款、赊销等方式的金融服务，以此降低了购买者对一次性固定设备的资金投入，提高了资金使用率和收益率，促进了市场的快速扩张。

（2）精准化供应链管理服务。制造企业通过搭建互联网平台整合上下游资源，建立产供销各方的物流、信息流和资金流协同一体的运作体系，提供面向客户的库存管理、零部件管理、实时补货和物流配送等服务，对客户交付需求实时响应，一方面通过开辟服务项目增加了企业的收入，另一方面也通过优化的业务运营提高了合作伙伴的效益。

（3）便捷化的电子商务服务。随着信息技术在市场交易环节的广泛应用，面向客户的便捷化电子商务服务成为企业竞争力提升的重要来源。制造企业通过建立面向客户的电子营销体系，实现经营管理系统与制造单元、分销渠道信息系统的集成，通过质量异议全程跟踪和客户订单全程跟踪，强化了从工厂到客户的全过程服务，提高了客户要求响应速度，提升了客户满意度。两化融合服务联盟的数据显示，2016 年我国装备制造业、消费品行业开展网络精准营销的企业比例分别为 13.6%、11.8%，其中汽车整车制造行业高达 25.7%。

（四）基于产品整合的增值服务

中国智能制造战略规划的总体思路提出，以加快新一代信息技术与制造业深度融合为主线，以推进智能制造为主攻方向。智能制造生态系统竞争是产业竞争的制高点，构建开放、共享、协作的智能制造产业生态系统也是制造强国建设的重要内容。从实践来看，制造企业面对的客户需求在很多时候并不是单一的产品，而是产品组合及其协调运转所带来的某种功能，制造企业在多大程度上能为客户提供产品的集成及全面解决方案，正成为企业提升竞争力、满足客户需求、赢得市场的重要手段和途径。就制造企业而言，一体化的安装、集成化的专业服务正成为扩展业务的重要模式。

四、树立服务型制造的发展观

面对全球服务型制造转型的新趋势，推动我国服务型制造需要全新的观念和思维引领，树立产业融合观、生态系统观和创新引领观，以此形成全社会推动服务型制造的共识。

（1）树立产业融合观。树立产业融合观，首先要重新认识产业结构演进规律，要看到制造业作为有形产品的生产，已经演变为有形物和无形服务捆绑在一起的产品服务系统。产品服务系统持续不断地挑战制造与服务非此即彼的传统逻辑，以及基于这一逻辑的统计体系，我们要越来越清醒地看到传统的三次产业统计在刻画产业发展规律方面的局限性，用融合的产业发展观重新审视产业发展的内在逻辑和规律。同时，要把服务型制造作为产业结构优化升级的方向，把这一理念融入产业发展战略规划体系，作为指导产业发展的重要原则、发展目标的核心内容，以及战略任务的重要组成部分。

（2）树立生态系统观。树立生态系统观，就是要认识到泛在连接与万物智能打破了产业的原有边界，制造与服务的融合加速了新的产业生态系统的构建，制造企业需要在产业生态系统中重新认识价值链分布、定位自己的角色、审视自己的地位、找到发展的方向。要看到围绕生态系统主导权的竞争是产业竞争的最高形态，通过围绕产业生态系统主导权的构建，提升企业需求链、产业链、供应链、创新链的快速响应与传导能力，鼓励企业围绕制造资源的碎片化、在线化、再重组、再封装的机遇培育新技术、新产业、新业态及新的商业模式创新能力。这要求企业要有长远的视野、合作的意识、开放的心态、共赢的理念，在生态系统的形成、演化中不断调整优化自己的功能定位，在定位优化中不断提升自己的价值链。

（3）树立创新引领观。对于绝大多数中国企业来说，它们都在全球产业竞争中仍在追赶的道路上艰难跋涉，企业习惯了跟随，并肩和领跑仍是一个很遥远的目标。服务型制造的最大挑战在于，每一个企业服务化转型道路都是独特的，每个企业都需要结合自己的业务实践，量身定制清晰的服务化转型发展战略，创新性地开拓面向服务的新业务，构建面向服务业务组织新架构，建立面向服务化的商业模式创新，这些都需要企业持续推进各个层面的创新，这给习惯在产品制造层面长期跟随的中国企业带来很多不适应，改变这一格局最根本的途径在于树立创新引领观，服务型制造的过程是企业持续推进技术创新、组织创新、管理创新和商业模式创新的过程，没有创新引领的服务化只是昙花一现。

CHAPTER 14

产业联盟：产业竞争格局演变中的组织创新

经济全球化和一体化进程的不断加快，深刻改变了传统产业的竞争形态，单个企业之间竞争加剧的同时，不同的利益集团成为了新的竞争主体，有限范围内的合作共赢成为新的竞争形态。狭义上，产业联盟是两个或多个企业为了达到开发市场、开发技术、资源共享等特定目的而建立的企业合作组织，它具有统一的目标、固定的组织、较为稳固的合作关系。广义上，产业联盟是企业之间通过合作研发、资源共享、共同开拓市场等方式进行相互协作的利益共同体，产业联盟实质上是一种竞争联合，在产业联盟内部成员之间，可以实现共赢。在这一背景下，产业联盟大量兴起，并成为主导产业竞争格局演变的新趋势。

一、产业联盟的基本类型

（1）技术标准联盟，是指以制定或推行某一产业技术标准为目标的产业联盟，其根本目的是推动自己的技术标准，成为产业发展的主导范式。这一类型的产业联盟，往往拥有一批大型骨干企业，并且容易得到来自政府的支持。如为了解决 GSM 标准中的知识产权问题，Motorola 与 Ericsson、Nokia、Siemens、Alcatel 等于 20 世纪 80 年代组成 GSM 技术标准化联盟，对各自的专利许可证进行限量互换，实现技术共享。再如，为了推进工业网络协议的标准化应用，PI［工业以太网（PROFINET）及现场总线（PROFIBUS）标准联盟］以工业网络技术标准为纽带，聚集了传感器、机器人、工业芯片等产品制造企业，西门子、ABB、菲尼克斯、国家仪器、倍加福等众多龙头企业均在其中。ZigBee 联盟集结了半导体生产商、无线技术供应商及代工生产商，使得生产商可以利用 ZigBee 这个标准化无线网络平台设计简单、可靠、便宜又省电的各种产品。此外，IEEE、IEC、ITU 等国际性组织均属于技术标准联盟。

（2）研发合作联盟，是指以合作研发为目标的产业联盟，其根本目的是共同整合研发资源，联合承担研发风险，解决产业发展中的重大关键技术问题或共性技术问题。这一类型产业联盟中的企业，往往来自同一个行业领域，其有利于集中研发资源，实现能力互补。如 1987 年在美国政府的支持下，IBM、Intel、AMD、AT&T、Motorola 等 14 个主要半导体公司，组建成立了半导体技术研发合作产业联盟，目的是通过合作研发半导体制造技术，提高美国的半导体生产能力。2016 年由华为、中国科学院沈阳自动化研究所、中国信息通信研究院、Intel、ARM 和软通动力信息技术（集团）有限公司联合成立了边缘计算产业联盟，目的是共同推动重点技术研发和应用推广。

（3）产业链合作联盟，是指以完善产业链协作为目标的产业联盟，其根本目的是通过企业间合作，促进创新产品上下游的配套，尽快形成有竞争力的产业链。这一类型的产业联盟，往往由跨行业领域的不同企业组成，成员可包括制造商、研究机构、运营商，甚至是渠道商和销售商。2002 年 10 月在政府的推动下，大唐电信、南方高科、华立、华为、联想、中兴、中国普天等八家企业，发起成立了 TD-SCDMA 产业联盟，有力促进了 TD-SCDMA 创新的商业化和产业化进程。2013 年，为推动 5G 发展，工业和信息化部、国家发展和改革委员会和科学技术部联合推动成立了 IMT-2020（5G）推进组，其集中了国内移动通信领域产学研用主要力量，是推动国内 5G 技术研究及国际交流合作的主要平台。

（4）市场合作联盟，是指以共同开发市场为目标的产业联盟，其根本目的是通过联合开拓创新产品的用户市场和联合采购降低产品成本、通过基础设施降低创新成本、通过网络互联，实现需求方规模经济。这一类型的产业联盟，以企业间的横向合作为特征，常常采取代理销售或捆绑销售等手段，是中小企业常见的产业联盟。如我国台湾从 20 世纪 80 年代开始，在信息产业出现了大量由中小企业组成的市场合作产业联盟。再如 SAP、AWS、微软等合作伙伴计划，也是市场合作联盟的重要表现形式。

（5）其他类型的联盟，是指除上述目的以外的产业联盟，其目的包括共同打击盗版、共同推进开放源代码、共同推动绿色生产等。如 1988 年苹果、DELL、微软、HP、Cisco、IBM、Intel、Adobe 等巨头，发起成立了商业软件联盟，目的是促进全球的软件版权保护，以及正版软件的自由贸易。

此外，随着新一代信息技术与制造技术的融合，一些复合型的联盟不断涌现，它们兼具了标准推广、研发合作、产业链合作及市场合作等多种功能类型，来自产业各界的成员组织聚焦于产业发展过程中面临的共性问题，共同推动新技术的产业化推广。如 2014 年由 GE 公司联合 Cisco 公司等美国企业发起成立工业互联网联盟（IIC），其聚集了制造业和 ICT 领域众多企业，旨在推动传感、连接、大数据分析等新一代信息技术在工业领域的深度应用，推动工业互联网加快落地。德国工业 4.0 平台则在政府主导下，充分吸纳大型企业、协会联盟及高校等，最大限度地发挥了德国行业协会的动员能力和组织能力，成立了一个抢占全球制造领域竞争优势的巨型联盟。我国已在 2016 年 2 月成立了工业互联网产业联盟，该联盟目前有 900 多个成员，类型涵盖工业企业、行业协会、信息技术、运营商 / 互联网、科研院所、投融资、外资企业、安全类企业等。

二、产业联盟的发展特点

（1）产业联盟正成为骨干企业整合资源的新方式。随着技术研发的大规模发展，单个企业往往难以承担巨大的研发投入和风险，企业不得不采取合作策略，以分摊巨额费用、分享技术成果和情报、优化资源配置、增强企业的技术能力。由此使得一些大型跨国公司开始把自己看成是本行业资本、市场、人才等资源的整合者。相对于合资、并购等传统资源整合模式而言，这些企业通过产业联盟形式，将各成员的利益紧紧地捆绑在一起，让每一个成员都分享自己的资源，不仅能以较低风险实现较大范围的资源调配，还可避免兼并收购过程中可能耗时数月乃至数年的整合过程。在产业联盟的组织下，运营商不再仅仅着眼于自身的利益最大化，而是更关注合作的服务商能否获取合理利益；研发企业将不再仅仅关注技术上的突破，还致力于推进产业化进程。

（2）产业联盟间的竞争正成为企业竞争的新形态。技术革新越来越快，新产品生命周期越来越短，企业研发所需的风险投资越来越大，由此使得多数企业为了自身的生存和成功，需要与竞争对手进行合作，即为竞争而合作，靠合作来竞争。尤其是当前，软件业与服务业加速融合，制造业与运营业相互进入，任何一个企业都不可能在所有业务上成为最杰出者，企业为了自身的长远利益，不得不与采用同一标准与共性技术的企业进行结盟，共同对抗其他集群或联盟的竞争压力。从这种意义上来说，产业竞争已经超脱了单一企业之间的竞争，转而向采用同一标准和技术体系的产业联盟竞争转变。在电信领域，有基于 GSM 技术的产业联盟与基于 CDMA 技术的产业联盟间的相互竞争；在数字视听领域，有以索尼为核心的蓝光 DVD 与以东芝为核心的高清 DVD 相互竞争；在软件领域，有基于 Windows 技术的产业联盟与基于 Linux 技术的产业联盟间的竞争。

（3）产业联盟正成为主导产业竞争规则的新主体。在产业联盟出现之前，主导产业竞争规则的主体，往往是少数掌握核心技术的大型跨国公司。它们通过对技术专利、标准等知识产权的垄断而攫取高额利润，并将获得的利润再投入到更大的研发工程中，从而保持其在技术和市场上的长期领先地位。一旦其他公司在核心技术上有所突破，这些企业就推出新一代技术、工艺和产品；同时把前一代产品大幅降价，直至淘汰，从而打击竞争对手，将其淘汰出局，或只能购买自己的专利和知识产权。产业联盟出现以后，企业要想在竞争中获胜，或者为避免被竞争对手打败，加入产业联盟已是必然选择。在产业联盟之间，领跑者通过制定行业标准、控制关键技术，主导整个产业的发展方向；在联盟之内，各成员在一定的协议和框架下分工合作，错位发展，有序竞争。对于强大的竞争者而言，建立产业联盟是其主导产业发展，打击异己的有效途径，如微软；对于新兴者而言，建立产业联盟是其推广技术，加强应用和产业化的必经之路，如 TD-CDMA；而一些没有站好队的小企业，则会被淘汰出局。

（4）产业联盟正成为政府支持产业发展的新载体。随着产业联盟在主导产业竞争中扮演角色的不断增强，政府迫切需要支持本国企业组织成立、参与各种产业联盟，并引导产业联盟的健康发展，从而在国际产业竞争中占据有利地位。从实践来看，很多国家都在为由本国企业主导的产业联盟提供各种便利条件和政策环境，产业联盟正成为各国政府支持产业发展的新载体。

20 世纪 70 年代末，为打破美国在集成电路领域一统天下的局面，日本政府出面组织东芝、NEC、瑞萨和富士通等四家公司，成立研发合作联盟，投入大量资金和人力，联合攻关发展集成电路制造工业（2 ～ 3 微米级），三年内成功突破了包括设备、工艺各个方面的 30 多个技术难题，使日本的半导体制造技术和设备一度称霸全球。20 世纪 80 年代末，美国政府组织 IBM、Intel、AMD、HP 等 14 个主要半导体公司，建立了半导体技术研发合作产业联盟，一举帮助美国的半导体产业重新回到了世界第一的竞争地位。20 世纪 80 年代，韩国移动通信产业发展初期，韩国政府就主持建立了由三星、LG 及政府研究机构等组成的 CDMA 技术发展战略联盟，并把

CDMA 作为韩国的移动通信标准，进而使韩国由电信技术落后国家，迅速成为移动通信技术的领先者。

三、产业联盟发展的内在机制

（1）优化资源配置。在市场经济中，企业、市场和政府是协调生产的主要资源配置方式。企业主要依靠行政管理，协调配置内部资源；市场通过交易机制，实现对企业间各种资源协调配置；而政府则通过国家工具，实现对各种资源的优化配置。产业联盟出现以后，其迅速成为政府、市场和企业之外的又一种资源配置手段。从本质上看，企业是资源的集合体，拥有稀有、独特、难以模仿的资源和能力，是企业持续竞争优势的来源。当企业遇到行业共性问题时，单个企业往往不具备解决问题的足够资源，包括技术、市场、资本、知识产权、品牌、公共关系等。而产业联盟形成之后，就成为企业共同投入资源、解决产业共性问题的有效工具，也是通过企业合作获得互补性技术、降低研发门槛的重要途径。

（2）实现规模经济。在经营中存在两种成本，即固定成本和可变成本。固定成本是指在一定时期内，不随产量变化而变化的费用，如工资和固定资产投资等；可变成本是指一定时期内，随产量的变化而变化的费用，如原材料、零部件等，但该部分成本的变化并不随产量等比例增减。由此，在一定时间和范围内，企业扩大生产规模，即可带来单位生产成本的下降，这种随着规模扩大而带来的效益增加被称为规模经济。显然，产业联盟的形成，有助于联盟内的企业共同实现规模经济。首先是通过联合采购、捆绑销售、分工研发、共同投资基础设备等，降低平均固定成本；其次是通过专业化生产和分工，使产业链各环节企业的相对优势，在生产规模扩大的条件下，得到更大程度的发挥，进而大幅度降低最终产品的成本。

（3）外部性内部化。外部性是指在缺乏任何相关交易的情况下，一方所承受的、由另一方所导致的后果。其经济学含义是：一个人的效用除由其自身决定外，还受他人行为的影响，而且这种影响是不能由其自身控制的。外部性造成的外部成本，并不反映在市场价格中，因此会导致市场失灵。外部性内部化，就是将经济行为带来的外部影响变为内部影响，从而消除外部影响，使经济运行在帕累托最优状态。事实上，产业联盟就是从组织上，将外部性内部化的一种方式。市场上存在大量的产业共性问题，对单个企业来说，这些问题都是外部问题，如若企业之间建立产业联盟，这些共性问题就成了产业联盟的内部问题，从而消除了外部性，可以共同理顺市场秩序，防止过度竞争。

（4）降低交易费用。交易费用就是运用市场机制的费用，包括人们在市场上搜寻有关的价格信息、为了达成交易进行谈判和签约，以及监督合约执行等活动所花费的费用。影响交易费用的主要因素，包括静态市场中的专用性投资、交易过程的不确定性、企业在信息处理上的规模效应等。从交易费用角度看，产业联盟在一定条件下，可以成为节省成本、降低交易费用的有效手段。联盟出现之前，企业必须和许多交易伙伴进行谈判，因而需要花费很多交易费用。为了降低交易费用并获得更多收益，许多企业便选择了产业联盟这一组织形式，对资产进行重组，通过集中组织分工和协作，进行生产、研发和营销活动，从而降低交易过程中的不确定性，减少市场交易中专用性资产的不确定性，这有利于避免政治、资金、技术等各个方面的经营风险，进而有效降低交易费用。

四、产业联盟的发展趋势

（1）联盟目标多元化。早期的产业联盟，主要是围绕某一产品或技术而建立，其目的是为降低投资费用、分担投资风险、削弱产品或技术竞争对手的威胁。全球产业分工越来越细，产品生命周期不断缩短，企业越来越重视自主创新，以技术创新为主导加快新产品开发和投放速度，日益成为企业经营战略的重要组成部分。由此，产业联盟组建的动机，逐渐从分担风险、降低成本，转向共同致力于技术创新，通过各合作方资金、技术、人才等资源的横向流动，争取在最短时间内，生产出满足市场快速变化所需求的产品。

（2）联盟对象强强化。在产业联盟兴起初期，作为减少资本投资、进入新市场时降低风险的手段，产业联盟更多表现为“一强带众小”的强弱联合。随着经济全球化的不断深入，产业联盟的形成也在深化和发展，越来越多的大型跨国公司纷纷合作，建立“超级联盟”。事实上，这种强强合作的联盟，通过制定或控制技术标准可以垄断市场、主导产业发展方向。由此，一些具备较强实力的大型跨国公司，为了在竞争中获取更为有利的地位，逐渐成为彼此合作与联盟的重要对象，如 Cisco 和 IBM 两大 IT 巨头合作，生产世界最尖端芯片；GE 和 Intel 合作推广工业互联网解决方案；SAP 和 PTC 合作共同推广物联网平台。在这些强强合作的产业联盟中，彼此之间在联盟领域内进行合作，但在协议之外的领域及企业活动整体态势上，仍然保持着竞争对手的关系。

（3）合作范围立体化。在经济全球化的竞争环境下，任何一家企业都不可能在产业链的所有业务上成为最杰出者。由此使得不同产品和市场的公司之间也开始结成紧密的战略联盟。联合产业链的上、中、下游环节，建立一条经济利益相连、业务关系紧密的合作关系，已成为产业联盟新的价值取向。联盟不再仅仅面向技术研发，制造商、运营商、内容商、渠道商和营销商都已成为联盟合作的重要成员，产业联盟日益向立体联盟转变。如国内工业互联网产业联盟，就全方面集合了制造企业、IT 服务企业、运营商等，联盟的伙伴不仅包括了跨国公司，同时也包括了大学、研究机构等，乃至其他联盟。

（4）联盟组织国际化。由于国内企业具有共同的价值取向、生活方式、文化背景，甚至工作语言，因此本国企业较容易结成产业联盟。一般在产业联盟兴起的初期阶段，其主要由本国企业构成。如日本在 20 世纪 80 年代建立的集成电路产业联盟，中国目前的产业联盟，也多数由国内企业组成。从长远观点看，只有与全球具有较强互补性、或较强实力的企业进行联合，才可以争取同质产品在技术上或时间上的优势，从而进一步占据全球性消费市场。由此，即便是跨国的企业，如若采用同一标准、处于同一产业链，或在某一方面具有共同利益，也较容易组成产业联盟。如由 IBM 领军的半导体产业联盟，包括美国 AMD 公司、韩国三星电子公司、新加坡特许半导体公司、德国英飞凌科技公司、日本东芝公司和美国飞思卡尔半导体公司。

（5）联盟形式虚拟化。随着产业竞争的日益全球化，当前产业联盟已经无处不在，并且一个企业为了自身利益最大化，有可能选择加入多个联盟，甚至是两个根本对立的产业联盟。如华为加入了边缘计算联盟和工业互联网联盟，华纳兄弟同时支持 DVD 标准领域的 BD 和 HD-DVD 两个相对立的产业联盟。因此，一些没有固定不变的组织系统，甚至没有独立组织形态的虚拟联盟开始兴起。虚拟联盟的实质是通过临时网络组织，以达到共享技术、分摊费用、提高竞争力，以及满足市场需求的目的，它是一个动态联盟。事实上，在企业选择某一技术标准之后，它就潜在地选择了一个联盟，尽管它们之间并没有形成一个独立的组织形态。如面对 PI 技术标准化联盟的强势竞争，那些采用 CANopen 标准的企业，尽管还没有在组织上成立一个联盟，但它们也处在一个联盟的关系之中，只是这种联盟的组织形式更为松散。

CHAPTER 15

拥抱数字经济时代

新一轮产业革命在全球范围内方兴未艾，在全球信息化进入全面渗透、跨界融合、加速创新、引领发展新阶段的大背景下，数字经济长足发展，其演进规律、特征趋势及发展格局逐步清晰，正成为创新经济增长方式的强大动能，并不断为全球经济复苏和社会进步注入新的活力。随着新一代信息通信技术加速从产业局部到产业全局、从单部门向整个产业链扩散，基于平台的产业生态竞争从 ICT 产业向制造业演进，数字经济正迈向体系重构、动力变革与范式迁移的新阶段。

一、新动能：数字经济成为经济增长的重要驱动力

跨界、融合、创新、转型是信息时代产业发展的主旋律，全球数字经济正处于重塑发展理念、调整战略布局、重构竞争规则的新阶段。

从速度看，主要国家数字经济增速显著高于本国 GDP 增速[1]。国际金融危机以来，全球主要国家经济增速呈现明显放缓态势，但数字经济增速高于 GDP 增速的特征没有改变。主要国家数字经济占 GDP 比重快速提升，成为带动主要国家经济复苏的重要动力。2008—2016 年，美国数字经济占 GDP 比重增加了 16.74 个百分点，占比从 41.59% 提升到 58.33%；日本增加了 15.92%，从 30.51% 提升到 46.43%；英国增加了 31.5%，从 27.14% 提升到 58.64%；中国从 15.22% 上升到 30.34%，增加了 15.12%，如图 15-1 所示。

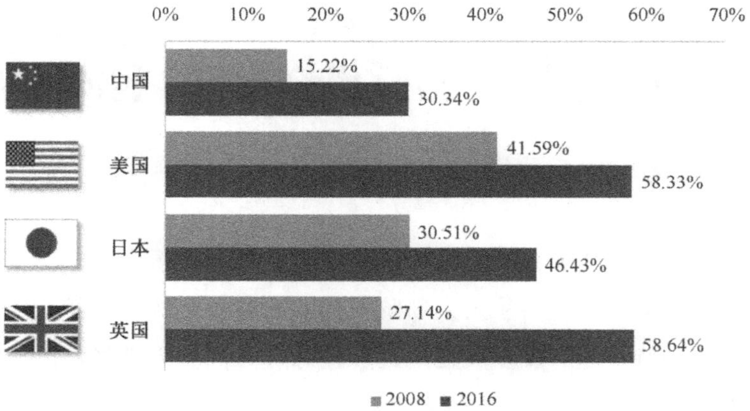

图表来源：根据中国信息化百人会《数字经济：迈向从量变到质变的历史性拐点》整理绘制

图 15-1　中、美、日、英 2008 年和 2016 年数字经济占 GDP 比重

从结果看，2016 年全球发达国家数字经济占 GDP 比重在 50% 左右，数字经济成为拉动经济增长的重要动力。2016 年，世界主要国家数字经济蓬勃发展，美国数字经济规模达到约 10.8 万亿美元，德国约为 2.1 万亿美元，英国约为 1.5 万亿美元，日本约为 2.3 万亿美元，韩国为 6122 亿美元，法国为 9620 亿美元，其中，美国、德国、英国数字经济占 GDP 比重已超过 50%，日本、韩国数字经济占 GDP 比重也超过 40%，如图 15-2 所示。

1　数字经济规模包括以信息产业为主的基础型数字经济和以信息资本投入传统产业而形成的融合型数字经济两部分。其中，基础型数字经济，可以通过现有统计体系直接进行采集和测算；融合型经济规模的测算以增长核算方法为基础进行测算，基本方法是在增长函数中计算信息资本存量对经济增长的贡献。

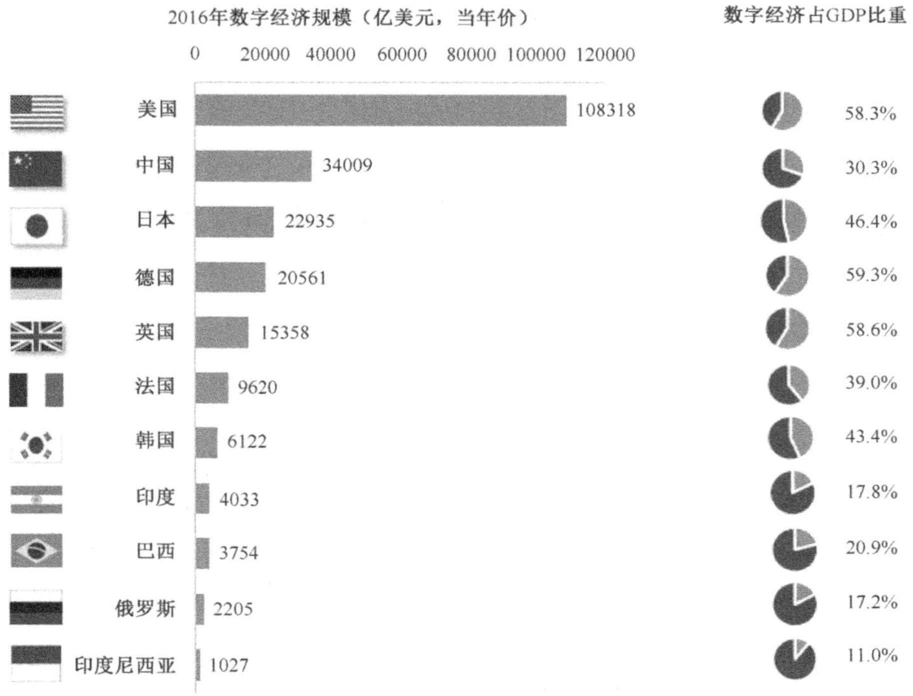

图表来源：根据中国信息化百人会《数字经济：迈向从量变到质变的历史性拐点》整理绘制

图 15-2　2016 年主要国家数字经济规模及占比

从结构看，基础型数字经济平稳发展、潜力巨大，融合型数字经济发展迅速，是驱动各国经济增长的主力军。基础型数字经济主要体现为信息产品和信息服务的生产和供给，包括电子信息制造业、软件服务业、电信运营业、广播电视业等。国际金融危机以来，受市场需求饱和效应更趋突出、产业新增长点仍在孕育的双重影响，全球主要国家基础型数字经济整体规模增长趋缓，已进入平稳增长期。2016 年，美国、日本、中国、英国基础型数字经济占 GDP 比重分别为 7.2%、7.9%、7.0% 和 7.4%，比各自国家的历史峰值水平分别下降了 2.01%、0.32%、0.61%、0.63%。融合型数字经济是传统产业中信息资本存量带来的产出增长份额，主要体现为信息通信技术与传统产业融合带来的产出规模增长。2016 年，各主要国家融合型数字经济在数字经济中的地位更加凸显，美国、德国、日本、英国、法国融合型数字经济占整体数字经济比重均超过 80%，对数字经济增长贡献突出。

2016 年，中国数字经济规模达到 3.4 万亿美元，是全球第二大数字经济体，仅次于美国。

二、新机遇：中国数字经济快速增长、规模庞大、潜力巨大

2016 年，中国数字经济延续了近年来快速增长的势头，进一步巩固了全球第二大数字经济大国的地位，在我国国民经济中的比重持续上升，对我国国民经济发展中的重要性愈加凸显。基础型数字经济平稳增长、结构趋于稳定，融合型数字经济高速发展、主导地位不断巩固，促进了制造业新模式、新业态不断涌现，数字经济已成为驱动我国产业提质增效、转型升级的重要引擎。

从速度看，2002 年以来，中国数字经济一直以高于 GDP 的增速快速成长，数字经济对 GDP 增长贡献率持续提升。自 2002 年以来，中国数字经济一直高速增长，尤其是 2011 年之后，中国 GDP 增速逐年放缓，而数字经济的增速却连续走高，与 GDP 增速的差距逐渐拉大，并带动中国数字经济占 GDP 的比重持续上升，数字经济对中国 GDP 增长的贡献不断增加。2016 年，中国数字经济增速为 18.9%，是 GDP 增速的 2.8 倍，数字经济占 GDP 的比重上升至 30.3%，相比 2015 年提高了 2.8%，是 2002 年数字经济占 GDP 比重的 3.3 倍，但仍低于全球主要发达国家 20% 左右。2002—2016 年，数字经济对 GDP 增长贡献率达 34.3%。

从结构看，中国逐步形成新动能培育与传统动能改造提升互促共进的良性循环。以软件业为代表的基础型数字经济保持较快增长态势，发展潜力巨大，但仍然难以挑起大梁，信息技术改造提升传统产业催生的新动能（融合型数字经济）是驱动经济增长的主力军。2016 年，我国基础型数字经济增速达到 8.8%，占数字经济比重为 22.8%，其中软件业主营业务收入增速达到 12.6%；而融合型数字经济在数字经济中的比重已高达 76.2%，网络化协同研制、服务型制造、个性化定制、平台化运营及智能制造等新模式、新业态不断涌现。

三、新图景：面向制造业的数字经济蓬勃发展

从总体水平、发展阶段、关键指标、新型基础设施建设、新模式新业态维度，勾勒出了原材料、装备、消费品等多个重点行业数字经济全景图，刻画了我国传统产业转型的路径和模式。

面向制造业的数字经济蓬勃发展，我国各重点行业的数字经济发展在研发、制造、产业链等方面呈现不同特征，发展路径各异。其中，装备行业的数字经济总量规模最大，以数字化研发工具的创新应用为突破口发展数字经济，是各行业中数字经济发展最具潜力的领域；以石化行业为代表的原材料行业以强化制造环节的智能化水平为着力点，在生产设备数字化率、数字化生产设备联网率和智能制造就绪率方面位于各行业领先水平；食品、医药、石化的产业链协同水平较高，整体上来看，未呈现出典型的行业特征，如图 15-3 所示。

水平高 —— 水平低

		数字化研发设计工具普及率	生产设备数字化率	数字化生产设备联网率	智能制造就绪率	实现产业链协同的企业比例
装备行业	机械	81.1%	39.7%	31.1%	6.4%	6.1%
	汽车	85.9%	42.3%	—	9.7%	7.4%
原材料行业	建材	54.9%	45.6%	45.0%	4.9%	8.4%
	钢铁	51.8%	49.2%	—	7.1%	5.4%
	石化	58.6%	54.2%	53.5%	8.3%	9.8%
消费品行业	轻工	68.4%	42.1%	34.1%	6.1%	7.9%
	食品	52.4%	44.2%	38.2%	5.5%	11.0%
	纺织	65.5%	48.0%	39.2%	6.6%	6.9%
	医药	57.6%	46.4%	36.2%	6.6%	10.6%

图表来源：根据中国信息化百人会《数字经济：迈向从量变到质变的历史性拐点》整理绘制

图 15-3　不同行业数字经济发展路径各异（2018 年）

从两化融合发展水平看，电力、烟草、电子、交通设备制造、石化等行业两化融合发展水平较高，实现综合集成的企业比例超过全国平均水平（22.4%）。2018 年，各行业两化融合发展水平排名从高到低依次为电力、烟草、电子、交通设备制造、石化、医药、纺织、机械、轻工、食品、冶金、建材、采矿，整体呈现出能源行业高于制造业行业，制造行业高于采掘行业的态势。其中，对于制造业而言，装备行业两化融合发展水平较高，高于全国平均水平，原材料、消费品行业的两化融合发展水平基本持平。实现综合集成的企业比例超过全国平均水平（22.4%）的行业包括：电力、烟草、电子、交通设备制造、石化等，如图 15-4 所示。

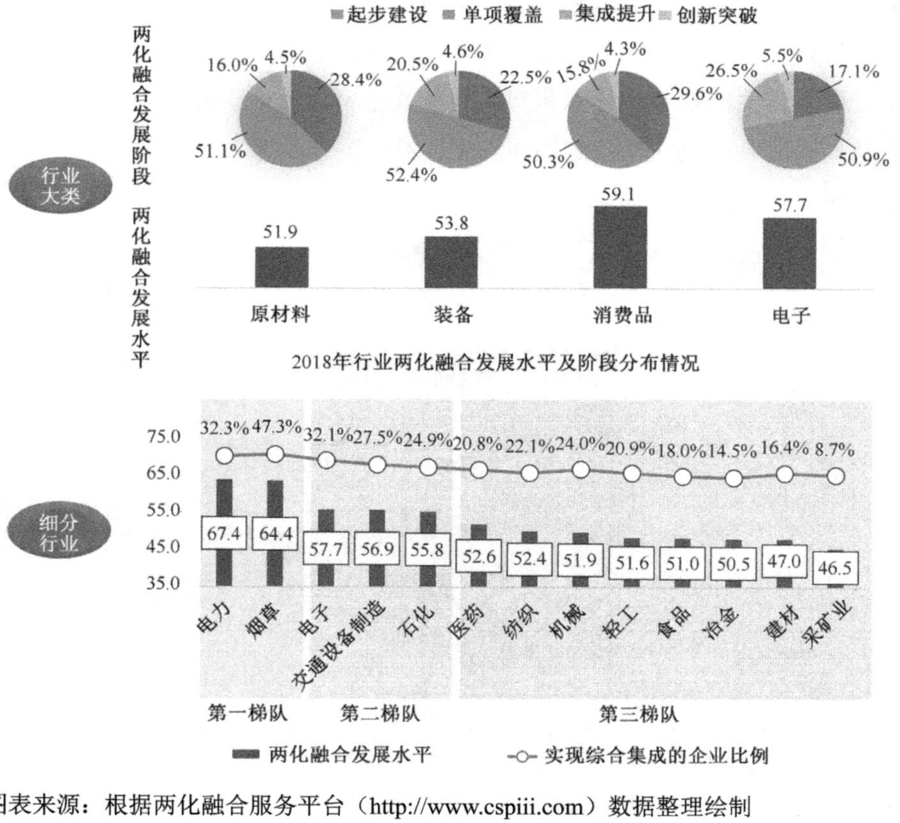

图表来源：根据两化融合服务平台（http://www.cspiii.com）数据整理绘制

图 15-4　2018 年全国各行业两化融合发展水平及阶段

从智能制造就绪率看，2018 年全国仅有 7.0% 的企业初步具备探索智能制造的条件，我国智能制造基础仍然薄弱。企业推进智能制造，较高的装备数控化程度、基本实现综合集成是最初级的条件。从不同行业智能制造就绪率来看，大型钢铁行业智能制造就绪率最高达 19.9%；电子、石化等行业的智能制造就绪率略高于全国平均水平；而其他行业则均在全国平均水平以下，如图 15-5 所示。

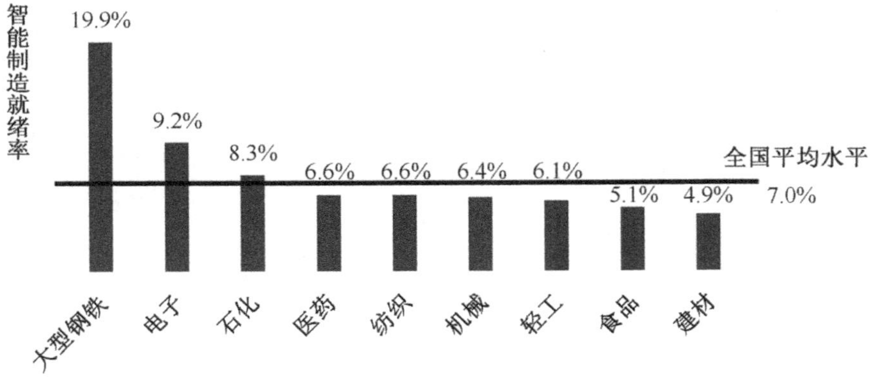

图表来源：根据两化融合服务平台（http://www.cspiii.com）数据整理绘制

图 15-5　2018 年全国各行业智能制造就绪率（2018 年）

从制造业“新四基”看，“一硬、一软、一网、一平台”普及水平不高，“新四基”发展任重道远。感知和自动控制（一硬）、工业软件（一软）、工业网络（一网）、工业互联网平台（一平台）正成为制造业发展的新基础设施。目前“新四基”普及应用水平有待提升，制造业数字化、网络化、智能化发展任重道远。在这一过程中，软件的基础性作用将进一步凸显。软件的本质是事物运行规律的代码化，是工业技术、生产工艺、业务流程、员工技能、管理理念等知识的逻辑化、数字化和模型化，是工业隐性知识显性化的重要载体，软件将构建数据自动流动的规则体系，以实现数据的自动流动，促进知识的流动、迭代、共享。我国制造业“新四基”发展现状如图 15-6 所示。

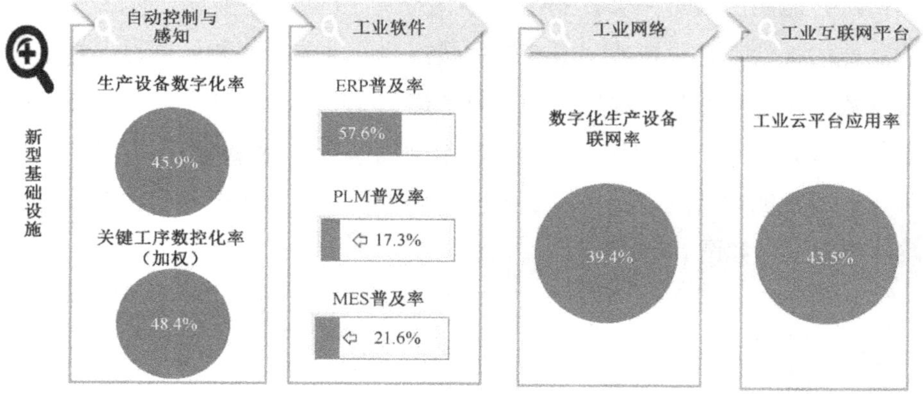

图表来源：根据两化融合服务平台（http://www.cspiii.com）数据整理绘制

图 15-6　我国制造业“新四基”发展现状（2018 年）

四、新路径：产业转型的切入点与着力点

中国原材料、装备、消费品等行业由于所处产业链位置、行业结构、生产特征、发展需求各有不同，各自的数字经济发展呈现了鲜明的行业特征。

原材料行业以强化制造环节的智能化水平为着力点，打造集约高效、实时优化的生产新体系。原材料行业智能制造转型趋势显著，2018 年石化、大型钢铁行业智能制造就绪率分别达到 8.3%、19.9%，而全国平均水平为 7.0%，居于全国前列。围绕提质增效，原材料行业在质量全过程管控、设备预防性管理、能源综合管理、供应链集成等方面不断提升智能化水平，不断探索基于数据的产业生态圈、产业链集成共享平台等新模式。我国原材料行业转型的切入点如图 15-7 所示。

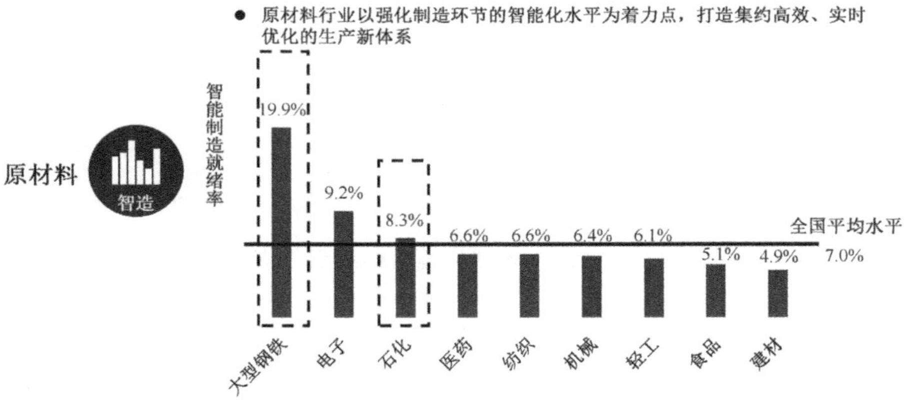

图表来源：根据两化融合服务平台（http://www.cspiii.com）数据整理绘制

图 15-7　我国原材料行业转型的切入点（2018 年）

装备行业以数字化研发工具的集成应用和基于产品的智能服务为双向突破口，提升产业价值链水平。装备行业围绕产品全生命周期研发创新开展积极探索，2018 年行业数字化研发设计工具普及率达到 79.8%，其中交通设备制造行业超过 80%，数字化研发设计工具的普遍应用为装备行业以客户需求为核心开展定制化协同研发、基于智能化产品的敏捷售后服务等创新性探索奠定了良好基础。我国装备行业转型的切入点如图 15-8 所示。

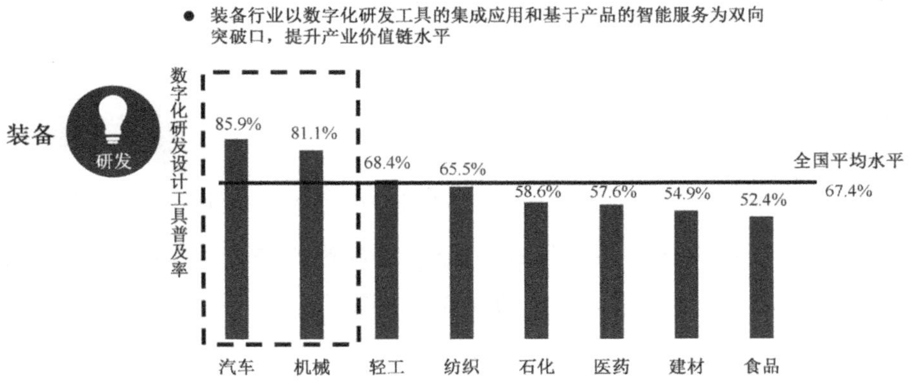

图表来源：根据两化融合服务平台（http://www.cspiii.com）数据整理绘制

图 15-8　我国装备行业转型的切入点（2018 年）

消费品行业基于互联网构建用户需求的精准采集、快速传导和实时响应的新能力。消费品行业与用户和终端消费者接触紧密，2018 年食品、轻工行业工业电子商务普及率为 65.3%、62.4%，分别较全国平均水平高出 6.5 个、3.6 个百分点。企业积极利用互联网、大数据等技术更好地了解消费者需求，不断进行营销模式和产品差异化创新，在以用户为核心的个性化定制、精准营销及产品全生命周期追溯和监管方面开展创新性的探索。我国消费品行业转型的切入点如图 15-9 所示。

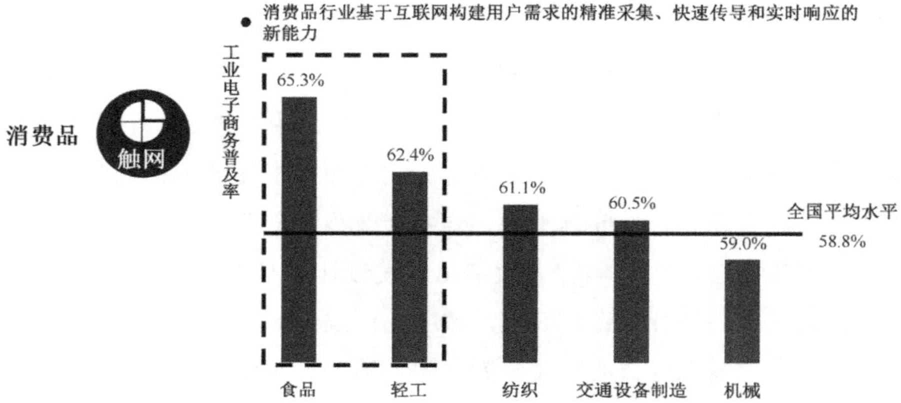

图表来源：根据两化融合服务平台（http://www.cspiii.com）数据整理绘制

图 15-9　我国消费品行业转型的切入点（2018 年）

五、新模式：新旧动能接续的重要着力点

当前信息通信技术正加速融入生产制造全过程、产业链各环节和产品的整个生命周期，新的智能制造模式正在逐步替代传统制造模式，成为新旧动能接续的重要着力点。图 15-10 简要地表明了新旧制造模式的变革逻辑。

（1）生产方式从生产者驱动到消费者驱动。传统制造模式的生产方式是大规模生产，生产者和消费者的界限分明，生产者从事生产、提供产品，是生产活动的主体。ICT 技术的不断进步和渗透将日益降低生产的高壁垒，满足客户消费成为企业生产经营活动的最终目标，消费者的市场需求成为企业开展需求定义、研发创新、生产制造的重要驱动。

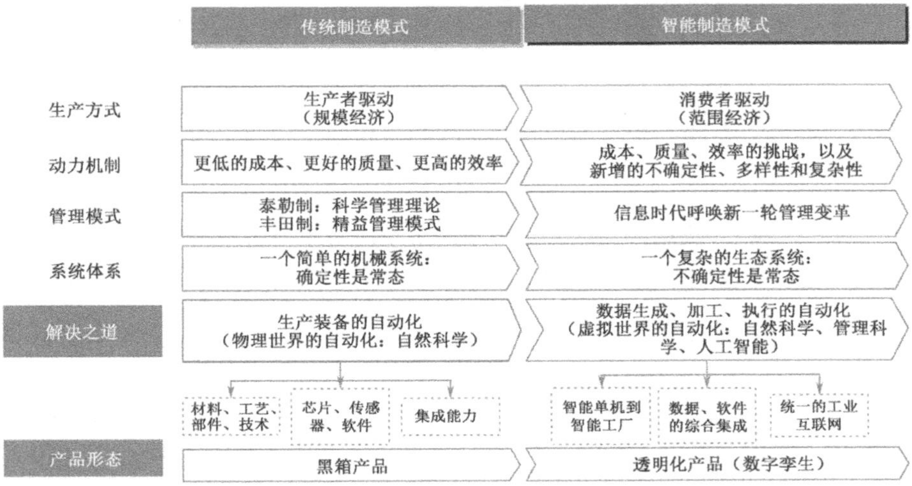

图表来源：作者自绘

图 15-10　传统制造向智能制造的演变

（2）动力机制从解决成本、质量、效率问题到在解决成本、质量、效率问题的同时，应对不确定性、多样性、复杂性的挑战。大规模生产能够解决工业生产过程中面临的三个基本问题：更低的成本、更好的质量和更高的效率。在全球市场需求愈加差异化、多元化的环境下，智能制造需要在解决成本、质量、效率问题的同时，应对制造复杂系统的不确定性，这种复杂性既来自产品的复杂性，也来自定制化生产等新生产方式带来的制造成本、质量和效率的挑战。

（3）系统体系由简单的制造系统到复杂的生态系统。伴随新一代 ICT 信息技术应用的不断深化，传统企业业务活动不断被数字化、网络化，传统的制造系统正在向整合产学研用各方资源的制造业复杂生态系统演进，企业内部的协同研发创新平台、供应链管理平台等不断向产业链上下游拓展，以实现跨企业、跨地区、跨产业链的数据共享、信息互通、业务协同，从而带动了制造资源的动态优化配置，释放制造业创新发展的动力、活力和潜力。

（4）解决之道由生产设备的自动化到数据生成、加工、执行的自动化。从传统制造业角度看，装备的智能化、机器人都是在解决大规模生产的问题，而智能制造解决的是数据流动的自动化，只有实现数据的自动采集、自动传输和自动执行，才能从根本上解决个性化定制等新生产方式面临的最基本的成本、质量、效果等问题。要解决数据的自动流动需要软件的集成、单一设备的智能化及管理的变革。

（5）产品形态由黑箱产品到透明化产品。新一代信息通信技术的创新发展，推动产品形态由黑箱产品转变为透明化产品（数字孪生）。数字孪生让绝大部分物理实体世界的产品在数字虚体世界中都有一个对应的映射（数字镜像），由此实现产品本身的完全数字化。

六、新生态：基于平台的产业生态竞争从 ICT 产业向制造业演进

计算机时代，以 Wintel 体系关键平台为核心，围绕操作系统和核心芯片的竞争成为主导。互联网时代，以 Google、百度、亚马逊、阿里巴巴等为关键平台，互联网企业成为核心主导者。移动互联网时代，以 iOS、Android 终端操作系统为核心，Facebook、微信等即时通信系统为关键平台，围绕操作系统和入口级应用展开竞争。在未来“物联网 +”时代，将形成以领先工业自动化企业、物联网、装备企业商、软件企业为主导的“智能机器 + 工业网络 + 大数据平台 + 工业 App”的产业竞争新生态，未来产业生态系统竞争的主导者将是技术主导者、规则制定者、数据拥有者和平台搭建者。

当前，面对产业生态竞争，企业有多种身份和状态，是倡导者、参与者、实践者、观察者、犹豫者、迷茫者或是漠视者。但是可以预见，未来企业将会只有三种身份和存在形态，要么成为产业生态系统的主导者，要

么成为追随者，要么成为被淘汰者。领军企业已经开始行动，产业生态系统的构建，面临重大商机涌现的机遇期、产业竞争格局重构的战略期、产业价值链重建的关键期、产业换道竞争的最佳时期。新时代已经到来，产业生态系统构建的大门已经开启，如何在产业生态系统中找到自己的定位，事关一个企业、一个国家竞争优势的确立、巩固和强化，事关发展的主导权、主动权，事关事业的兴衰成败。这一时间窗口期会有多长？我们期待业界同仁们共同寻找答案。

/ 参考文献 /

[1] 国务院研究室编写组．十三届全国人大一次会议《政府工作报告》辅导读本 [M]. 北京：人民出版社，2018.

[2] 国务院研究室编写组．十三届全国人大一次会议《政府工作报告》学习问答 [M]. 北京：中国言实出版社，2018.

[3] 杨学山．智能原理 [M]. 北京：电子工业出版社，2018.

[4] 杨学山．论信息 [M]. 北京：电子工业出版社，2016.

[5] 怀进鹏．以信息化培育新动能 [N]. 人民日报，2016-12-21（007）.

[6] 毛光烈．物联网的机遇与利用 [M]. 北京：中信出版社，2014.

[7] 毛光烈．网络化的大变革 [M]. 杭州：浙江人民出版社，2015.

[8] 秦海．通向发展转型之路 [M]. 上海：上海远东出版社，2012.

[9] 钱学森．工程控制论：英文版 [M]. 上海：上海交通大学出版社，2015.

[10] 李培根．敏捷化智能制造系统的重构与控制 [M]. 机械工业出版社，2003.

[11] 梅宏．计算 30 年——国家 863 计划计算机主题 30 年回顾 [M]. 北京：科学出版社，2017.

[12] 梅宏．软件定义的未来世界 [J]. 卫星与网络，2018（06）：28-33.

[13] 梅宏．万物皆可互联，一切均可编程 [J]. 方圆，2018（12）：58-59.

[14] 张永伟，路风．新一代智能机床方兴未艾 [J]. 中国经济报告，2018（07）：114-116.

[15] 路风 . 光变：一个企业及其工业史 [M]. 北京：当代中国出版社，2016.
[16] 安筱鹏 . 新时代两化深度融合的新使命 [J]. 智能制造，2017（12）：13-15.
[17] 安筱鹏 . 把提升系统解决方案能力作为着力点（上）[J]. 中国信息化，2017（09）：8-10.
[18] 安筱鹏 . 深化制造业与互联网融合发展的形势与任务 [J]. 中国信息化，2016（08）：10-14.
[19] 安筱鹏 . 制造业将会成为分享经济的主战场 [J]. 智慧工厂，2016（06）：26-27，31.
[20] 安筱鹏 . 两化融合管理体系体现了新工业革命的发展理念和方向 [J]. 中国信息化，2015（12）：7-9.
[21] 安筱鹏 . 服务化引领高端化 制造强国的必由之路 [J]. 中国信息化，2015（09）：7-10.
[22] 安筱鹏 . 制造强国建设的战略布局 [N]. 学习时报，2015-06-22（007）.
[23] 安筱鹏 . 抢占产业竞争制高点 [N]. 学习时报，2015-05-11（007）.
[24] 安筱鹏 . 制造业服务化路线图：机理、模式与选择 [M]. 北京：商务印书馆，2012.
[25] 中国信息化百人会课题组 . 信息经济崛起：重构世界经济新版图 [M]. 北京：人民出版社，2015.
[26] 中国信息化百人会课题组 . 信息经济崛起：区域发展模式、路径与动力 [M]. 北京：电子工业出版社，2016.
[27] 中国信息化百人会课题组 . 信息经济崛起："物联网 +"时代产业转型路径、模式与趋势 [M]. 北京：电子工业出版社，2017.
[28] 中国信息化百人会课题组 . 数字经济：迈向从量变到质变的新阶段 [M]. 北京：电子工业出版社，2018.
[29] 胡虎，赵敏，宁振波，等 . 三体智能革命 [M]. 北京：机械工业出版社，2016.
[30] 肖维荣，宋华振 . 面向中国制造 2025 的制造业智能化转型 [M]. 北京：

机械工业出版社，2017.
[31] 刘强，丁德宇 . 智能制造之路 [M]. 北京：机械工业出版社，2017.
[32] 陈明，梁乃明 . 智能制造之路：数字化工厂 [M]. 北京：机械工业出版社，2016.
[33] 李仁发 . 嵌入式系统导论：CPS 方法 [M]. 北京：机械工业出版社，2011.
[34] 陈禹，方美琪 . 复杂性研究视角中的经济系统 [M]. 北京：商务印书馆，2015.
[35] 吴军 . 智能时代 [M]. 北京：中信出版社，2017.
[36] 张新国 . 新科学管理：面向复杂性的现代管理理论与方法 [M]. 北京：机械工业出版社，2013.
[37] 陈启申 . ERP：从内部集成起步 [M]. 北京：电子工业出版社，2012.
[38] 王磊 . 微服务架构与实践 [M]. 北京：电子工业出版社，2016.
[39] 何小庆 . 嵌入式操作系统风云录：历史演进与物联网未来 [M]. 北京：机械工业出版社，2016.
[40] 罗纳德 • 科斯 . 企业的性质 [M]. 姚海鑫，等，译 . 北京：商务印书馆，2007.
[41] 弗雷德里希 • 奥古斯特 • 哈耶克 . 通往奴役之路 [M]. 王明毅，译 . 北京：中国社会科学出版社，2015.
[42] 肯尼斯 • 约瑟夫 • 阿罗 . 信息经济学 [M]. 何宝玉，译 . 北京：北京经济学院出版社，1989.
[43] 卡尼曼 . 不确定状态下的判断启发式和偏差 [M]. 方文，译 . 北京：中国人民大学出版社，2008.
[44] 杜威 . 确定性的寻求：关于知行关系的研究 [M]. 傅统先，译 . 上海：上海人民出版社，2004.
[45] 格来哲 • 摩根，麦克斯 • 亨利昂，米切尔 • 斯莫 . 不确定性 [M]. 王红漫，译 . 北京：北京大学出版社，2011.
[46] 纳西姆 • 尼古拉斯 • 塔勒布 . 反脆弱 [M]. 雨珂，译 . 北京：中信出版社，

2014.

[47] 伊利亚·普利高津 . 确定性的终结：时间、混沌与新自然法则 [M]. 湛敏，译 . 上海：上海世纪出版集团，1996.

[48] 杰弗里·韦斯特 . 规模：复杂世界的简单法则 [M]. 张培，译 . 北京：中信出版社，2018.

[49] 康德 . 纯粹理性批判 [M]. 邓晓芒，译 . 北京：人民出版社，2017.

[50] 理查德·塞勒，卡斯·桑斯坦 . 助推 [M]. 刘宁，译 . 北京：中信出版社，2018.

[51] 钱德勒 . 信息改变了美国 [M]. 万岩，邱艳娟，译 . 上海：上海远东出版社，2008.

[52] 埃里克·莱斯 . 精益创业 [M]. 吴彤，译 . 北京：中信出版社，2012.

[53] 托马斯·瑞德 . 机器崛起：遗失的控制论历史 [M]. 王飞跃，等，译 . 北京：机械工业出版社，2016.

[54] 丘成桐，史蒂夫·纳迪斯 . 第一推动·宇宙系列：大宇之形 [M]. 翁秉仁，赵学信，译 . 长沙：湖南科学技术出版社，2012.

[55] 詹姆斯·P. 沃麦克，丹尼尔·T. 琼斯 . 精益思想 [M]. 沈希瑾，张文杰，李京生，译 . 北京：机械工业出版社，2015.

[56] 尼古拉斯·卡尔 . 大转换：重连世界，从爱迪生到 Google [M]. 北京：中信出版社，2017.

[57] 克劳斯·施瓦布 . 第四次工业革命：转型的力量 [M]. 李菁，译 . 北京：中信出版社，2016.

[58] 奥拓·布劳克曼 . 智能制造：未来工业模式和业态的颠覆与重构 [M]. 张潇，郁汲，译 . 北京：机械工业出版社，2016.

[59] 尤瓦尔·赫拉利 . 人类简史：从动物到上帝 [M]. 林俊宏，译 . 北京：中信出版社，2014.

[60] 梅拉妮·米歇尔 . 复杂 [M]. 唐璐，译 . 长沙：湖南科学技术出版社，2011.

[61] 奈特 . 风险、不确定性和利润 [M]. 郭武军，译 . 北京：华夏出版社，

2013.

[62] 约翰・H. 霍兰 . 隐秩序：适应性造就复杂性 [M]. 周晓牧，韩晖，译 . 上海：上海科技教育出版社，2011.

[63] 罗素（Stuart J.Russell），诺维格（Peter Norvig）. 人工智能：一种现代的方法 [M]. 殷建平，祝恩，刘越，译 . 北京：清华大学出版社，2013.

[64] 野中郁次郎，竹内弘高 . 创造知识的企业 [M]. 殷建平，李萌，高飞，译 . 北京：知识产权出版社，2006.

[65] 竹内弘高，野中郁次郎 . 知识创造的螺旋：知识管理理论与案例研究 [M]. 李萌，译 . 北京：知识产权出版社，2012.

[66] 埃里克・布莱恩约弗森，安德鲁・麦卡菲 . 第二次机器革命 [M]. 北京：中信出版社，2014.

[67] Michael E Porter, James E Heppelmann. How Smart, Connected Products Are Transforming Competition[J]. Harvard Business Review, 2014, 92(1-2):24-24.

[68] Michael E Porter, James E Heppelmann. How Smart, Connected Products Are Transforming Competition[J]. Harvard Business Review, October, 2015 issue.

[69] Michael E Porter, James E Heppelmann. Why every organization needs an augmented reality strategy[J]. Harvard Business Review, 95(6): 46-57.

[70] Fowler, Martin. Refactoring : improving the design of existing code [M]. Posts & Telecom Press, 2008.

[71] H Kagermann，W Wolfgang，J Helbig. Securing the future of German manufacturing industry. Recommendations for implementing the strategic initiative INDUSTRIE 4.0.

[72] O’Grady,Stephen. The New Kingmakers: How Developers Conquered the World. O’Reilly Media, 2013.

[73] Erik Brynjolfsson, Andrew McAfee, Michael Spence. New World Order: Labor, Capital, and Ideas in the Power Law Economy, July/August 2014 Issue.

[74] F. A. Hayek,The Road to Serfdom.

[75] Grieves M. Digital twin: manufacturing excellence through virtual factory replication[J]. White paper, 2014.

[76] Hellinger A, Seeger H. Cyber-Physical Systems. Driving force for innovation in mobility, health, energy and production[J]. Acatech Position Paper, National Academy of Science and Engineering, 2011: 2.

[77] Shannon C E. A mathematical theory of communication[J]. Bell Labs Technical Journal, 1948, 27(3):379-423.

[78] Negroponte N M. Being Digital[M]. Random House Inc. 1995.

[79] Kelly K. Out of control: the new biology of machines, social systems, and the economic world[M]. Addison-Wesley, 1995.

[80] Brandis R. The Limits of Organization[J]. Journal of Economic Issues, 1974, 9(3).

[81] Peter C. Evans and Marco Annunziata, Industrial Internet:Pushing the Boundaries of Minds and Machines, Nov. 26，2012

[82] ZVEI， Reference Architecture Model Industrie 4.0（RAMI 4.0）,July，2015.

[83] Industrial internet consortium(IIC)，The Industrial Internet of Things Volume G1: Reference Architecture，Jan. 2017.

[84] Blundell J, Hayek F A. The Road to Serfdom[J]. Ssrn Electronic Journal, 2005, 33(8):181-233.